Neen Nea
’k vergeet

Voor Piet en Wil
van Gert en Bieny

Neen Nederland, 'k vergeet u niet

Een beeld van het immigrantenleven in Amerika tussen 1846 en 1945 in verhalen, schetsen en gedichten

samengesteld en ingeleid
door W. Lagerwey

Bosch & Keuning nv

De illustraties van Derk Gringhuis op pagina 2, 32, 35, 37, 39, 40, 41, 42, 47 en 66 zijn afkomstig uit *Holland's Heritage,* uitgegeven door First National Bank of Holland, Holland, Michigan.

Grafische verzorging: Peter Koch
Uitgeverij Bosch & Keuning nv, Baarn
Verspreiding voor België:
Uitgeverij Westland nv, Schoten

ISBN 90 246 4405 4

Inhoud

Voorwoord

De zoon van emigranten, ben ik mij van kindsaf bewust geweest van mijn Nederlandse afkomst. Als jongen vond je dat lang niet altijd prettig, want je werd wel eens uitgejouwd door niet-Nederlanders met:

Dutchman, Dutchman, belly fulla straw,
Can't say nottin but yah, yah, yah.

Dat je ouders naar de 'Dutch' kerk gingen waar 's morgens altijd diensten in het Nederlands werden gehouden, werd je ook wel eens smalend toegeroepen: Hè, Dutchie, going to church!
En als je ouders dan met Amerikanen een mengtaal van Nederlands en Engels spraken, dan schaamde je je zelfs wel eens. Het viel niet allemaal mee in een huis waar alles zo Hollands toeging, dat je bijvoorbeeld geen lid mocht worden van de Padvindersvereniging omdat je geen eed mocht afleggen. Boy Scout (padvinder) zijn wilde elke Amerikaanse jongen, meedoen in de optochten op de nationale feestdagen, maar nee dat was er niet bij. Dan kwam je ook wel in opstand omdat je ouders zo 'old fashioned' (ouderwets) Hollands waren, van de 'Old Country'. Ook was het naar dat je als jongen nooit op het grote sportveld mocht spelen op zondag terwijl je vriendjes het toch wel mochten. Ook mocht je de stripverhalen in de krant van zondag niet lezen, en de bioscoop waar je vriendjes elke zaterdag naar toe gingen was van de duivel. Pas veel later zou ik me gaan realiseren dat dit allemaal voortvloeide uit geloofsovertuiging en een levensvisie waarvoor je je zeker niet hoefde te schamen, en die, aangepast aan andere tijdsomstandigheden, toch ook het vaste fundament van mijn eigen leven kon worden. Bij het ouder worden kwam er dan ook een groeiende belangstelling voor het land, de taal, de geschiedenis en de cultuur van het land van mijn ouders. Dit boek is dan ook in zekere zin een poging om tot beter begrip te komen over eigen oorsprong, eigen wortels in de geschiedenis der emigratie van Nederlanders naar Amerika in de negentiende en twintigste eeuw. Dat het een boeiende geschiedenis is, moge blijken uit wat verder volgt. Ik draag het boek op aan onze ouders, aan allen die ons voorgingen als emigranten, op wier schouders wij hebben mogen bouwen een leven met ongekende mogelijkheden, en die ons hebben gegeven een band met het land van oorsprong, Nederland, met een geschiedenis en cultuur waar we als Hollandse Amerikanen terecht trots op mogen zijn.

Inleiding

De dag na hun huwelijk op 5 juni 1917 zijn mijn ouders, Maartje Klein en Alexander Lagerweij, beiden uit Utrecht, als emigranten naar Amerika vertrokken. Mijn vader hoopte als zo vele anderen in Amerika goed zijn brood te kunnen verdienen, en volgde zijn zuster en broer die al eerder naar Amerika waren gegaan. Voor mijn moeder was het moeilijker, die liet vader en moeder en acht broers en zusters achter.
Ze kwamen terecht in Grand Rapids, Michigan waar familie en vrienden woonden en vonden een woning in een buurt van Nederlandse emigranten waarvan het geestelijk middenpunt de Christian Reformed Church was (voordien De Ware Hollandsche Christelijke Gereformeerde Kerk).
Voor mijn vader viel het allemaal niet mee: voor een timmerman uit de goede middenstand was het werk op een meubelfabriek iets waaraan hij nooit heeft kunnen wennen. Het was een moeilijk leven, met ziekte en geldtekort, en toen kort na de geboorte van hun eerste kind het houten bovenflatje geheel afbrandde met verlies van al hun bezittingen, hadden mijn ouders wel terug willen gaan naar Nederland. Gelukkig waren er meelevende vrienden en kerkmensen die hen toen bijstonden en hielpen om hen weer onder dak te krijgen. Ze kwamen te wonen in een goedkopere buurt, aan de grens van de Nederlandse, gereformeerde buurt en de Poolse, katholieke buurt. Daar groeide ik als kind op. Voor mij was dat wel vreemd, thuis en in de kerk alles in het Nederlands, op straat en op school in het Engels. Thuis vertelde moeder altijd weer verhalen over Nederland, van opa en opoe, van kwajongensstreken, van de prachtige en geweldige Domkerk met zijn mooie orgel en de zondagswandelingen langs de Kromme Rijn, van Sinterklaas en verjaardagsfeesten.
Thuis werd voor en na het eten in het Nederlands gebeden, de Bijbel in het Nederlands voorgelezen, maar op school hoorde je de bijbelverhalen in het Engels. In de kerk zongen we Hollandse psalmen, en thuis ook wel uit het Liedboek van Johan de

Calvin College te Grand Rapids, Michigan.

Heer, maar op school leerde je weer heel andere liederen in het Engels zingen. Thuis hoorde ik verhalen over de Hervorming en de Tachtigjarige Oorlog tegen het katholieke Spanje, en zongen we om het harmonium Het Wilhelmus en andere vaderlandse liederen, maar op school werd de geschiedenis van Amerika verteld en zongen we 'My Country 't is of thee, sweet land of liberty, land where my fathers died' – het een al even vreemd voor mij als het andere. Als kind ondervond ik een zekere spanning tussen twee werelden, de oude van mijn ouders, en de nieuwe van mijn geboorteland, en reeds vroeg werd mijn belangstelling voor beide 'vaderlanden' aangewakkerd. Als emigrantenkind voelde ik me toch vooral Amerikaan, geboren burger van dit land waardoor ik dus het voorrecht bezat (aan ingeborenen voorbehouden) om zelfs president te kunnen worden!
Uit de openbare bibliotheek leende ik boeken over de geschiedenis van Amerika, vooral boeken over Indianen en het wilde westen, boeken over de vrijheidsoorlog en de burgeroorlog, en natuurlijk ook boeken van de schrijver Horatio Alger met zijn verhalen over jongens die het door hard werken ver brachten in het unieke Amerika, het land van de onbegrensde mogelijkheden.
Als kind begon ik al op achtjarige leeftijd met het verkopen van kalenders (Hollandse, voor emigranten) en later Amerikaanse tijdschriften en toen ik tien jaar oud was had ik reeds een krantenwijk die binnen vier jaar groeide van 30 tot 100 klanten. Ja, Amerika was het land van de onbegrensde mogelijkheden, tot de grote crisis kwam, de malaise van de jaren dertig, en ook ons gezin tot de grootste armoede verviel. Zelfs het huis dat mijn ouders op hypotheek gekocht hadden ging verloren. Slechts in staatswinkels op bonnetjes (er was geen geld) kon je het meest nodige krijgen om van te leven. Toen besloten mijn ouders om alles wat ze nog hadden te verkopen om naar Nederland terug te gaan. Dat lukte ook, en zo begon voor mij het grote avontuur, mijn eerste reis naar het land dat ik al kende uit de verhalen van mijn moeder.
Maar toen de kisten werden ingepakt, kwam toch mijn eigen Amerikaanse vlag boven op te liggen. Toen juist die kist aan de grens door de douane werd opengemaakt zei de man: 'De stars en stripes foreffer' en deed de kist dicht! Dat ben ik nooit vergeten, want het zegt iets over de band Nederland-Amerika. In de vier jaar die we in Nederland doorbrachten mocht ik naar school en haalde mijn M.U.L.O.-diploma. Voor de Nederlandse taal en geschiedenis had ik bijzondere belangstelling. Ik voelde me nu eigenlijk Nederlander, en toen we na vier jaar naar Amerika terug moesten (voor genaturaliseerde burgers verplicht) nam ik met tranen afscheid van het land dat ik had leren liefhebben. Vele jaren later, toen ik mij voorbereidde op mijn taak als docent Nederlands aan het Calvin College te Grand Rapids, Michigan zou ik terugkeren, niet een maal maar vele malen, want ik ben eigenlijk burger van twee landen geworden; de spanning tussen het oude en het nieuwe vaderland in mijn jeugd ontstaan, blijft. Steeds weer moet ik terug naar het land waar mijn geestelijke en culturele wortels zijn, en waarmee ik me zo intiem voel verbonden, als zoon van Nederlandse emigranten, en burger van een land dat is opgemaakt uit emigranten uit alle landen van de wereld, en waar in de laatste jaren weer een groeiende belangstelling bestaat voor de geschiedenis van de emigratie naar Amerika.
De aanleiding tot het samenstellen van deze bloemlezing geschriften van Nederlandse emigranten is allereerst geweest de herdenking van het tweehonderdjarig bestaan van de Verenigde Staten in 1976. Toen heeft men zich allerwegen bezonnen over de oorsprong, wezen en karakter van het Amerikaanse volksbestaan. Amerika, het emigrantenland bij uitstek. Tussen 1820 en 1920 emigreerden er meer dan dertig miljoen Europeanen naar de Verenigde Staten, waarvan het percentage Nederlanders wat minder dan 1% is, zo'n 250.000 mensen. Amerika was de grote smeltkroes geweest waar emigranten zich zo snel mogelijk zouden moeten aanpassen, de band met het oude vaderland verbreken, burgers worden van het grote Amerika, land van vrijheid dat zijn grenzen openstelde om nieuwe kansen te bieden aan de verdrukten, vervolgden, en behoeftigen uit de hele wereld.
Al in de Tweede Wereldoorlog realiseerde men zich het belang van de vele cultuurtalen die door etnische Amerikanen gesproken werden. Bij de bezinning over het eigen karakter als volk groeide het besef dat een van de culturele schatten van Amerika is gelegen in de culturele verscheidenheid waarvan de vele etnische groepen de dragers zijn. Bijna iedere Amerikaan behoort tot de een of ander etnische groep, waarvan het eigene diende gekend en bewaard te blijven. Hiermee ontstond een nieuwe belangstelling voor alles wat te maken had met de emigratie, ook voor de eigentalige literatuur van de verschillende emigrantengroepen in Amerika ontstaan. Op een groot congres werden lezingen gehouden over de literaire bijdragen van niet minder dan 32 etnische groepen. Toen is er ook voor de eerste maal studie gemaakt van wat er sedert ongeveer het midden van de negentiende eeuw aan poëzie en proza in de Nederlandse taal onder emigranten was geschreven. Mijn studie daarover verscheen onder de titel: 'De Nederlandse Muse in de Bossen, op de Prairies, en in de Steden van Amerika tussen 1850 en 1975.' Voor deze studie heb ik verschillende archieven bezocht, oude kranten en tijdschriften gelezen, ook in het Nederlands geschreven boeken. Daaruit wordt hier een keuze geboden die een beeld tracht te geven van het emigrantenleven van ongeveer 1846 tot 1945.
De geschiedenis van de Nederlandse emigratie naar Amerika in de 19e en 20e eeuw is meermalen door geleerden beschreven en is nog steeds het voorwerp van wetenschappelijke studie. Wij bezitten verzamelingen van brieven en memoires waarin het verhaal van de stichting en de ontwikkeling van de Nederlandse nederzettingen in Amerika uitvoerig wordt behandeld. Ook is er een bloemlezing van

Nederlandse poëzie uit de tijd van Nieuw Amsterdam (1615-1649), maar uit de periode van de nieuwere emigratie, die van na 1846 dus, werd tot nog toe geen bloemlezing samengesteld; die willen wij hiermee geven.
Bij het samenstellen van deze bloemlezing heb ik mij beperkt tot wat er in het Nederlands is geschreven door de emigranten die uit Nederland kwamen en zich blijvend in Amerika vestigden. De Engelstalige literatuur door emigranten geschreven, die ook heel interessant is, blijft buiten beschouwing. Verder zijn ook de literaire bijdragen van Vlaamse emigranten, die voornamelijk verschenen in de weekbladen *De Gazette van Moline* en *De Gazette van Detroit* (een blad dat nog steeds verschijnt), niet opgenomen. Ik heb me, zoals reeds gezegd, beperkt tot wat de historicus H.S. Lucas noemt 'De nieuwere emigratie', het tijdperk tussen 1846 en 1946. Deze eeuw vormt een gesloten eenheid, waarin bijna uitsluitend geschriften zijn te vinden van schrijvers die Protestant zijn. Er zijn in de 19e eeuw ook veel katholieke Nederlanders naar Amerika geëmigreerd. Aan de Fox River in Wisconsin is zelfs onder leiding van Pater Van den Broek een kolonie gesticht. In Le Père, Wisconsin werd het St. Norbertus College gesticht en er verschenen twee Nederlandse kranten. In tegenstelling tot de protestantse nederzettingen in Michigan, Iowa, Illinois, en Wisconsin ging er van de katholieke nederzetting in Wisconsin geen uitstraling uit, werden geen dochterkolonies gesticht.

De historicus J. van Hinte heeft deze ontwikkeling treffend beschreven:

Het bovenstaande samenvattend ziet men, dat zoowel in de oude nederzettingen in Michigan en Iowa als in Wisconsin en Illinois een uitzwerving plaats had, waarbij tal van nieuwe kolonies, in enkele gevallen zuivere, nieuwe volkplantingen werden gesticht. De kern der kolonisten bestond hier uit degenen die in oudere nederzettingen het pionieren reeds had leeren kennen. Zij vooral toonden zich tegen de moeilijkheden, tegen de tegenslagen in de nieuwe settlements opgewassen en vormden er, gehard en wilskrachtig als zij waren, de blijvers. (I, 101)

Van Hinte wijst terecht op de grotere kracht van het Calvinisme als kolonisatie-factor:

Het is een opvallend verschijnsel, dat bijna al de genoemde nederzettingen een sterk kerkelijk, met name Calvinistisch karakter dragen. Behalve de stamverwantschap is het de band van het geloof, die de leden samenhoudt. Beide: stam en geloof, in wisselwerking, vormden de bindende krachten, waarbij toch het geloof, zeer bijzonder het Calvinisme, zich een wel zeer groote macht heeft getoond. Het Calvinisme schijnt een drift te ontwikkelen, welke men niet alleen onder de Roomsch-Katholieken en andersgeloovigen, voor zooverre Nederlanders tevergeefs zal zoeken. (I, 101-102)

Men bedenke dat dit geschreven werd in 1928. Maar het zijn juist deze Nederlandse, Calvinistische kolonies waar de Nederlandse taal het langst bleef gehandhaafd, waar eigen scholen voor lager, middelbaar en hoger onderwijs werden gesticht, en waar een eigen pers Nederlandstalige boeken en weekbladen en tijdschriften uitgaf, en waarin de meeste geschriften, poëzie en proza verschenen, die in deze bloemlezing voorkomen.

In de afzonderlijke hoofdstukken zijn de stukken chronologisch opgenomen om zo veel mogelijk een doorlopend verhaal te kunnen bieden van het leven zoals dat zich in de emigrantenkolonies ontwikkelde in de eeuw die de bloemlezing beslaat. Zo krijgen we dan een verhaal dat begint met het vertrek uit Nederland, de stichting en de worsteling om het bestaan in de eerste nederzettingen in Michigan en Iowa (juist deze zijn het uitvoerigst beschreven), en daarna de geschiedenis van de Hollandse (Gereformeerde) Amerikanen, als burgers van een nieuw land, een vroom volk met veel kerkelijke strijd, en een sterk ontwikkeld intellectueel en geestelijk leven dat tot uitdrukking komt in de scholen, het hoger onderwijs, de kranten en tijdschriften, en een poging om te komen tot een Gereformeerde levensvisie voor Hollandse Amerikanen, waarbij men steeds bedacht is op hoe het proces der Amerikanisatie eigenlijk zou moeten verlopen zonder het eigene te verliezen. In deze bloeitijd van de kolonie wordt er veel in het Nederlands geschreven, ernstige en humoristische recitatiestukken, verhalen van studenten, geestelijke liederen, oorspronkelijke en vertaalde, en veel poëzie, vooral stichtelijke, didactische en gelegenheidsverzen, maar weinig natuur- en liefdesgedichten. De strijd om het behoud van de taal der vaderen (en de gereformeerde levensvisie en -wijze) leidt tot conflicten, de jongeren gaan Engels spreken en vele van de ouderen die van huis uit een dialect spraken, verleren ook het Nederlands en gaan een mengtaal van Nederlands en Engels, 'Yankee-Dutch', spreken, tot geleidelijk de Engelse taal de overheersende wordt. Voor het Nederlands, eens een verplicht vak voor studenten die een theologische opleiding volgen, mag men nu een andere moderne taal kiezen. De acten van de synode die tot in de jaren dertig in het Nederlands waren opgetekend, verschijnen nu in het Engels. De Engelse taal vervangt ook in de kerkdienst de Nederlandse bijna geheel.

Het Nederlands is voor de jongeren tot een vreemde taal geworden. En dan komt het verrassende: bij de jongeren groeit er weer belangstelling voor het verleden, het aantal studenten dat Nederlands wil leren neemt toe, men schaamt zich niet langer voor de Nederlandse achtergrond, en wil zich steeds meer verdiepen in de geschiedenis van die achtergronden, men is trots op de erfenis, de band met Nederland in taal, godsdienst en cultuur. De band met Nederland blijft en wordt steeds vernieuwd, en zelfs bij de ouderen is er een nostalgische terugblik op het verleden in het vaderland. En daarmee eindigt de bloemlezing.

Ik wil er nog even op wijzen dat het begrip literatuur hier in de meest brede zin is opgevat. Voor mijn doel houdt het in: gedichten, essays, schetsen, verhalen, memoires, geestelijke en vaderlandse liederen, oorspronkelijke en vertaalde, en zelfs enkele redactionele stukken. Brieven zijn dus niet opgenomen, behalve in een enkel geval waar ze het verhaal aanvullen. Alleen oorspronkelijke, in het Nederlands geschreven stukken, dus geen Fries, werden opgenomen, waarbij dient te worden opgemerkt dat er enkele stukken zijn in het Groninger dialect en meerdere in de mengtaal-dialecten 'Yankee-Dutch' en 'Jersey-Dutch'. De oorspronkelijke spelling is overal gehandhaafd, en de fouten in de spelling zijn niet gecorrigeerd noch aangegeven met *sic*. Het was mijn verlangen om een zo getrouw mogelijk beeld te geven van het leven der emigranten, hoe onvolledig ook, zoals dat zich manifesteert in hun poëzie en proza.

Tot besluit nog enkele opmerkingen over de poëzie en het proza van de Nederlandse emigranten. In een studie over de Nederlandstalige kranten die in de staat Michigan verschenen maakte Harry Boonstra het volgende treffende commentaar op de poëzie die in de kranten, een van onze voornaamste bronnen, was te vinden (uit het Engels vertaald):

Gedichten werden in groten getale gedrukt. Zowel door dominees als door leken werd er veel bijgedragen. De meeste van die gedichten waren stichtelijk van aard, andere vierden de wonderen van Nederland en Amerika, of leverden commentaar op belangrijke gebeurtenissen, bijvoorbeeld de Boeren Oorlog, of de dood van een president, of een komende verkiezing.

Veel van deze poëzie was eigenlijk niet meer dan een berijmd proza, maar er zijn toch uitzonderingen, gedichten die uitblinken door originaliteit en kracht. (pp 17-18)

Deze poëzie wordt ook besproken door de historicus Henry S. Lucas in zijn magistraal boek: *Netherlanders in America* waarin hij iets meer ingaat op de Nederlandse achtergronden ervan (vertaald uit het Engels):

De Nederlandse emigrant las heel graag. Hij hield van theologische boeken, alhoewel deze toch een concentratievermogen in het denken en enige kennis van de Schriften vereisten. Tot zijn geliefde schrijvers behoorden denkers als Smytegeld, Hellenbroek, en Comrie. Bijna iedere Nederlander die in de jaren tussen 1840 en 1860 naar Amerika kwam, bracht een of meer werken van deze schrijvers met zich mee, benevens het immer aanwezige Psalmboekje, waarin ook de Heidelberger Catechismus en de Bijbel waren opgenomen. Naast deze theologische geschriften hield de Nederlandse emigrant van poëzie. De meeste kranten in dit land drukten met enige regelmaat gedichten af. Het waren meestal didactische of patriotische, ook wel gelegenheidsgedichten. (p. 606)

Dan heeft Lucas het over een eventueel te schrijven

bloemlezing emigrantenpoëzie, waarbij hij de voor ons interessante opmerking maakt:

Een bloemlezing Nederlandse poëzie, hier geschreven, zou een juist beeld geven van het leven en de problemen van de Nederlandse emigrant. Uit zo'n bloemlezing zou ook blijken dat de schrijvers beïnvloed waren door de Nederlandse dichters als Willem Bilderdijk, Izaac Da Costa, en Hendrik F. Tollens, en de Nederlandse psalmberijming. Heel veel van deze poëzie was stichtelijk van aard, en had te maken met aspecten van het geloof of bood goede raad [aan de lezer. (p. 606)]

Uit de bloemlezing die hier volgt zal de Nederlandse beïnvloeding van de dichters en schrijvers wel heel duidelijk blijken. Inderdaad, in deze poëzie worden veel aspecten van het emigrantenleven belicht. Maar ik meen toch dat wij een vollediger en interessanter beeld krijgen als wij het proza er ook bij betrekken, en dat is hier dan ook gebeurd. Ook in dit proza valt het retorisch karakter op dat doet denken aan voorbeelden uit de Nederlandse letteren (De Genestet, Abraham Kuyper e.a.) uit de negentiende eeuw. Naast het vele alledaagse in deze geschriften is er toch ook poëzie en proza waaruit een oorspronkelijk talent spreekt, zowel in de schetsen die het emigrantenleven met ernst en humor beschrijven als in de poëzie die weergeeft wat men aan vreugde en smart heeft beleefd.

Deze bloemlezing beperkt zich dus tot de literatuur die een beeld geeft van de ontwikkelingsgeschiedenis in protestantenkringen gedurende ongeveer een eeuw – een besloten eenheid die begint met de ontstaansgeschiedenis van de eerste vestigingen in 1846 en eindigt met een uniek veramerikaniseringsproces, waar bij het behoud van de eigen levensvisie de kolonies tot grote bloei komen, maar de moedertaal verdrongen wordt door het Engels.
Maar zelfs wanneer het Nederlands tot vreemde taal wordt, blijft er een intieme band met Nederland en is er een groeiende belangstellng onder de jongeren voor de taal en cultuur der vaderen.

Dankbetuiging

Bij het samenstellen van deze geschriften heb ik dankbaar gebruik mogen maken van het vele dat is bewaard gebleven in de Colonial Origins Collection of Calvin College and Seminary Library, Grand Rapids, Michigan. Bij het opsporen van teksten werd ik geholpen door de collega's C. Bult, H. Brinks, P. de Klerk, S. Lambers, en oud-leraren, de heren Post en Van Vliet. Mevrouw A. Janssens en de honoraire consul W. Wichers (Holland, Michigan) hebben uit de archieven foto's voor mij opgespoord. Harry Boonstra, bibliothecaris aan het Hope College, verleende ook zijn medewerking bij de bronnenstudie van oude in Holland Mich. uitgegeven kranten. Ook erken ik gaarne de bijdrage van mijn student-assistent David Murphy en mijn vrouw Wilma bij het kopiëren van teksten. De Calvin Foundation gaf financiële steun voor het onderzoek en Calvin College gaf mij een kort studieverlof. In Nederland kreeg ik advies van Dr. J. Stellingwerff, bibliothecaris aan de Vrije Universiteit, en een maand lang werd een kamer mij ter beschikking gesteld door collega Prof. Dr. J. Lever en zijn vrouw. Bij de definitieve keuze van de geselecteerde teksten heb ik geprofiteerd van de kritische opmerkingen van Anneke Geluk, redactrice bij de uitgeverij Bosch & Keuning. Mijn collega Prof. Dr. J. W. Schulte Nordholt ben ik dankbaar voor zijn toestemming om zijn prachtige foto 'Graven in Overisel, Michigan' te gebruiken. Deze foto werd gemaakt toen wij samen 'de kolonie' bezochten en vormde de inspiratie voor het gelijknamige gedicht, een gedicht dat naar mijn gevoel nog de beste inleiding vormt tot deze geschriften van Nederlandse emigranten in Amerika.

W. Lagerwey
Calvin College, 1981

Graven in Overisel, Michigan

Met evenveel en misschien meer geduld
nu in het grote duister dan waarmee
zij eenmaal in het zonlicht op de zee
uitzagen naar het land dat lag verhuld

achter de horizon op hen te wachten
met evenveel geduld en misschien meer
liggen zij zonder tranen en verweer
in 't schip de brakke grond te overnachten

onder de donkere kade van de tijd,
totdat het licht breekt door de duisternis
een avond als vanavond als dat kon

en alle dekken gloeien in de zon
en zij aan land gaan en de eeuwigheid
hun eigen oude Overijsel is.

J. W. Schulte Nordholt

1. *Pelgrimvaders van het westen*

Inleiding

De eerste Nederlandse nederzettingen in de negentiende eeuw vonden plaats in de staten Michigan, Iowa, Illinois en Wisconsin. De kolonisatie in Michigan en Iowa stond onder de leiding van dominees. Ds. A.C. van Raalte leidde in 1846 de eerste groep van ongeveer duizend emigranten van Arnhem naar de wildernis aan de oevers van het Michigan Meer waar het stadje Holland ontstond. Onder leiding van Ds. C. van der Meulen volgde er een groep uit Zeeland, onder Ds. M.A. Ypma een kleine groep uit Friesland, en Ds. S. Bolks kwam met de meeste van zijn gemeenteleden in Hellendoorn. De kern van deze groeiende kolonie, want zo werd het gebied jarenlang genoemd, was het stadje Holland waaromheen zich een kring van kleinere nederzettingen vormde, meestal genoemd naar de plaats of provincie vanwaar de emigranten kwamen: Zeeland, Graafschap, Borculo, Noordeloos, Groningen, Friesland, Drenthe, Zutphen, Overisel. Velen vestigden zich ook in de steden Grand Rapids, Grand Haven, Muskegon en nog later in dorpjes verder naar het noorden gelegen. Voor het verhaal van deze nederzettingen verwijs ik naar de geschiedkundige boeken daarover die in de literatuurlijst vermeld staan.
In het verhaal van de vestiging staat de kolonie in Michigan in het middelpunt, en wel om de eenvoudige reden dat dit gebied kerkelijk en cultureel het centrum is geworden van de Nederlandse kolonisatie in Amerika in de 19e eeuw. Bij de herdenkingsfeesten in 1887 en 1907 is de ontstaansgeschiedenis in rede en poëzie feestelijk herdacht. Mede op aandringen van de geschiedkundige G. van Schelven is er veel uit de vroegste geschiedenis van de Nederlandse 'kolonie' in Michigan opgetekend en dus bewaard gebleven. In 1908 bracht *De Grondwet*, een van de belangrijkste nieuwsbladen die van 1860 tot 1938 in Holland, Michigan verscheen, een serie van 22 artikelen (in het Engels geschreven) over het onderwerp: 'Wat bracht u hier?' Voor ons doel is even belangrijk de stimulans die Van Schelven gaf tot het verzamelen van levensverhalen, memoires, en toespraken die ook in *De Grondwet* verschenen (1910-1913) onder de titel (vertaald): 'Historische Schetsen uit het Coloniale Leven'. Uit de *in het Nederlands geschreven* memoires, schetsen en gedichten hebben we kunnen putten om een beeld te geven van het immigrantenleven. Voor het verhaal van de vestiging was vooral belangrijk het boek: *De Pelgrim-Vaders van het Westen, Een Geschiedenis van de Worstelingen der Hollandsche Nederzettingen in Michigan. Benevens eene Schets van de Stichting Pella in Iowa,* een 'reeks van pioniersherinneringen verwerkt tot een verhaal' door Dingman Versteeg en in 1886 in Grand Rapids, Michigan uitgegeven.

Dr. Albertus C. van Raalte, 1811-1876. Stichter van de kolonie Holland in Ottawa County, Michigan.

Helaas, zijn er over de nederzettingen in Iowa, onder leiding van Ds. H.P. Scholte, veel minder verhalen opgetekend. Toch werd deze kolonie ook erg belangrijk. De Nederlandse historicus J. van Hinte verklaart:

> Naast de Van Raalte-kolonie in de wouden van Michigan heeft de Scholte-kolonie op de prairiën van Iowa de meeste aandacht getrokken. Hoewel zij voor de Nederlandsche emigratie, althans direct, niet die groote beteekenis heeft gehad als eerstgenoemde – tegen de duizenden die 'naar Van Raalte' gingen, staan de honderden, die Scholte volgden – en hoewel haar invloed in de Vereenigde Staten bij

Links: Ds. C. van der Meulen, die een groep leidde uit Zeeland.
Rechts: Ds. H. P. Scholte, leider van de nederzettingen in Iowa.

die der Michigan-kolonie achterstaat, verdient zij onze algehele belangstelling. Opnieuw toch hebben we hier te maken met een groep stamgenooten, die in denzelfden tijd, dat de nationale geestkracht in het moederland zich op het smalst toonde, met groote wilskracht zich in den vreemde, een nieuw bestaan trachtten te veroveren, daartoe gedreven door beweegredenen van stoffelijken en geestelijken aard. (I, 281)

Omdat we slechts oorspronkelijke teksten opnemen is er dus betrekkelijk weinig bij over de vestiging in Iowa. Het koloniale leven bloeide er wel, een instelling voor hoger onderwijs werd gesticht samen met Baptisten (in 1916 door de Calvinisten overgenomen als Central College) en er verschenen kranten. Vooral belangrijk waren *Pella's Weekblad* (vanaf 1861) en *De Volksvriend* (1874-1951) te Orange City uitgegeven. Beide kranten speelden een belangrijke rol in het leven der Nederlandse immigranten door heel Amerika. Er zal dan ook veelvuldig uit *De Volksvriend* worden geciteerd.
Hetzelfde geldt voor de vestigingen in Illinois en Wisconsin. Van de katholieke kolonie aan de Fox River in Wisconsin zijn bij navraag geen Nederlandstalige stukken voor ons doel geschikt gevonden. In de Nederlandse nederzetting te Sheboygan echter verscheen reeds in 1849 de eerste Nederlandse krant, *Sheboygan Nieuwsbode,* uitgever J. Quintus, waaraan we stukken over de vestiging ontleenden.
Met de lange moeilijke reis van de eerste emigranten 'Van Nederland naar den Mond der Black Lake' begint Dingman Versteeg het verhaal van de vestiging waarin hij een ontroerend beeld geeft van de ontberingen geleden door de eerste Nederlandse pioniers in de woudgebieden aan het Michigan Meer. Dat komt ook uit in het stuk 'Verdwaald'. Terecht noemt Versteeg deze pioniers 'De Pelgrim-Vaders van het Westen', want er is inderdaad veel overeenkomst met de eerste Pelgrims die ook via Nederland en om geloofsredenen naar Amerika trokken.
Het is een bijna wanhopige geschiedenis, die eerste jaren, zo blijkt overduidelijk uit stukken als 'Ziekte en Dood' en 'De Plaag van 1851'. Maar deze pioniers hadden een houvast in hun geloof en Godsvertrouwen, en werden hierin gesteund en geleid door geloofsmannen en leiders als dominee Van Raalte.
Vreemd zal het voor die eerste emigranten geweest zijn, levend temidden van vreedzame Indianen en Engelssprekende Amerikanen. Van de Indianen konden ze wel wat leren over dingen als 'bomen vellen', o.a. Toch kwamen deze vreedzame Indianen wel eens klagen bij Ds. Van Raalte over de Hollanders die hun spullen 'leenden', en soms trokken ze zich terug uit het gebied van de kolonisten.
Naast de sombere kant van de ontstaansgeschiedenis tekent Versteeg voor ons ook lichtere aspecten, humoristische anecdoten over de moeilijkheden van emigranten die geen Engels kenden noch de Amerikaanse volksgewoonten. Daarvan geeft hij leuke voorbeelden in het hoofdstuk 'Onder de Amerikanen' waaraan stukken als 'Molasses' en 'De vierde Juli' werden ontleend.
Onder de rubriek *Het Verleden Herdacht* werd o.a. uit de toespraak van Ds. A.C. van Raalte, 'Na 25 jarigen Worstelstrijd' een citaat opgenomen. De toespraak verscheen in het nieuws- en kerkblad *De Hope,* sinds 1865 opvolger van *De Verzamelaar* en dat in 1933 was ...'het Hollandsch Orgaan der Nederlandsch Sprekende Gemeenten die behoren tot de Gereformeerde Kerk', zoals Ds. Henry Beets het uitdrukt. Hiermee bedoelt Ds. Beets de Dutch Reformed Church of America, vanaf de 17e eeuw de tak van de Hervormde Kerk in Amerika, waartoe emigranten onder de leiding van Ds. A.C. van Raalte waren toegetreden. Van deze kerk had zich in 1857 een klein groepje afgescheiden onder de naam, de Ware Hollandsche Gereformeerde Kerk, hetgeen later werd veranderd in De Hollandsche Christelijke Gereformeerde Kerk in Noord-Amerika, en nog later in de Christian Reformed Church.
Dit afgescheiden kerkgenootschap gaf vanaf 1881 een *Jaarboekje* uit waarvan het voornaamste doel was het verstrekken van inlichtingen aan de leden van deze kerkgemeenschap. Aan het *Jaarboekje* werd tussen de jaren 1881 en 1918 een sectie 'Mengelwerk' toegevoegd. Dit 'Mengelwerk' bevat allereerst levensberichten, meestal van overleden dominees, maar daarnaast ook nog stichtelijke lectuur: memoires, verhalen, spreekwoorden, gedichten, een geestelijke thermometer, en zelfs in enkele jaargangen de tijden van zonsop- en ondergang (veel kerkmensen waren immers boeren) en recepten voor ziekten!
'De levensgeschiedenis van Jan Gelock', ook uit het *Jaarboekje voor 1891,* laat duidelijk zien hoe en waarom deze emigrant, een van de Afgescheidenen uit Zeeland, als zo veel anderen naar Amerika was getrokken. Hier komt duidelijk het eigen karakter

De haven van Rotterdam, 1846 (The Illustrated London News, 10 april 1847).

van de Afscheidingsmensen in beeld, mensen die niet alleen een belangrijke rol hebben gespeeld bij de vestiging maar ook bij de verdere groei van de Nederlandse kolonies in Amerika.
Uit hetzelfde *Jaarboekje* zijn ook enkele 'reisverhalen' afkomstig, beide geschreven door P. Schut. Het verhaal 'Van Overisel naar Saugatuck en Terug' geeft evenals het stuk 'Verdwaald' een goed beeld van de moeilijkheden die pioniers in de oerwouden van Michigan ondervonden. Het reisverhaal over 'Ds. Van Raalte aan het roer' (mijn titel), waarin Van Raalte optreedt als dienaar van het gerecht en als stuurman, wijst op een zekere legendevorming om de figuur van de door iedereen bewonderde dominee en leider der emigranten in de moeilijke jaren van de vestiging.
Vijfentwintig jaar na die eerste vestiging werd de kolonie in Holland, Michigan door haar grootste ramp, de brand van 1871, getroffen. Eén drukkerij viel niet ten prooi aan de vlammen en drukte voor de gezamenlijke bladen: 'Holland was en Holland is niet'. Men gaf de moed niet op, de stad werd energiek herbouwd, en het stadje Holland en de nederzettingen eromheen kwamen tot nieuwe bloei.
De moeilijke vestigingstijd was eindelijk voorbij en kon nu feestelijk worden herdacht, in rede en in gedicht: Het Veertigjarig Gedenkfeest te Zeeland van Henry E. Dosker (hier verkort weergegeven) en 'Op 't Zestigjarig feest' van J. A. de Spelder. Hieraan is nog toegevoegd van veel latere datum een stuk van een 'oud-settler', Albert Kamferbeek die in *De Grondwet* van 1929 zijn herinneringen 'De Oude Koloniale Dagen Vergeleken Bij De Dagen Die Wij Thans Beleven' liet verschijnen, een stuk waarin het leven van die eerste pioniers in de oerwouden nog eenmaal door een ooggetuige wordt verhaald. Wat het stuk verder een zekere charme geeft is de vergelijking die deze oude 'settler' trekt tussen toen en nu, een vergelijking die niet helemaal in het voordeel van de nieuwere tijd uitvalt.

Afscheidsgroet

Den 21sten Juni, 1849, vertrokken wij, per beurt schip, uit Middelburg, en van het EILAND WALCHEREN, ons geboorte en woonplaats, naar Rotterdam, waar voor ons plaats besteld was op het zeeschip de LEYE LAA (of LA) van Baltimore, Maryland, om daar mede te vertrekken naar New York.
Gedurende de reis hadden wij een plaats in het huisgezin van onzen leraar, Rev. H. G. Klijn, die eene roeping van Graafschap, Michigan had aangenomen, en daarheen reisde.
Toen we de haven van Middelburg uitvoeren, en verder door de Zeeuwsche wateren, hadden we een gunstigen wind. Snel voeren we de drie mijlen lange haven uit, en snel keerden wij daarna de punt van Zuid Beveland om en verloren toen ons eiland geheel uit het oog.
Uit verschillende monden werd gehoord: 'We zien ons land nooit weer' – voor velen lagen op dat eiland gedenksteenen van 't hart, of van de levensgeschiedenis – in menig oog was diep gevoel te lezen.
Bij het uitvaren der haven zocht ik een hoekje van het schip, en schreef een vers, ter bemoediging mijner geliefde AANSTAANDE vrouw. Het oorspronkelijke is verloren: uit het geheugen is het nageschreven. Vele regels zijn woordelijk gelijk aan het oorspronkelijke.

Rev. A. C. Zwemer

VERZINT EER GIJ BEGINT!

Een hartelijk Woord aan mijne Landgenooten, over de in ons Vaderland heerschende ziekte genaamd:

LANDVERHUIZING.

Te 's Hertogenbosch,
BIJ J. J. ARKESTEYN EN ZOON,
1846.

'VAARWEL, O, DIERBAAR LAND! gezegend plekje grond!
Ontvang de HARTE-GROET meer dan die onzes monds.
't Wordt voor ons hart te veel zoo onze mond nu spreekt:
't Is meer dan vol ons hart, geen woord meer of het breekt.
Ons oog zelfs is bevreesd naar u terug te zien:
't Gevoel van onzen geest is of we van u vlien.
Zijt gij voor 't Zeeuwsch gemoed niet schoon als Edens hof?
Nog kleeft ons bloedend hart aan u met liefde en lof.
KLEIN EILAND! – voor ons groot; de WERELD onzer jeugd;
In u stond onze wieg – speeld' onze kindervreugd.
We bogen onze knieën ginds op dat plekje grond,
Voor Hem wiens oogen zien door 't gansche wereldrond.
We vonden daar een plaats van rust: – bij 's Heeren volk,
In 's Heeren huis; – hun hoop was onzer hoop de tolk.
DAAR BOND GOD ONS TE SAAM IN LIEFDE: hart aan hart.
Daar vraagden wij Hem raad – Ik weet, het doet u smart,
Dat scheiden – en ook mij – van LAND – en HUIS – en BLOED;
God drong ons het te doen. – Kom! nog dat land een groet.

VAARWEL AAN NEDERLAND

Bij Het Vertrek Naar Noord Amerika

(Bij het uitzeilen van *Brouwershaven*, den 9 December 1853, op het schip *Arnold Baninger*.)

Vaarwel! Vaar eeuwig wel! O, dierbaar Nederland,
't Was op uw grond, dat ik voor het eerst het licht aanschouwde,
Daar leerde ik d' eerste tred aan moeders lieve hand,
Daar was het dat 'k voor 't eerst tot God mijn handjes vouwde.

Vaarwel, Vaar eeuwig wel! O, dierbaar Vaderland,
In u leerde ik voor 't eerst den naam mijns ouders staamlen,
Daar werd ik opgevoed, daar groeide mijn verstand,
De beste lessen leerde ik op uw grond verzaamlen.

Hoe menigmaal smaakte ik, bij tol of ander spel
En makkers blij van aard, een schuldeloos genoegen;
Daar vlood mijn jeugd ten eind; als jongeling en gezel
Leerde ik op uwen grond mij naar mijn stand te voegen.

Ja, 'k leerde op uw grond, dat geen bestendigheid
Des menschen lot op aard' is op den duur gegeven;
Ja, ook mijn woning is niet op uw grond bereid,
'k Zal niet meer in uw hart met mijne vrienden leven?

O, harde ballingschap, – alleen om een bestaan
Naar evenredigheid van zijn bestaan te vinden,
Verlaat' hij Vaderland! Maar stort zoo menig traan
Bij 't scheiden van zijn land, van magen en van vrienden,

Maar toch, hoewel ik dan door Gods genâ beveiligd,
Doorkliev' den Oceaan en land aan 't westlijk strand;
Toch blijft mijn hart aan 't land en vrienden steeds geheiligd,
En aan 't geheele Volk, het Volk van Nederland.

Ontvang dan 't laatst salut! Gij Schouwens oude duinen.
'k Zie nog uw flaauwe streep langs 't glinsterende meer, --
Maar deze golf!... Helaas! Weg zijn uw witte kruinen,
Vaarwel! Vaar eeuwig wel! Gij zijt voor mij niet meer!

Rochester, N.Y. J.C.v.d.B.

(Uit: *Sheboygan Nieuwsbode*, 5 september 1854)

Van Hellevoetsluis naar St. Louis

St Louis, Missouri 14 December, 1846

Zeer geachte Leeraar en Broeder in den Heere!

Thans mag ik het voorregt van den Heere genieten tot het schrijven aan U eerw. mij eenigszins te rigten. Zeer gaarne had ik zulks van New Orleans gedaan, doch de verschrikkelijke drukte met zoeken naar het door U opgegeven kantoor, hetwelk te dier plaatse niet meer te vinden was, alsmede het zoeken naar eene stoomboot, die ons verder de Mississippi opvoer, een en ander heeft mij verhinderd. Voordat ik iets van de reis meld, zij de Heere geloofd en gedankt, die ons bij den dag af heeft getoond met ons te zijn en zoo liefderijk geleid, gered, en kracht geschonken, zelfs meer dan wij konden verwachten. Vooral bleek dit in mijn persoon: alle passagiers zijn min of meer zeeziek geweest; ik was eene uitzondering. Wanneer men de menschen in brakende toestand zag, was ik, waar ik mij ook begaf, onder of boven, frisch en gezond. Zoo ziet men, dat de rede beschaamd wordt, en de profetie des ongeloofs geheel wordt te leur gesteld; want zelfs deskundigen hadden voorspeld, dat ik de zee niet zou overkomen; thans zijn wij allen te St Louis, en zoo wel die niet als die wel tot mijn gezin behooren, zijn in redelijk goeden welstand. Wij hopen dat ook dit het deel zij van U Eerw. en die ten Uwent zijn.

Vooreerst kortelijk iets van de reis:
Vrijdag, den 2de October, verlieten wij Rotterdam, en den 4den zeilden wij van Hellevoetsluis. De wind was ons zeer gunstig; den 5den kwamen wij in het Kanaal. Hier kregen wij al spoedig den wind sterk tegen, zoo dat de zee hevige baren opgaf, hetgeen spoedig groote ongesteldheid onder de passagiers tengevolge had. Kasten en kisten vlogen door elkaar. Dit duurde 3 dagen en nachten, zoodat ons schip buiten het vaarwater geraakte en de kapitein in den nacht zich genoodzaakt vond het noodlicht op te halen; waarop de lootsbooten van Engeland tot ons kwamen, die in het eerst niet gemakkelijk op zij konden komen; doch tegen den morgen gelukte het ons eenen loots aan boord te krijgen, die ons dadelijk achter de stad Deal bragt, alwaar vele schepen ten anker lagen. Hier gaf de Heere verademing; evenwel de wind bleef sterk aanhouden, zoodat de kapitein spoedig tot het besluit kwam niet door het kanaal, maar de Noordzee op te zeilen achter Schotland om, hetwelk naar het zeggen van den stuurman ongeveer met eene goede gelegenheid 8 dagen zeilen om was. Hier werd het zeer koud, vooral nabij de bergen van Schotland, die wij in de verte zagen. Hier hebben wij nog eenen bangen nacht doorgestaan. U Eerw. weet, wij hadden de plaats bij het groote luik; nu gebeurde het, wanneer ik voor mijn bed zat, alwaar mijne vrouw reeds oplag, dat er eene golf over het schip sloeg in het luik, zoodat ik geheel onder stroomde hetwelk zoo lang duurde, dat ik dacht te bezwijken. Ons bed

De Mississippi-kade te St. Louis, 1850.

vloeide ook geheel onder, zoodat mijne vrouw geheel door nat was. Echter de Heere was ons goed. Hij baande door de woeste baren en breede stroomen ons een pad. Spoedig het bed omgekeerd en zooveel mogelijk droog goed aangetrokken, kwamen wij den nacht door. Den volgenden dag, zijnde Zaterdag, den 17de, was het redelijk goed weer; de zon scheen een weinig, zoodat ons beddegoed een weinig droog werd; de wind echter bleef nog even sterk en ons tegen, zoodat wij aanhoudend moesten laveeren, evenwel niet met dat gevaar als in het Kanaal. Den 28 kregen wij den wind van achteren, Noorden en Noord-Oost. Alle bange strijd hield op, en wij zeilden met een goeden wind den ruimen plas over; de eene voorspoed volgde op den anderen. Zelfs toen wij den 14de November in de Golf van Mexico kwamen, veranderde de wind zoodanig, dat wij ook hier voor den wind zeilden, zoodat wij den 18 de oevers van de nieuwe wereld konden bezigtigen. Dit deed zich op in een vlak land. Verder voeren wij met de stoomboot voor ons, die, hoe ook de wind waait, de schepen uit zee haalt, de Mississippi op, en kwamen den 19 's morgens te 7 ure te New Orleans aan. Merkelijk had de Heere ons bijgestaan. Niettegenstaande wij eenen grooten omweg gemaakt hebben, hebben wij in 45 dagen de reis van Holland naar Amerika en wel naar New Orleans afgelegd. Een oude vrouw en 4 kinderen zijn op de zee overleden, waarvan 2 op het schip geboren waren. Drie duitsche vrouwen hebben gebaard, allen in goeden welstand, zonder de minste hulp van eenige vroedvrouw of dergelijke. Om niet te lang te zijn, zal ik van 't geen wij op de Mississippi gezien hebben niet te veel melden, echter iets van Orleans; dit is eene zeer groote en uitgebreide stad in haar aanleg; alles schijnt nog maar in zijn begin, honderden huizen ziet men in de geboorte staan; alles is hier woelend, buitengewoon woelend wegens de wagens en karren, die men in beweging ziet. Zes honderd zeeschepen liggen 3 aan 3 aan de wal en eene menigte stoombooten meestal zeer groot in haar soort, doch van eene geheel andere inrigting als in Holland. Men zegt, dat er 1,300 op de Mississippi waren, en ik kan het best gelooven, wanneer ik alle beweging aanschouw. Zeilschepen ziet men hier niet; zij kunnen ook niet gebruikt worden, dewijl de rivier ontzettend krom loopt en dus de wind nooit zoo kan waaien, dat de schepen naar boven zouden kunnen zeilen; de stroom is altijd afloopend, en de kanten zijn vol houtgewas, zoodat er aan trekken door paarden of menschen niet te denken valt. Ook is alles zoo ver uit elkander, dat 10 à 12 uren hier in geen aanmerking komen. Van New Orleans naar St Louis is 12 à 13 honderd Engelsche mijlen. Schipderij gelijk in Holland komt dus niet te pas.

Toen wij des morgens te New Orleans zijn aangekomen, hebben wij dienzelfden dag nog eene stoomboot aangenomen, die ons de rivier op bragt. De vrachtprijs bestond in 2½ dollar de persoon, en onder 9 jaar half geld, daarbij had ieder persoon 100 lb gewigt vrij, overigens moest men van ieder 100 lb ¼ dollar betalen. Wij betaalden eenig handgeld, toen wij accordeerden. Ter onderrigting dient dit navolgende: Voor dat men te New Orleans komt, krijgt men gewoonlijk een ambtenaar aan boord; deze schrijft een ieder men zijne familie, die tot *een* behooren op, alsmede het getal kisten en schietgeweren. Ik raad alles goed op te geven, bij voorbeeld, geene kisten of eenig geweer te verzwijgen, de kosten zijn hetzelfde, of men 6 of 12 kisten enz. opgeeft. Zij willen alleen maar weten wat ieder heeft. Men krijgt twee papieren, deze moet men hoe eer hoe beter in het tolhuis (zoo noemt men dat bureau) laten afteekenen. Die ambtenaar heeft het regt om van elke twee papieren 50 Amerikaanse centen te nemen; ook kan en mag hij dezelve voor niet geven; het kan dus beproefd worden of men dezelve iets minder kan krijgen; met armen gebruikt men nog al eens ontferming. Bij de afteekening betaalt men nog 20 centen van elke twee papieren. Ik schrijf dit omdat sommigen veronderstellen dat dit alles onnoodig en afzetterij is, en dat is in den grond zoo niet; want de officier, die bij het uitlossen van de goederen tegenwoordig is, laat niets passeren, wanneer men die papieren niet heeft. Ook moet men een contract schrijven, en door den kapitein laten onderteekenen, waarin staat uitgedrukt het betaalde handgeld wegens de veraccordeerde vracht van de stoomboot. De stoombooten liggen allen aan wal met een bord omhoog, waarop staat uitgedrukt de dag van afvaart en de plaats waar naar toe. Men loopt er op en men vindt gewoonlijk den kapitein aan boord, waarmede men accordeeren moet; met een kantoor kan men dus niets beginnen. Er loopen makelaars genoeg, die u in alles behulpzaam zullen zijn; deze heeft men echter niet noodig, wanneer men iemand bij zich heeft die Engelsch spreekt; indien er onder het gezelschap niemand gevonden wordt, die deze taal magtig is, gelijk dit bij ons het geval was, dan is het best van hen eenig gebruik te maken, doch altijd met voorzichtigheid, want er zijn afzetters onder. Wij hadden het geluk een redelijk goed man te treffen.

Dit is nog eene kwade zaak, dat men onderweg overal zoekt te korten op het goud geld en ook op de 5 frankstukken, en alhier te St Louis doet een gouden cent behoorlijk 4 dollars; van de 5 frankstukken heb ik nog geene ondervinding.

Ook in dezen is het goed: 'Kent den Heere in all uwe wegen.' De ontmoeting, die wij hier omtrent gehad hebben is groot. Verbeeldt u, de stoomboot, waarop wij eerst met den makelaar geweest zijn, en die 3 dollars vroeg van ieder persoon, is eenigen tijd voor ons afgevaren en wij voeren haar den 3den dag voorbij, dewijl zij, ten gevolge van zware mist, door eene andere was ingevaren, en haar ketel gesprongen was, zoodat zij gezonken lag, waardoor 45 passagiers het leven hadden verloren. Wij hebben de scheepslieden met nog eenige anderen van het wrak gehaald en aan de eerstkomende stad aan wal gezet. Dat wij deze stoomboot niet gekozen hadden, was aan onze wijsheid niet toe te schrijven, want het geld was niet veel uit den haak; bovendien scheen het eene beste boot, daar die, welke wij

De ontscheping en aankomst van de Hollandse emigranten (Kermisprint, 1846, Ridiculing Emigration).

hadden, veel ouder en zwakker was; ook ondervonden wij dat het eene zeer trage was; kortom, dat wij de verongelukte niet gekozen hebben, was alleen beleid van den Heere; Hij zij geloofd en gedankt. Wij hebben de reis in 9 dagen afgelegd van New Orleans naar St Louis. Langs deze rivier ziet men van begin tot eind altijd houtgewas. Nimmer had ik kunnen denken dat er zoo veel hout, dat tot nog toe geheel ten onnutte schijnt te staan, in de wereld was; en nu kan ik zeer goed gelooven, dat ik maar een begin van Amerika gezien heb, zoo hier en daar ziet men een begin of aanleg van eene stad. In het eerst vindt men suikergewas, verder katoen, en al verder ziet men tusschen het houtgewas eenige hoeken maïs; ook drijft de revier geheel vol hout, dat gestadig uit de kanten uitschiet.
Alhier te St Louis is veel bedrijvigheid; 1300 nieuwe gebouwen zijn er onder handen, 500 zijn gedurende de voorloopen zomer afgewerkt, en alles schijnt nog maar een begin te hebben. Men zegt, dat de stad 3 uur lang is, dit komt mij wat lang voor; doch ik heb geen grond om het tegen te spreken. Twee van onze broeders hebben getracht dezelve te gaan bezien van het eene eind tot het andere; maar dewijl het zoo lang duurde, zijn zij het moede geworden en terug gekomen. De stoombooten, die hier afvaren en aankomen, zijn ook zeer talrijk, en alles wat hier en ook te New Orleans door de stad vervoerd wordt, geschiedt altijd met paarden, muilezels of ossen, waarvan men er soms 12, doch gewoonlijk 8 voor een wagen ziet staan. De boeren komen dagelijks met hunne waren naar de stad, dewijl het alle dag markt is, 10 à 12 schoon gemaakte varkens op een wagen. De beesten of liever het rundvleesch ligt gewoonlijk in 4 stukken op de wagens of karren. Alles komt naar de markt; groenten, appelen, aardappelen, hout, visch, alles in soorten; doch niets van dat alles behoort onder het goedkoope, dan alleen brood, meel of bloem, vleesch en spek; dit alleen is onder de goedkoope artikelen in Amerika te rekenen. Zelfs hoeveel hout men ook ziet, wanneer iemand het koopen moet, eer het dan op het vuur ligt, kost het zeer veel geld.
Alhier is het juist met onze aankomst geheel winter geworden. Alles is onder gesneeuwd, en daarbij is het nu vriezende, doch niet sterk. De reis naar Iowa of Wisconsin kan door ons niet voortgezet worden, dewijl de rivier te laag is, zoodat de stoombooten niet goed varen kunnen. Ook achten wij dezelve niet noodzakelijk, dewijl wij hier vele Winterwijksche broeders ontmoeten, en waarvan twee kort voor onze aankomst in Iowa geweest zijn. Bovendien zijn hier Duitsche broeders, Methodisten, die met alle zaken bekend zijn, althans..., die ons veel vriendschap en behulpzaamheid betoond hebben en ook op zich namen de vragen te beantwoorden die UEw mij ter onderzoeking en beantwoording van hier had opgedragen.
Zie hier ingesloten een, brief van hemzelven in het duitsch geschreven. Voor zoo ver hij den zelven mij heeft voorgelezen, kan ik best oordeelen de echte waarheid te zijn. Ter opheldering dient dit navolgende:

1. Het land langs de rivieren is overal in handen van de speculanten, van welke het nog wel te verkrijgen is, doch met verhooging van prijs.
3. Het vee is niet zoo duur. Voor 10 dollar koopt men eene beste koe met een kalf. Ook hebben Jan Schaap en ik een paard gezien, dat er goed en vlug uitzag, waarvoor niet meer dan 15 dollars werd geboden.
5. De metselsteenen zijn groot van stuk, omtrent als de roode moppen, doch zij zijn niet hard gebakken, dus van geene beste qualiteit. De kalk is vrij goed, 20 cents per bushel; komt overeen met 50 cents per Nederlandsch mud of 25 lb.
19. Is aan te merken, dat ik zelf het vleesch gekocht heb, goed vet voor 2 Amerikaansche centen en het spek voor $2^1/_2$ cent het pond. Wat de wigt betreft; ik geloof dat het pond hier kleiner is dan de 5 ons in Nederland.
23. De vederen zijn zeer goed voor $^1/_4$ dollar het pond.

Wanneer men volhardt bij het besluit om te coloniseeren in Noord-Amerika, dan dient ook dit nog ter inlichting.

1e Ieder landkooper, die het land voor eigen rekening begeert te bouwen, moet vooral rekenen, indien hij oordeelt hulp noodig te hebben, om zijn volk uit Holland mede te brengen.

2e De kosten van leeftogt zijn in het eerst, wanneer men nog geen vruchten trekt, gering; brood en vleesch benevens spek zijn hoofdzaken, en dat zijn hier de goedkoope artikelen; voor kleederen, huishuur en brandhout behoeft geen zorg.

3e Voor degenen, die ervaren zijn in boter en kaas maken, is het zeker goed; want dezen komen niet dan slecht aan de markt.

4e De gereedschappen, hiertoe is goed zoo veel mogelijk mede te brengen, vooral wat men in kisten pakken kan; op het schip behoeft men er niets meer voor te betalen, en de stoomboot vracht is maar ¼ dollar per 100 lb; alles is hier verkrijgbaar, doch meestal duur. Hetzelfde raad ik aan van alle gereedschappen, bij voorb. van landbouw en voor allerlei ambachtslieden; doch ik zou niet volstrekt raden iets nieuws te koopen in Holland, om herwaarts mede te brengen, dan is het verschil niet groot genoeg, waarbij nog komt dat er in alle gereedschappen veel onderscheid is, en ieder moet zich voorstellen geen Hollander te kunnen blijven, wanneer hij in Amerika komt wonen; aard en manier moet gevolgd worden. Mijne bedoeling derhalve is, dat iemand het gereedschap, dat hij heeft, voor geen appel of peer uit de hand gooije, vooral niet wanneer het nog goed is; lorren mede te brengen is altijd groote gekheid. Ook moet ik hierbij voegen, dat ieder zoo veel mogelijk zijn best aardenwerk, dat niet van de geringste soort is, mede brenge; wanneer het goed tusschen de kleederen in kisten wordt gepakt, die goed tot aan het deksel vol zijn, dan kan men het best heel hier brengen; ons goed is althans vrij goed heel gebleven, niettegenstaande de kisten soms gerold worden als een vat of ton. Ieder kan dus goed begrijpen, dat de kisten vooral goed sterk moeten zijn; want vele kisten heb ik aan stukken zien breken, en dan ziet men veel ellende aan het goed; ook moeten de kisten niet te groot zijn, want dan worden zij al harder behandeld.

Verder wil ik iets melden aangaande de levensmiddelen en gereedschappen op de reis. 160 lb moet men hebben voor ieder persoon.

Dit verdeelt men in:

10 lb spek, redelijk dik om pannekoeken te bakken;
10 lb ham, om op brood te eten, enz.;
10 lb vleesch;
20 lb rijst – deze is hier omtrent van denzelfden prijs;
20 lb bloem of meel – dit moet men niet overhouden;
15 lb aardappelen – dat is een half mud;
20 lb blauwe erwten – best van soort; kan men deze overhouden, dan zijn ze goed voor zaad, dewijl ik dezelve hier nog niet goed gezien heb en daarenboven duur;
20 lb kapucijner erwten, dito;
30 lb beste kropbrood aan stukken gesneden en goed gedroogd; ik bedoel 30 lb gedroogd zijnde;
5 lb gewone beschuit of bestellen

---

160 lb

Voorts is het goed en nuttig een pot hoofdkaas, benevens boter, kaas, suiker, klompjes, pruimen en al wat men zonder koken eten kan, zoete koek, verschillende dranken, wijn, brandewijn, rhijnsche wijn, jenever, azijn, zout, mosterd, peper, koffij, thee, alsmede eenige huismiddelen voor ongesteldheid, mede te nemen; want de Amerikanen hebben geen doctor aan boord, ieder zorgt dus voor zich zelven.

De gereedschappen bestaan in: theeketel of ijzeren kookketel, blikken schotel, blikken borden, waarop ieder zijn eten kan hebben, dewijl men zeldzaam geregeld bij elkander kan zitten, blikken waterkannen, of vaatjes enz. Wanneer men voor zich zelven gaan moet, dan raad ik ieder te groot en ook daar komt ligtelijk verschil onder. Verder moet ik melden, dat de cargadoors zeer onderscheidenlijk handelen; zij schijnen met niet meer dan 6 of 8 man zamen te doen, anders wordt het gezelschap zoo veel af te nemen als zij kunnen. Bij ons waren er die 30-35 à 36 gulden betaalden, en wij moesten fl 45 betalen. Ook waren er op ons schip, wien door... was aangeboden voor 35 gulden een goed schip te bezorgen, indien hunne familie daarvan in het voorjaar gebruik wilde maken.

Uw Liefhebbende en aandenkende broeder in den Heere Jezus Christus,

Hendrik Barendregt

N.B. Groet vooral broeder Betten.

(Uit: H. P. Scholte: *De Reformatie,* 3de serie, III (1846)

Waarom kwamen zij naar Amerika?

Iets uit het leven en overlijden van Jan Gelock

In het jaar 1843 begon Ds. P. Van Dijke te oefenen, ook soms in onze gemeente. Hij kwam om wille van de prediking in de gevangenis en in '44 heb ik hem menigmaal te Zierikzee in de gevangenis bezocht. In het jaar '45 kwam onze gemeente onder die, welke men 'Onder 't Kruis' noemt. Ds. C. Van den Oever kwam bij ons te preeken. Hij nam de harten van velen in, en bewerkte dat Steckenburg bij ons werd beroepen. Ik deed belijdenis en werd door Ds. C. Van den Oever bevestigd in eene schuur. Ik meende den vijand te zien aankomen als een stroom, maar werd bemoedigd naardien ik geloofde dat de geest des Heeren de Bamier zou oprichten. Toen Ds. Steckenburg bevestigd was bleek het al spoedig. De veldwachter kwam en maakte tegen elke preek proces verbaal. Ik las en zong voor en ging met den buidel rond. Alzoo werd ik ook voor den rechter gedagvaard. Iedere preek kwam voor mij op 10 guldens, dat was elken Zondag 30 gulden. Eerst dacht ik daar niet erg over, maar toen de som al 1200 gulden was, dacht ik, waar moet dat heen? Ik moest op een Donderdag te Zierikzee voor de Rechtbank verschijnen. Ik dacht, nu ben ik al in des rechters handen, en heb geen geld; de gevangenis is nu mijn deel. Niemand zal zich om mij bekommeren. Het ongeloof kreeg de overhand. In den avond van denzelfden dag kwam ik door een gunstige beschikking Gods in een gezelschap waar Ds. Van den Oever was, die daar ook preekte. Dat was mij een wonder. En in betrekking tot de Rechtbank kreeg ik troost uit het woord:

'Maar de Heer zal uitkomst geven.'

Ik kreeg zoo veel geloofskracht dat ik vertrouwde: geen haar zal van mijn hoofd vallen. Mijn beker werd overvloeiende; ik kwam bij eene vriendin; zij vroeg mij hoe het ging: Ik zeide: indien ik zoo goed gelooven kon dat ik naar den hemel zal gaan als ik geloof dat ik niet in de gevangenis zal komen, dan zou ik in dat opzicht boven mate getroost zijn. Des Zondags ging ik naar de schuur en het was mij alsof de Engel des Heeren er rondom gelegerd was. In die week kreeg ik een brief van den houtvester, dat ik binnen acht dagen moest betalen of zij zouden mij in de gevangenis zetten, en daarna een dat ik binnen 24 uren gevangen zou worden. Maar in plaats dat dit geschiedde kwam er een uitspraak van den Hoogen Raad in den Haag, dat de artikelen waarop wij gevonnisd waren, niet in toepassing gebracht konden worden op den openbaren Godsdienst. Ook was ik vrij van eenige onkosten. Ik was verblijd over die goedheid Gods.
Ik was intusschen diaken geworden. Wat mijn leven betreft: ik was gemoedelijk. Als mijn hart warm voor den Heer klopte dan sprong ik met Hem over eenen muur, maar wanneer ik weinig voor mijn hart had dan was ik bezwaard. Ook naar het tijdelijk bestaan was ik niet zonder druk. Ik had een wagenmakerswinkel gekocht in Oostezand. Daarop was veel schuld en die drukte mij. Op een Zaterdag voor Kersmis van 1847 ging ik naar mijne ouders. Ik zocht mijn kamertje op en wist niet dat mijn broeder boven was en mij hooren kon. Daar riep ik uit de benauwdheid des harten tot God. Dat ging luider dan ik mij voorstelde, want mijn broeder werd bang en vraagde wat mij deerde. Van daar ging ik naar Oudekerk waar mijne aanstaande vrouw woonde. Met dezelfde bezwaren ging ik naar kerk en moest voorlezen Micha 5 en 6, en zie onder dat lezen nam de Heere alle bezwaren van mij weg. Ik kon mij geheel kwijt worden en een zoete vrede vervulde mijn hart. Het was mij alsof de boomen des wouds met mij bevredigd waren. Ik moest hout koopen. Er kwam een verkoopdag van wagenhout. Nu woonde er ook een andere wagenmaker in onze plaats en de menschen zeiden: die afgescheidene en die andere wagenmaker zullen wel erg tegen elkander opbieden. Maar de Heere beschikte 't zoo, dat wij afspraken niet tegen elkander op te bieden. Zoo kregen wij behoorlijk goedkoop werkhout en de menschen werden erg beschaamd. In 1848 trouwde ik en was niet zonder zorg voor mijn dagelijksch brood. Maar de Heere zorgde. Eens moesten die andere wagenmaker en ik elk een wagen van een boer over nemen voor 30 gulden. Hij kreeg de beste. Hij zette den zijnen en ik den mijnen buiten deur. Er kwam een kooper bij hem en hij vraagde dertig gulden. Die kooper kwam bij mij en ik vroeg evenveel. Wel, zeide hij, de wagen van dien man is veel beter en hij vraagt ook maar dertig gulden. Ik zeide dat ik het niet goedkooper doen kon. Hij ging heen. Die andere wagenmaker werd ziek, vertrok voor een tijd van die plaats en toen genoemde koopman daarom niet terecht kon kwam hij bij mij en kocht mijn wagen voor genoemden prijs. Die andere man heeft later lang met zijn beteren wagen gezeten en kon hem bijna niet kwijt worden.
Intusschen kwam er spraak over Amerika. Ds. Scholten ging heen, en het lag zoo in mijn gemoed dat ik ook heen moest. Mijn vader was er tegen, maar in dezelfde week veranderde hij merkbaar en zeide: ik ben wel genegen om naar Amerika te gaan. Ofschoon ik wel genegenheid had zoo durfde ik toch niet. Er kwam meer werk en de Heere zegende. Maar later ging die wagenmaker trouwen met iemand die bijkans met al de boeren in den omtrek verwant was. Hij kreeg daarmede geld en voor mij was het uitzicht zeer donker. Mijn schoonvader sprak van Amerika. Het was voor mij een zake des gebeds en ik verzocht hem om naar dien wagenmaker te gaan en te vragen of die mij wilde uitkoopen. Hij deed zulks en gaf voor mijne wagenmakerij en toebehooren f2600; zoo kon ik mijn schuld betalen en met een sommetje naar Amerika gaan. (Mijn eerste vrouw had ik verloren en was, toen wij op 18 Maart 1850 naar Amerika gingen voor de tweede maal getrouwd.) Mijn vrouws zus-

Prairie-landschap in Iowa, uit een schoolboek van 1874.

ter was er reeds. Op 26 Mei kwamen wij te New York. Van daar gingen wij met de stoomboot naar Albany en toen met een trekschuit naar Rochester, waar ik mijn broeder vond, die in '47 in mijne plaats naar Amerika was gegaan. Van Rochester gingen wij naar Grand Rapids; op den 26sten Juni kwamen wij daar aan en ofschoon er weinig te verdienen was, kwam ik toch aan het werk tegen $50 per maand op eigen kost. Ik kreeg geen geld, alleen de noodige dingen om van te leven. Wij bouwden een planken huis. Mijn schoonvader kocht zeven acres grond bij de brickyard, nu aan Fulton straat. Wij hebben daar een half jaar gewoond, nadat wij eerst in eene tent geweest waren waar mijn oudste dochter Marina geboren werd.
Het land beviel mij wel maar de kerk niet. Er was geen predikant, er werden korte preekjes gelezen en Zondags avonds kwam men bij elkander, maar altijd was het gesprek over Amerika. Daarin had ik zooveel bezwaar, dat als ik de menschen dan eindelijk zag aankomen, ging ik in het bosch. Later leerde ik hier vrome menschen kennen.

(Uit: *Jaarboekje voor de Hollandsch Christelijk Gereformeerde Kerk in Noord Amerika voor het Jaar 1891)*

---

acre: *landmaat* $4047 m^2$
brickyard: *steenbakkerij*

Brief eens Nederlanders naar Nederland

Geschreven in Rochester 31 Dec. 1849

Wij laten hier een uittreksel volgen van een brief. geschreven door lieden uit het 5de District van Zeeland... De brief is in al zijne eenvoudigheid geplaatst in drie nommers der Zeeuwsche Courant. De naam des schrijvers wordt niet genoemd, doch naar den inhoud te oordeelen, zouden wij haast moeten uitroepen, had de man maar in Nederland gebleven, hij is niet voor Amerika of Amerika is voor hem niet geschikt. Edoch toen hij de brief schreef, was hij slechts ruim 4 maanden in Amerika en wij vragen onpartijdig, wie kan na zulk een korten tijd naar waarheid een juist oordeel vellen, over dat land, hetwelk schrijver toont op zulk eene schaamtelooze en leugenachtige wijze op den achtergrond te willen plaatsen voor de bevolking van Nederland?
Wij durven ronduit verklaren, dat de bewuste schrijver zulks niet kon doen, eensdeels omdat hij geen woord Engelsch verstond, en zich alleen bepaalt tot Rochester en ommestreken, hetwelk hij alles in zijn brief met het woordje *hier* bestempelt, ofschoon dat op verre na gansch Amerika niet is; ten anderen was hij toen ter dier tijd nog zoo versch van Nederland, dat hij zich natuurlijk met al het Amerikaansche niet kon vereenigen, al ware het

inderdaad toch beter. Geen Nederlander, vertrouwen wij, was in een en dezelfde gemoedsstemming na een kort verblijf in dit land van slechts 4 maanden of een jaar later, als wanneer hij eerst een inzigt in den toestand van Amerika begint te verkrijgen, hetzelve uit het ware oogpunt leert beschouwen en Nederland uit zijne gedachten verwijderen...
Het volgende moge dan als een staaltje dienen van 's mans ondervinding na vier maanden, die hij meest in de *country* heeft doorgebragt. De lezer moge zelf zien wat waar, wat valsch is. Wij betuigen echter geene woorden genoeg te hebben, om onze verontwaardiging over zulk eenen brief uit te drukken, in welken hij zich zelve dan voor dan tegen spreekt:
'Omtrent den staat van Amerika, o mijne geliefde broeders en zusters en vrienden, waar zal ik beginnen en eindigen? De wandel van de Amerikanen is bij velen zeer goddeloos. Bidden en danken kennen velen niet, zelfs voor hun eten doen zij het niet. Die aan de kerk (de afgescheidenen 1) zijn, die zijn al even weinig redelijk; die vloeken en zijn zoo losbandig als de anderen, en dan durven sommige Nederlanders nog schrijven naar Nederland van eene gereformeerde kerk. Die dat schrijft kent geene gereformeerde kerk. 2) Ik kan het geen' naam geven, welken grond zij hebben, de kerkleden! En dan nog nemen zij er aan, die de *taal* 3) niet verstaan, en ook zij verstaan die *taal* niet, die zij aannemen; is dat gereformeerd? Het is Amerikaansch; niet, zooals zij geschreven hebben, dat is verre van daar. En spek en vleesch gebruiken! die schandelijke leugen, die zij geschreven hebben! Als men hen ontmoet, dan weten zij niet wat zij zeggen moeten, dan zijn zij beschaamd. Komt men bij hen in dan zijn zij verstomd; als zij dan konden, dan zouden zij zich verbergen; want pen en papier kunnen het nu niet meer goed maken, en mooi praten ook niet; want wij hebben de oogen ook niet in de zak zitten. Zes schellingen daags zou men zeggen, is dat geene goede daghuur? Ja, dat is zoo; maar de eene week door de andere kunt gij maar rekenen op vijf dagen werkens; want als het een vlaagtje regent, dan gaan de Amerikanen naar huis, en dan kunnen wij ook gaan. Weest allen gewaarschuwd van mij, die plannen gemaakt hebt of soms maakte, om er naar toe te komen: het zij, wie gij zijt, hij zal zich zelven bitter bedriegen. Die mannen doen dat groot op, om nog meer menschen in het verdriet te brengen. Die in Nederland zijn brood heeft, dat die blijve, die zal best doen, want ik verklaar u allen, als dat zij veel onwaarheid gesproken hebben. Met 4 schellingen in Nederland kan men verder komen als hier met 6. Ik heb het geluk gehad door 's Heeren hand, van gezond te zijn een van werk te hebben. Ik heb beter mijn brood dan in Nederland 4) want van lasten weet men niet; men ziet hier geene ambtenaren, ik heb hier nog niets gezien dan eenen veldwachter, in het Amerikaansch constable genaamd; aan de kleding en wapens kan men hem niet konnen, hij heeft niets als een rotting in de hand. Wat den uitwendigen wandel aangaat van vele van Ned. volk, dat is ruim wat erger dan de Amerikaansche, vloeken en zweren en het ontheiligen van den Sabbath, dat is vreeselijk. Ik ken er hier, die niet bidden of danken voor hun eten, en daar zijn er, die wel bidden maar niet danken, en dat bidden gaat er naar, het is of men met een stok hen achterna zit; dat gebrabbel kan men niet verstaan, en ook zij verstaan zich zelven niet. Spreekt men van den pligt die op een mensch ligt, dan is men hun vijand, spreekt men van godsdienst te houden des Zondags, zoo gebrekkelijk als het dan is, dan hebben zij geenen tijd. Men is hun beste vriend, als men van koopen en reizen en ijdel geklap houdt, dan komen zij u wel bezoeken. 5) O, mijne geliefden! ik vrees, ja geloof, als dat de Heere Nederl. volk hier overgeeft aan de verharding des harten, dat hij hen laat wandelen in hun eigen wegen, en wat moet daarvan komen, en wat moet er van het zaad komen van Nederl. volk, die Nederland verlaten hebben uit oorzake, dat zij vreezen, dat de Heer Nederland verdelgen zal, van wege de zonde? Hier gekomen zijnde, indien hij niet te hoogmoedig is, dan zal hij moeten bekennen, dat hij van eenen verkeerden geest geleid is. Nederland blinkt nog buiten Amerika van godsdienst, van wandel, van zeden en regel, kortom van alles'. 6)

1. Wij kennen geene afgescheidenen in Amerika: Dit woord houdt, onzes inziens, voor den in Nederland dus genaamden vromen op, zoodra hij dat land verlaten heeft; of wij zijn nu allen afgescheidenen, indien men dan toch dien naam wil behouden hebben. Schrijver schijnt echter dit woord op de Amerikanen toe te passen, onder wie zulks volstrekt niet bestaat.
2. Indien hij Engelsch kon, dan zoude hij *misschien* in staat zijn, om over het al of niet kennen eener gereformeerde kerk in Amerika te oordeelen. Nu weet hij er al zoo veel van, als van het Hebreeuwsch (de tale Kanaans?).
3. Volgens een noot bedoelt de schrijver hiermede de tale kanaans. Deze wordt ook te oordeelen naar eenen brief, die wij onlangs uit Michigan zagen, in zekere Holl. kolonie aldaar, zeer algemeen gesproken; wij zouden hem raden daar naar toe te gaan, ofschoon hij misschien beter passen zou in zeker naburig settlement, waar sommigen de tale Babels spreken, want waarlijk wij begrijpen hier zijn geschrijf, dat Babel van verwarring, niet.
4. Nota bene, hij heeft beter zijn brood dan in Nederland, en nogthans waarschuwt hij iedereen, en zegt dat zij die komen willen, zich zelven bedriegen zullen. Welke gouden bergen zou hij zich dan toch wel van Amerika beloofd hebben O, hoe dankbaar! Duizenden in Nederland zouden wel zoo bedrogen willen zijn als hij voorgeeft, en het beter weten te waardeeren ook.
5. De uitwendige wandel van enkele Nederlanders laat zeker wel wat te wenschen overig. Dit ligt echter aan Amerika niet, want wij gelooven, dat zij, die hier een losbandig leven leiden, in Nederland ook alles behalve braaf geweest zijn. Het zooveel mogelijk bij elkander wonen der Nederlanders, met een' goeden en godvreezenden leeraar aan het hoofd, zou in dit opzigt veel toebrengen tot het

ware belang van Neerlands uitgewekenen; getuigen die Hollandsche Kolonies waar zulks het geval is.
6. Met dit laatste kunnen wij ons op verre na niet vereenigen en achter het niet ondoelmatig, dat hetzelve naderhand eens tot onderwerp van een artikel gebezigd worde, in plaats van er slechts eenige korte aanmerkingen op te maken als boven staande.

J. Quintus

(Uit: *Sheboygan Nieuwsbode,* 16 mei 1850)

Stichting der Kolonie Pella in Iowa

De naam 'Pella' werd gegeven aan eene verzameling van tenten en zodenhutten op eenen heuvel gebouwd en de grondslag was gelegd van eene kolonie, die in het verre Westen den Hollandschen naam in eere heeft gebracht.

Op zes mijlen afstand van Pella werd eene andere nederzetting gesticht, Amsterdam geheeten, terwijl eene derde aan de oevers der Skunk River werd gevestigd.

Thans zouden hunnen moeielijkheden echter pas beginnen, hun geloof en volharding op eene harde proef worden gesteld.

Het eerste, wat nu te doen stond was den grond, die, naar evenredigheid van ieders aandeel, onder hen verloot was geworden, te breken, en tot bouwen geschikt te maken. Ieder had, behalve het prairie land, voor elke veertig akkers, die hij tot zijn aandeel ontvangen had, vijf of tien akkers boschgrond gekregen, welke zes of zeven mijlen verder weg bij de rivier lagen.

De breking van den zwaren prairie grond geschiedde meest met ossen, terwijl zij voor het ploegen paarden gebruikten. Degenen, die liever reeds ontgonnen gronden hebben wilden, konden ze krijgen, voorzoover de voorraad strekte, maar moesten die natuurlijk duurder betalen.

Zij, die kapitaal genoeg hadden gestort om veel land te kunnen koopen lieten het na de breking door anderen bewerken, en ontvingen een derde deel der produkten als pachtsom, terwijl de bewerker de overige twee derden voor zichzelven behouden kon.

Het gezelschap van Ds. Scholte bestond voor een goed deel uit mannen van kapitaal, waardoor zij beter op de prairiën konden *settlen,* terwijl degenen, die niet zoo rijk van middelen waren voorzien, beter in de bosschen slagen konden.

Hun drinkwater verkregen zij, door tot op eene diepte van achttien tot twintig voet in den grond te graven. Velen veraangenaamden hunnen drank, door het aftrekken der gedroogde bladen van de prairie-thee, die de vrouwen en kinderen gingen zoeken.

De hazelnotenboschjes langs de oevers der rivier leverden een overvloed van hazelnoten op, die gedroogd en gegeten werden.

Ook de mannen, die gaarne eene pijp tabak rookten, maakten gebruik van kruiden, die in overvloed op de prairie groeiden.

Dikwijls werden zij beangst door vergiftige slangen, en door troepen wolven, die rondom de woningen slopen, door hun akelig gehuil den slaap uit de oogen der kolonisten hielden, maar gelukkig niemand hebben verscheurd.

Prairie branden veroorzaakten soms schade, terwijl ziekte en dood in het begin droefheid en somwijlen onmoed in de harten der kolonisten brachten.

Op sommige tijden gaven jagende en bedelende Indianen een bezoek aan de kolonie en hoewel vooral de vrouwen bang van hen waren, deden zij toch niemand leed.

Op zekeren dag trad een Indiaan eene woning binnen en bleef geruimen tijd staren op een zuigeling, die in de wieg lag te sluimeren. Vervolgens trok hij zijn mes en begon het te slijpen. De ontstelde moeder liep naar een buurman om hulp, maar deze vertelde haar, den bezoeker een stuk brood met spek te geven. De moeder deed het en de Indiaan

De stad Pella in 1848 (Brieven uit Pella van een Gelderschman, 1858).

Ds. H. P. Scholte, stichter van Pella, Iowa.

ging welvoldaan heen, om bij de buren te trachten iets meer op te doen.
Daar Keokuk, op 120 mijlen afstands, de naaste marktplaats was, is het te begrijpen dat het een geruimen tijd nam, voordat zij benoodigdheden vandaar krijgen konden, vooral omdat de reis door de slechte wegen meest met ossen moest worden verricht. Er verliepen dan ook somtijds zes weken, voordat de winkelier, nadat hij was uitgegaan om inkoopen te doen, met zijne goederen terug kwam.
Dikwijls moesten de reizigers zulke steile hellingen afrijden, dat een ketting werd gespannen door één voor- en één achterwiel, om den wagen tegen te houden.
Somtijds werden de nederzettingen door de koude overvallen, zonder dat zij gelegenheid gekregen hadden, zich tijdig genoeg van brandhout te voorzien, omdat het zoover moest worden weggehaald. Dan was er wezenlijke ellende, want de onbeschutte prairie en de licht gebouwde huizen, lieten vrij spel aan de gure, verstijvende winden.
Even buiten het toenmalige Pella stond de 'Stroostad,' thans reeds lang met de eigenlijke stad vereenigd. Waarom dat deel den naam van 'Stroostad' droeg, wist misschien niemand, want er was geen stroo te bezien. Wel stonden er zoden hutten, die den nieuwkomers en armen tot tijdelijke verblijfplaats dienden. Om die hutten te bouwen, groeven zij tot op eene diepte van twee of drie voet in den grond.
De zoden hierdoor en van elders verkregen werden aan de zijden van den kuil op elkander gelegd en vormden de muren; ook het dak en zelfs de schoorsteen werden van dezelfde bouwstoffen gemaakt en binnen korten tijd hadden zij hunne woning vervaardigd. Er was opening gelaten voor deur en vensters. Een trapje werd aan den ingang aangebracht om het afdalen gemakkelijk te maken; aan een planken vloer werd zelden, aan een zolder in het geheel niet gedacht, terwijl de meubels bestonden, uit hetgeen zij meegebracht, of inderhaast gemaakt hadden van de planken, die aan een zes mijlen verder staanden en door water gedreven zaagmolen te koop waren.
Ook het vee leed door de schaarschte aan kapitaal, waaronder velen der kolonisten gebukt gingen. Enkelen der rijkeren hadden dadelijk goede schuren doen bouwen, maar de armeren gebruikten soms een gedeelte hunner hut als stalling; anderen hadden eene schuur gemaakt door stokken in den grond te steken, daarover andere stokken te leggen dat soort van geraamte te bedekken met lang prairie gras, terwijl de muren gevormd werden door er *cornstalks* of stroo rondom tegen te plaatsen. Nog anderen stapelden hun stroo zoodanig op, dat de mijt een soort van afdak voor het vee vormde en de dieren altijd schuilplaats konden vinden tegen den wind.
Spoedig werden er steenovens opgericht, een in Amsterdam en een andere op twee mijlen afstands van Pella, terwijl ook een kalkhoven degenen, die metselen wilden, van kalk voorzag.
Ds. Scholte bezat steengroeven, waaruit een ieder zooveel steenen mocht graven als hij noodig had, onder voorwaarde dat hij een zeker deel der gegra-

De stad Pella in 1856 (Brieven uit Pella van een Gelderschman, 1858).

Het Scholtehuis te Pella, Iowa.

ven steenen liet liggen voor den eigenaar. Van die steenen werden gewoonlijk de fondamenten der huizen gemetseld, maar de woningen zelven waren meest van planken opgetrokken, van binnen beschoten met een halven steens muur. De woning van Ds. Scholte was een net planken huis, voorzien van een torentje met bel; ook de kerk was van planken gebouwd, aan de binnenzijde met steen beschoten en sierlijk afgewerkt.
Ambachtslieden konden in het begin beter hier terecht dan in de boschstreken, waar de nederzetters meest zelf hun werk deden.
Dicht bij Amsterdam was een steenkolenmijn, die echter niet ontgonnen werd, daar men algemeen hout stookte, uitgezonderd in de kerk, die ook voor school diende, alwaar steenkolen werden gebruikt. Bijna niemand had slot of grendel op zijne deur. Wanneer de bewoners uitgingen, plaatsten zij een stok voor hunne huisdeur en dat was het teeken, dat elk verstond. Als men wist, dat iemand behoefte had, werd er gedurende zijne afwezigheid dikwijls datgene in huis gebracht, waaraan men dacht, dat gebrek was. Zelfs gedurende den nacht werden de meeste deuren niet verzekerd, maar dan gebeurde het wel eens, dat de bewoners uit hun slaap werden opgeschrikt door vreemde indringers.
Evenmin als de andere is ook deze nederzetting vrijgebleven van de zware schokken en de tegenheden, die nieuwe nederzettingen treffen. De verandering van klimaat, voedsel, arbeid, maar vooral de dampen, opstijgende uit den opengelegden bodem, te zamen met de gebrekkige zoden hutten en tenten, waar de regen en de koude winden dikwijls vrijen toegang hadden, veroorzaakten ook hier koortsen en ziekten, die menige woning tot een hospitaal maakten, en den pas ontgonnen grond als inwijdden met de lijken van hen, die als offers vielen van de pogingen tot ontginning.
Waarlijk ook hier waren geloofsmoed en volharding noodig om niet te versagen, maar de kolonie te maken tot wat zij thans is: een sieraad van den staat en eene eere voor de Hollanders.

(Uit: D. Versteeg, *Pelgrim-Vaders van het Westen. Eene Geschiedenis van de Worstelingen der Hollandsche Nederzettingen in Michigan, benevens een Schets van de Stichting der Kolonie Pella in Iowa,* Grand Rapids, Mich.: C. M. Loomis, 1886)

Stichting van de kolonie Holland in Michigan

Van Nederland naar den mond der Black Lake

De meeste landverhuizers ondernamen van Hollandsche of Belgische havens per zeilschip, sommigen ook van Engelsche per stoomboot, de reis naar het nieuwgekozen vaderland.
Nog in Nederland begonnen reeds de moeielijkheden, terwijl dikwijls de behandeling, die de emigranten ontvingen van degenen, die achterbleven, uiterst onaangenaam en vijandig was.
Hier en daar bij de afvaart naar de plaats waar het schip hen wachtte, dat hen den oceaan zou overvoeren, verzamelden zich zelfs groote troepen ledigloopers, die hun als laatst vaarwel spotternijen en schimpwoorden of erger medegaven.
Voor de zeereis moesten de landverhuizers hun eigen provisie aankoopen. Beschuit, meel, erwten, boonen, rijst, gort, koffie, thee en al wat zij meenden noodig te hebben, werd in het oude vaderland gekocht, in kisten of balen gepakt en aan boord genuttigd. Van regeringswege werd er toezicht gehouden, dat de reizigers genoeg meenamen om gedurende een matig langen overtocht te kunnen duren.
Dikwijls waren zij acht weken of langer aan boord van het vaartuig, alwaar de bedomptheid van het scheepsruim, storm, zware zeeën en andere ongemakken der reis, niet zelden ziekte en dood tengevolge hadden, en vooral vrouwen en kinderen werden weggenomen.
De meeste schepen landden te New York aan en wanneer eindelijk de schepelingen, na hunne lange, moeielijke reis, aldaar aan wal stapten, gevoelden zij zich als verloren te midden dier tienduizenden vreemdelingen, wier taal hun onbekend, wier zeden en gewoonten hun vreemd waren, en dikwijls was het een gemakkelijk werk voor het heirleger van bedriegers en afzetters, dat zich altijd aan de landingsplaatsen ophield, om den armen landverhuizers een deel van het weinige geld, dat zij bezaten, afhandig te maken.
Van New York ging de reis gewoonlijk per stoomboot op Albany, vandaar per stoom- of kanaalboot naar Buffalo of Detroit en van hier meestentijds om het Noorden van Michigan door de meren, op den mond der Black Lake aan. Anderen reisden per spoor op Kalamazoo, terwijl zelfs eenmaal sommigen langs de besneeuwde wegen, beladen met hunne goederen, onbekend met de richting, vreemd aan de taal, vreemd aan iedereen, voorzien van slechts weinig geld, en met een soort van aanbevelings brief aan welwillende menschen vrienden, den afstand van meer dan tweehonderd mijlen tusschen Buffalo en Holland te voet aflegden.
Immer hadden de reizigers uit te zien voor degenen, die het op hunne beurzen hadden toegelegd, maar gelukkig waren er op de meeste plaatsen, waar zij doortrokken menschen, die zich niet te voornaam achtten, den armen zwervelingen raad en hulp te verleenen.
Meestentijds moesten zij zich door de zoo lastige onbekendheid met de taal en wegens schaarschte van geld, op de plaatsen, waar zij doortrokken, zoo goed mogelijk behelpen. Soms spanden zij zichzelven tenten op den wal, dan weder brachten zij den nacht door op den vloer eener herberg, op andere tijden kregen zij onderkomen in een ledigstaand pakhuis of huurden met elkander eene goedkoope woning.
De reis, per door paarden getrokken, kanaalboot, was in het bizonder onaangenaam en zelfs zeer ongezond. 'Gehuisd als varkens of samengepakt als haring', nauwelijks eene plaats om te zitten, veel minder nog om de vermoeide ledematen uittestrekken, geen gekookt eten en zelden warm drinken krijgende, was het dan zoo benauwd, dat velen ziek werden en stierven, en degenen, die loopen konden, veel liever de reis langs het kanaalpad te voet aflegden, dan met de ellendige boot.
Hierbij kwam nog, dat kapitein en bemanning somtijds met elkander schenen te wedijveren, wie het den reizigers het lastigst kon maken, zoowel op de stoom- als op de kanaalbooten. Zelden werd hun verstrekt wat overeengekomen was, en wanneer zij eene boot hadden gehuurd, waren er veel meer passagiers aan boord dan volgens contrakt was geoorloofd: 'op de geheele reis ondervonden zij niets dan moeite en bedrog.'
Toen eens een gezelschap landverhuizers op het dek onder de zonnetent eener boot hun maaltijd bereid hadden, begon het te regenen. Plotseling werd de tent, zonder eenige waarschuwing, boven hunne hoofden opgerold. Zij zelven gingen naar beneden en toen, na het ophouden van den regen, zij op het dek terug kwamen om hun maaltijd te beginnen, hadden de matrozen alles weggenomen en gaven het niet terug.
Op eene andere boot vermaakten zich de matrozen des avonds met eensklaps uittegillen: 'de boot zinkt, de boot zinkt!' Allen waren beneden en de meesten sliepen. De verschrikte landverhuizers vlogen, onder het kermen der vrouwen en schreien der kinderen, naar boven; toen zij daar in verwarring aankwamen, en door overboord te springen zich redden wilden, werden zij door gevoellooze matrozen uitgelachen en bespot.
Degenen die zich Amerika als een land van beloften hadden voorgespiegeld, werden reeds thans op eene ruwe wijze uit hunne begoochelingen gewekt, en toch, wat zij thans op hunne reis ondervonden, was nog slechts eene voorbode van het lijden, dat hen straks wachtte.
Wanneer de reizigers, somtijds na een tocht van vier weken, eindelijk aan den mond der Black Lake aankwamen, was er nog niets dat hun daar verkwikking of rust aanbood, terwijl het ook meermalen gebeurde dat zij, tengevolge van de hevige branding tegen het strand, genoodzaakt waren met het schip weer naar Chicago of Grand Haven terug te gaan, en daar te wachten tot dat het water kalm

De haven van New York, ± 1848.

genoeg zijn zou, om de landing te ondernemen.
Er was geen haven of vuurtoren aan de monding der Black Lake en als er 's avonds in het donker een vaartuig wilde heenvaren, werden er somtijds mannen aan de uitwatering der Kalamazoo rivier aan land gezet, om in de duisternis, langs het onbekende strand van de Michigan Lake, den tocht van twaalf mijlen naar den mond te ondernemen. Op de bestemming aangekomen, moesten zij van droog hout, takken en bladeren, boven op het duin, groote seinvuren ontsteken, om den kapitein van het vaartuig de plaats aan te wijzen, waar hij het anker moest laten vallen.

Van Black Lake naar de Bestemming

De meeste landverhuizers maakten zich eene zeer overdreven voorstelling van Holland. Wanneer zij maar eenmaal in 'de Stad' aangekomen waren, dan, meenden zij, zouden zij kunnen uitrusten van de vermoeienissen der reize, in de welingerichte huizen, op zachte bedden, hunne vermoeide ledematen kunnen uitstrekken en eene welverdiende, lang begeerde rust genieten. Zij dachten er geregelde straten, welvoorziene winkels, bakkerijen, logementen en al datgene te zullen aantreffen, wat in eene goede stad behoort.
Het is dan ook niet te verwonderen dat sommigen, reeds zoodra zij aanlandden, langs den oever van de Black Lake gaande, den moeielijken tocht van vijf mijlen ondernamen om in 'de Stad' verkwikkingen voor zichzelven en hunne gezinnen te halen, of middelen van vervoer te bespreken tot het overbrengen van het gezelschap en de goederen.
Niet zelden was 's avonds de lucht roodgekleurd door den gloed der hier en daar brandende vuren. De landverhuizers dachten, dat die gloed wel het afschijnsel moest zijn der lantaarns eener zeer groote stad, gerekend naar den omtrek van het afschijnsel tegen de lucht! En wanneer dan de mannen vol hoop en verwachting erheen gingen, dwaalden zij om in een eindeloos woud, met hier eene woning van bladeren, verscholen onder het geboomte, daar eene tent van doek op eene hoogte geplaatst, ginds eene armelijke boomstammen hut op eene open ruimte in het bosch, niemand ontmoetende dan enkele eenzame houthakkers, die met alle macht bezig waren aan het vellen der dikke, knoestige boomen.
Wanneer dan de verlangende reizigers vroegen, hoever de stad Holland nog verwijderd was, en zij ten antwoord ontvingen 'dit is de stad' zonk hun hart zoo laag bij het vervliegen hunner droombeelden en het zien op al die duizenden van woudreuzen, dat zelfs een in de bitterheid zijner ziel aan den zegsman vroeg: 'Kunt gij schrijven?' 'Neem dan een plankje, zet er met groote letters op: "In het zweet uws aanschijns zult gij hier werken uw leven lang," en spijker dat vast aan een boom.' Gewoonlijk werden zij bij Van Raalte gebracht en die wist dan door zijne bezielende en overtuigende taal wederom zooveel moed intestorten, dat zij met of zonder boot, want niet altijd waren die te krijgen, den terugtocht aannamen en de achtergeblevenen in hoopvolle woorden met den toestand bekend

maakten.
Nu gingen de teleurgestelde reizigers met elke gelegenheid, die zich aanbood, naar 'de Stad.' Sommigen laadden hunne goederen op houtvlotten, die ten behoeve der kolonie van Kalamazoo rivier kwamen en voeren daarmede naar Holland, onder voorwaarde den vlotman op den overtocht te helpen. Anderen werden overgebracht per schouw of platboot; enkelen ondernamen langs den oever van het meer, beladen met hunne weinige goederen, door kreken en ondiepten wadend, den moeizamen tocht stadwaarts, terwijl in den zomer, wanneer de Indianen meer noordwaarts trokken, en zij hunne stad verlaten hadden, velen een tijdelijk onderkomen vonden in de dan ledigstaande *wigwams* en ongebruikte kerk der koperkleurige jagers.
Dit was dan de stad Holland, maar de rivier met omringende moerassen lag tusschen mij en de stad, en geen weg of brug was er te vinden. Ingevolge ontvangen onderricht liep ik langs de Black Lake het Westen in, en vond eindelijk eenige loghuizen en ook iemand, die mij met eene boot naar de overzijde roeide. Ik kwam aan ter plaatse waar nog de *Indian Village* was. Eenige hutten, één groote dat tot kerk gediend had, waarbij eene begraafplaats der Indianen met een groot houten kruis erop, dat nog lange jaren nadien gestaan heeft. De Indianen waren Roomsch Catholiek geweest en konden nog eenige woorden Fransch spreken. Zij waren een vreedzame stam, waarmede de blanken nimmer eenige moeite hadden.
Ik wandelde verder weder Oost, tot ik in de stad, bij oude vrienden kwam. Er waren er velen, die met mij over zee gekomen waren uit Zwolle, Nederland, waar ik het laatst gewoond had. De familiën Slag, Smit, ook Van der Veens uit Amsterdam e.a. Wat mij het meest trof bij het bezoek derzelve was, dat ik bijna geen huis intrad of er waren zieken, soms vijf, zes of meer in één huis, die allen in eene rij op den vloer lagen. Vele voormalige vrienden en bekenden waren niet meer. Zij waren onder sukkelingen, ontberingen en teleurstellingen van allerlei aard bezweken. Dat velen, die zich een aardsch paradijs, een luilekkerland in Amerika voorgespiegeld hadden en nu eene woeste wildernis, ondoordringbare bosschen, bijna geen menschelijk wezen of geene de minste sporen van nijverheid, geen ordentelijk woonhuis te zien kregen, niet dan met groote moeite en kosten de hoogst noodige levensbehoeften konden verkrijgen, en dewijl er geene wegen waren alles met platbooten langs Michigan Meer van de monding van Kalamazoo rivier ook *shingles* en timmerhout moesten aanvoeren; dat dezulken al spoedig den moed lieten zinken, is met weinig moeite te begrijpen.
Wanneer de menschen na eene zeereis van veertig tot vijftig dagen en dan nog de lange reis te land of rond de groote meren, onder den heeten Amerikaanschen hemel, aan den mond der Black Lake aankwamen, waren er daar geene huizen, geene voldoende levensmiddelen. Onder takken van boomen en andere haastig opgeworpen schuilplaatsen moesten zij zich dan maar behelpen en reeds

Een karakteristiek 'log'-huis uit de pioniersdagen.

Het eerste schoolgebouw in 'de kolonie'.

Het eerste kerkgebouw uit de pioniersdagen.

aan de monding der Black Lake zijn er velen bezweken, wier beenderen ik nog heb zien liggen in de zandduinen langs den mond der Lake, en die door het verstuiven van het zand ontbloot waren. Bij onze aankomst was dit echter al heel wat verbeterd. Koortsen waren nog wel algemeen heerschende, maar sterfgevallen in geene vergelijking met die des vorigen jaars. Dit maakte het voor de vervolgens aankomenden zooveel aangenamer en gemakkelijker. Er waren reeds zooveel min of meer goede

woonhuizen gebouwd, huisvesting en levensmiddelen verkrijgbaar, terwijl er kosthuizen en winkels waren.

(Uit: D. Versteeg, *De Pelgrim-Vaders van het Westen*)

Ziekte en Dood

De streek, die de nederzetters zich ter woning hadden verkoren was gunstig gelegen en meestal vruchtbaar, maar de rottende boomen, de bedomptheid der bosschen, de dampen der moerassen en de koude, ongezonde mist, die dikwijls de oevers der meren als met een wolkenkleed bedekte, maakten, in vereeniging met de uitwasemingen van den pas ontgonnen grond, wegens de vele ziekten, die erdoor veroorzaakt werden, de nieuwe nederzetting tot een groot hospitaal, den nauwelijks opengelegden bodem tot een uitgestrekt kerkhof.
Koorts, bloedloop, galziekte, ook pokken en roodvonk, wierpen tal van mannen, vrouwen en kinderen op het ziekbed, zoodat vooral Holland, eer nog de verschillende gezelschappen uit elkander waren gegaan, het voorkome had van eene kolonie van zieken.
Niet alleen werkten de verandering van klimaat en de ongezondheid der streek nadeelig op den gezondheidstoestand, maar ook het drinkwater was slecht, het voedsel in vele gevallen ongenoegzaam en ongezond. En wanneer dan de arme menschen van wege ontbering en lijden op hun leger gekluisterd lagen, waren de ligging zoo onvoldoende, de verpleging zoo gebrekkig, terwijl er zoo weinig noodzakelijke verkwikkingen konden worden verstrekt, dat in vele gevallen de zieken minder aan de ziekte zelve, dan aan de ontberingen stierven.
Elk blokhuis, elke loofhut, iedere tent was een hospitaal, waar gezonden en zieken, stervenden en herstellenden in dezelfde ruimte hun verblijf hadden en het schamele leger deelden met een of meer wier geest reeds het stof verlaten had. Droefheid had in dien tijd plaats gemaakt voor eene soort van wanhoop, die zich openbaart in een schijnbaar onverschillig berusten, in dat, wat niet kan worden verholpen. 'Deze heeft ook koortsen, die ligt te zieltogen, gene is dood,' deelde men elkander mede, maar geen uitroepen van rouw of jammer ontsnapten de lippen. Het scheen, alsof een ieder zich op sterven had voorbereid en het hem verwonderde, dat zijne beurt nog niet gekomen was. In die bange dagen vooral, deed zich Van Raalte in al zijn grootheid kennen. Behalve de zorg voor de stoffelijke belangen der kolonie was nu ook die voor de zieken hem opgedragen, en deed hij al het mogelijke om te helpen waar behoefte was. Niet alleen ging hij de huizen langs om de zieken en gezonden van goeden raad te dienen, maar het gelukte hem zelfs op kosten der kolonie een paar dokters uit Kalamazoo te doen overkomen, die, vergezeld van Van Raalte, te paard de woningen bezochten en uit hunne aan den zadel hangende medicijnenkastjes, de zieken geneesmiddelen toedienden.

(Uit: D. Versteeg, *De Pelgrim-Vaders van het Westen*)

Van Overisel naar Saugatuck en terug.

Ik schrijf zooals dit in mijn geheugen is bewaard gebleven sints mij het een en ander is verteld. Het doel is om de eerste dagen en den strijd der oude kolonisten in gedachtenis te houden.
Moge het eene niet vrij zijn van humor, en plooit het uwe lip in een lach, gij zult het andere lezende, den ouden niet vergunnen dat zij soms iets zoo aardigs ondervonden, dat zij het lachen niet geheel hebben verleerd.

Het moet in den winter van '49 op '50 geweest zijn. De sneeuw lag diep, de wegen waren nog onge-

Kaart van nederzettingen in Michigan, rond 1880 →

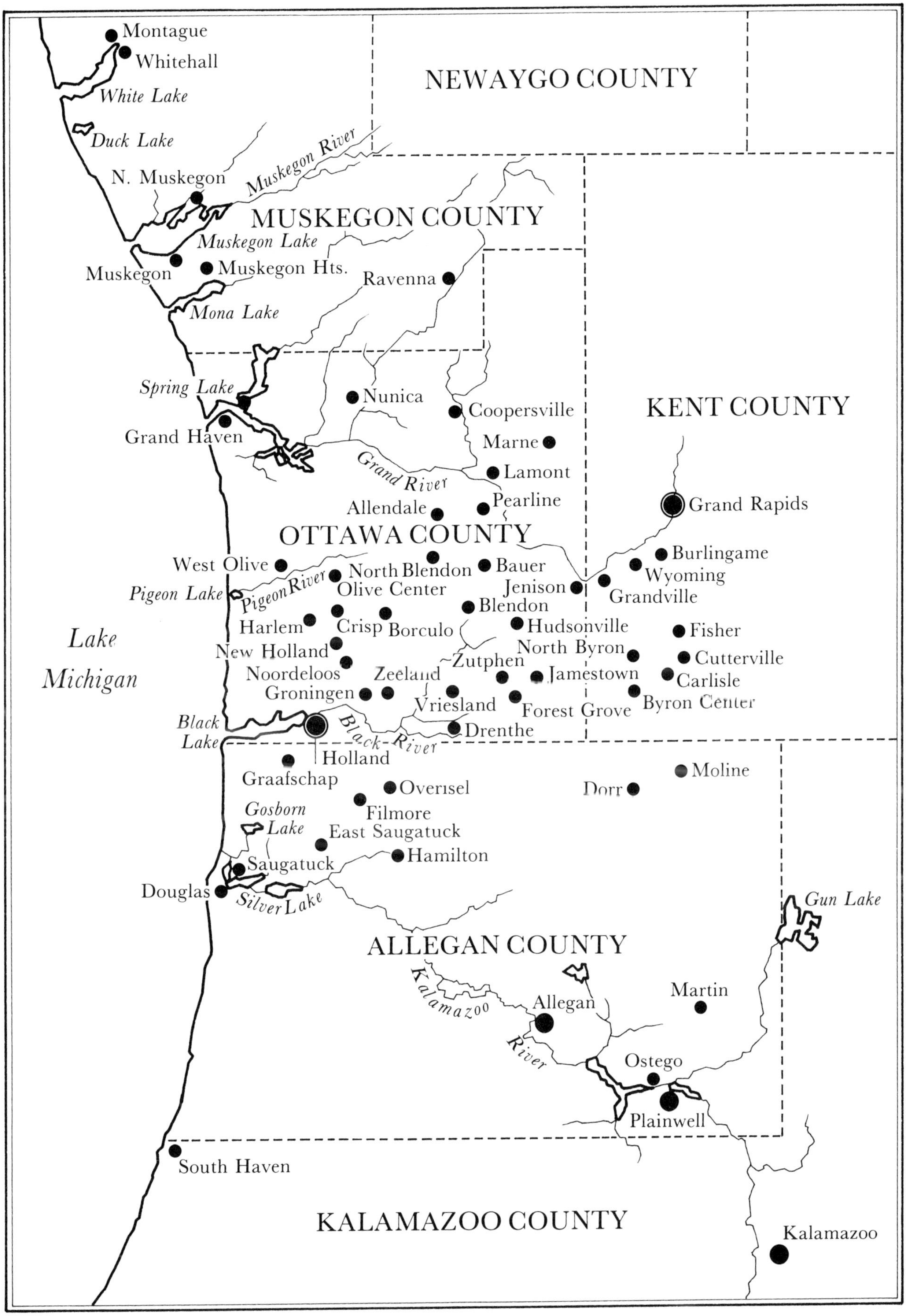
NEWAYGO COUNTY
MUSKEGON COUNTY
KENT COUNTY
OTTAWA COUNTY
ALLEGAN COUNTY
KALAMAZOO COUNTY
Lake Michigan
Montague
Whitehall
White Lake
Duck Lake
N. Muskegon
Muskegon River
Muskegon Lake
Muskegon
Muskegon Hts.
Ravenna
Mona Lake
Spring Lake
Nunica
Coopersville
Grand Haven
Marne
Lamont
Grand River
Allendale
Pearline
Grand Rapids
West Olive
North Blendon
Bauer
Burlingame
Wyoming
Pigeon Lake
Pigeon River
Olive Center
Jenison
Grandville
Blendon
Harlem
Crisp
Borculo
Hudsonville
Fisher
New Holland
North Byron
Cutterville
Zutphen
Noordeloos
Zeeland
Jamestown
Carlisle
Groningen
Vriesland
Forest Grove
Byron Center
Black Lake
Black River
Drenthe
Holland
Graafschap
Moline
Overisel
Dorr
Filmore
Gosborn Lake
East Saugatuck
Hamilton
Saugatuck
Douglas
Silver Lake
Gun Lake
Kalamazoo River
Allegan
Martin
Ostego
Plainwell
South Haven
Kalamazoo

baand, toen een vijftal mannen besloot om in het belang hunner gezinnen en buren een reis naar Saugatuck te doen of liever zich gedwongen zag derwaarts te gaan.
De vrouwen had geen naald of draad, geen lint of band meer. Koffie, thee en suiker waren reeds lang vergeten of nog niet gekende artikelen. De nood klom tamelijk hoog, want men kon geen boezelaar meer verstellen, geen knoop of trens meer zetten.
De moeders waren in de laatste dagen zuinig geweest, en hadden zeer excelente boter gemaakt. Van te voren was reeds beproefd om bij Ds. Bolks, die toen in een log hut ten zuiden van het dorp woonde, samen te komen.
Zoo geschiedde het. Eerst heeft men samen gebeden. Men bad toen meer dan nu. Ds. B. zegt: 'Jongens, ik blijf van avond op, tot ge weerom komt en ik zal de koffie klaar hebben.' Moedig en verheugd door de gulle hartelijkheid stapt het vijftal er heen, ieder zijn mandje met boter in den arm.
In den avond toen men de lichten begon op te steken, kwamen zij in Saugatuck aan.
De boter op de toonbank gezet, wordt met een mesje door gesneden, want er mag geen haartje in zitten. De moeders hebben flink opgepast. De boter kan de toets doorstaan en dan voor zooveel centen? Neen, daaraan dacht men niet geld te ontvangen. Het was alles ruilhandel. Geld is alleen de basis voor de ruiling. De winkelier heeft alles in zijn macht; hij geeft precies wat hij goedvindt. Eenieder ontvangt nu zooveel naalden, spelden, garen, lint, knoopen enz., het allernoodigste, en daarvoor heeft men nu 14 mijlen geloopen door diepe sneeuw en langs ongebaande wegen!
Zoo spoedig mogelijk is het stukje 'corn' brood verorberd en neemt men de terugreis aan.
De terugreis wordt aanvaard. Het waren krachtige mannen, en toen moet men zeer sterk geweest zijn. Ik geloof altijd dat de Heere, in wiens kracht de reis over de wateren gedaan werd, hier in de eerste worstelingen bizondere lichaamskracht en zedelijken moed verleende.
Reeds is ons gezelschap de Graafschap voorbij. 't Is reeds laat maar nu is elke schrede een nader bij huis, en dan de gedachte der blijde ontmoeting geeft nieuwen moed. De vrouw te verblijden met zulk een schat, alleen te waardeeren in zulk een tijd, is zoo'n blijde gedachte.
Het is ongeveer 9 uur. Een van het gezelschap is zoo uitgeput, dat hij niet dan met de grootste moeite verder kan komen. Men sleept tot Mr. Hellenthal's woning zich voort, en besluit aan te kloppen en te zien, of hij misschien ook iets voor hen heeft te eten.
Hellenthal had ook geen overvloed; hij zegt: 'Vrouw, heb je nog wat in huis?' En de vrouw heeft niet anders dan droog 'corn' brood, dat anders voor den volgenden dag was bestemd. Alles heeft men in die dagen voor elkaar over.
Spoedig is de koffie van gebrande rogge opgezet, en na met de meeste hartelijkheid gegeten en gedronken te hebben, spreekt men reeds over vertrekken. Het gezelschap zou gaarne hebben overnacht, doch een had zijne vrouw in zulke omstandigheden achter gelaten, dat hij wel moest en wilde, al bleven de anderen ook. Dat lieten de overigen niet toe, en nu samen gedankt en gebeden en elkander aan de hoede des Heeren bevolen, stapt straks het gezelschap de deur uit. Hellenthal leent hem zijn lantaarn om bij het schijnsel daarvan beter het pad te vinden. Helaas! dit genot is slechts kort. Nog $2^1/_2$ mijl van Overisel gaat de lantaarn uit. Indien ergens, dan hadden zij op dezen weg licht noodig.
Toen zij zoo in het donker langs een gebaand pad eene mijl zijn voortgesukkeld vinden zij eene halve mijl wel den weg uitgekapt, maar de boomen dwars over het pad. Mr. F., een van 't gezelschap, die dat eind weg mee uitgelegd had ging telkens een eindje vooruit om het terrein te verkennen, daar hij de gaten beter wist. Riep hij straks: 'jongens, hierheen!' dan moesten zij op hem af. Maar zoo moede en stijf waren zij dat ze haast zich meer over de boomen lieten vallen dan er over klommen. Men zette zich er op neer, legde eerst het eene dan het andere been er over. Het gaat naar huis, en zoo zij er door zijn is het slechts eene mijl tot het punt van gezamenlijke uitgang, Ds. Bolks 'loghut.'
Ook deze ellende werd overwonnen. 't Is reeds middernacht. Ds. B. zit nog met zijne vrouw te wachten. De koffie is klaar, volgens belofte. Nog eenigen tijd vertoefd en straks gaat het gezelschap uiteen, om ieder zijne wachtende jonge vrouw en kind in de eenvoudige hut op te zoeken.
Gij kunt u die ontmoeting voorstellen. Ik schets ze u niet.
Dat de ouden met sterke banden aan elkander zijn verkleefd, laat zich begrijpen. Dat de Heer hen heeft geholpen en staande gehouden in dien bangen tijd willen zij gaarne met een traan in het oog dankend erkennen. Of het jeugdig geslacht den strijd der ouden weet te waardeeren en den zegen Gods, hun in die ouders geschonken, wij mogen het wellicht evenzeer betwijfelen als dat we hen daartoe opwekken.
Ik wil hier mijn wensch nog uitdrukken, dat de oude setlers, die hier en elders nog leven met nauwkeurigheid de verschillende exploits mogen aanteekenen.
Wij leeren daaruit de hulpe Gods, den volhardenden moed der ouden waardeeren, en het zal ons jong geslacht helpen de voorrechten van heden hooger te schatten.

P. Schut

Overisel. Mich.

(Uit: *Jaarboekje voor de Hollandsch Christelijk Gereformeerde Kerk in Noord Amerika voor het Jaar 1891*)

Bomen vellen

Een nederzetter was bezig met het vellen van een dikken boom, die dicht bij zijn blokhuis stond. Gaarne wilde hij hem in zulk eene richting doen vallen, dat het blokhuis vrij bleef. Maar bij onder-

vinding wist hij, dat daarop niet te rekenen viel. In vertwijfeling keek de man nu op zijn bedreigd blokhuis, dan op den zwaren, knoestigen stam. Zou er dan geen enkel middel zijn om het gevaar te voorkomen?
Daar kwam gelukkig een Indiaan aan.
Zoo goed en zoo kwaad als het ging beduidde de *settler* den Indiaan door gebaarden en in gebroken Engelsch dat hij hem vier dollars zou betalen, als het hem gelukte den boom zoodanig te hakken, dat het huis vrij bleef. De Indiaan nam het aanbod gretig aan en in minder uren dan hij dollars zou ontvangen was de boom gehakt, de hut gered en waren vier dollars van des landverhuizers klein kapitaal verhuisd in de zakken van den Rooden Man.
Niet zelden viel een boom bij het omhakken zoodanig, dat de hut werd geraakt, de loggen tot splinters verbrijzeld, de meubelen vernield werden en de man, wien het ongeluk trof, als opnieuw beginnen moest.
Op zekeren vroegen morgen ging een kolonist uit, om een zwaren boom te vellen op eenigen afstand van zijne woning. Het middaguur was daar, maar hij kwam niet terug. De huisgenooten werden ongerust, een paar buren togen naar de plaats, vonden den boom omvergehakt liggen, maar zagen niemand.
Terwijl zij in verwondering en ongerustheid rondom den gevallen stam liepen, klonk er als uit de diepte eene stem: 'Help mij, ik lig onder den boom.'
De buren schoven de takken weg, bereikten den gevangene en wilde hem er van onder trekken. Maar dat gelukte niet.
Toen kregen zij een paar schoppen, maakten een soort van loopgraaf en de man, die niet in het minst gekwetst was, kon zich uit zijne gevangenis werken.
Wat was er gebeurd?
Terwijl de boom op het punt stond van neervallen, was de man weggeloopen maar struikelde en viel tusschen een paar bulten, waarop ook de boom neerkwam. Deze bulten braken de kracht van den val. De *settler* was nu wel zoodanig ingeklemd dat hij zich nauwelijks bewegen kon, maar ontving geen letsel en ontsnapte op eene bijna wonderdadige wijze den dood.
Hoewel de Amerikanen in het begin dikwijls lachten om het onhandig hanteeren der bijl door ons volk en soms zeiden: 'Die menschen houden het hier niet uit', hadden zij zooveel achting voor hunnen standvastigen ijver dat zij hen gaarne onderrichtten en bijstonden. Spoedig echter, toen zij de vorderingen zagen die gemaakt werden, veranderde hunne meening, en kregen de Amerikanen zooveel verwachting voor de toekomst der nederzetters, dat zij thans zeiden: 'het duurt maar weinige jaren, dan zijn die menschen welvarend.' En hunne voorspelling werd bewaarheid.
Vrienden der kolonisten uit het Oosten, toen zij na een jaar of wat de kolonie bezochten, stonden zoo verbaasd over het vele, dat de Hollanders in dien korten tijd hadden verricht, dat zij in bewondering uitriepen: 'Hoe is het mogelijk, dat gij al die boomen hebt neergekregen?'

(Uit: D. Versteeg, *De Pelgrim-Vaders van het Westen*)

De Indianen

Evenmin als de andere Indianen stammen hadden ook de Ottawas blijvende woonplaatsen. Hoewel de geheele stam niet talrijker was dan 2000 zielen, bewoonde in het begin dezer eeuw een groot gedeelte van dit volk het Zuidelijke deel van dezen staat, tusschen de meren Michigan en Erie. Gouverneur Cass en rechter Sibley reisden in 1821 naar Chicago en kochten daar van de Ottawa, de Chippewa en de Pottawatomie natiën van Indianen het grondgebied tusschen de St. Joseph en Grand Rivers, waarbij dus deze Indianen afstand deden ten behoeve der Vereenigde Staten, van de landen, die later door de Hollanders zouden worden ingenomen.
De Ottawa Indianen ontvingen voor dezen afstand hunner jachtgronden jaarlijks 1000 dollars in geld en gedurende 10 jaren een bedrag van 1500 dollars, om te worden besteed tot het onderhoud van een smid, een onderwijzer en een persoon om hen te onderrichten in den landbouw, en in den aankoop van vee en landbouwgereedschappen. Verder werd hun toegestaan hier te wonen, zoolang deze gronden het eigendom bleven van de Ver. Staten.
Eene der nederzettingen van de Indianen lag aan den zuidelijken oever der Black Lake op ongeveer eene mijl afstands van het tegenwoordige Holland. Het opperhoofd, Wakazoo, was in elk opzicht een edel man, met een ruim hart, groote gaven, en die ten volle de meerderheid der blanken over zijn volk erkende. Steeds trachtte hij zijne stamgenooten te bewegen de wetten te eerbiedigen, kennis te vergaderen, en door eerlijken arbeid in hun onderhoud te voorzien. In 1848 verhuisde Wakazoo met een gedeelte van zijnen troep naar Grand Traverse in het noorden van dit schiereiland, alwaar hij eens dronkaards graf vond.
Tot op de aankomst der Hollandsche nederzetters leefden de Indianen gerust in hunne bosschen en werden slechts zelden door vreemde indringers gestoord. 's Zomers trokken zij naar het Noorden, waar alsdan het wild meer overvloedig was, en keerden tegen het naderen van den winter wederom naar hunne stad terug.
De invloed van het christendom en de aanraking met hunne beschaafde Amerikaanse naburen, had hen de vroegere woestheid geheel, de voormalige onbeschaafdheid gedeeltelijk doen afleggen en inplaats van daden van geweld te bedrijven tegen de Hollandsche nederzetters, die hunne jachtvelden kwamen innemen, bewezen zij hun de meest vrienschappelijke voorkomenheid.
Vroeger reeds hadden Fransche zendelingen onder hen gearbeid, maar op het tijdstip van de aankomst onzer nederzetters werden zij onderwezen door den Episcopaalschen zendeling Smith, wiens woning op twee en een halve mijl afstands van hunne stad gelegen was. Ook hadden zij in hun midden een Fransch *halfbreed,* Jean Pickard, die Engelsch, Fransch en Indiaansch verstond en steeds als tolk optrad tusschen de Indianen en onze nederzetters.
De Indianen hadden eerbied voor den Rustdag. Een gezelschap Zeeuwen was op Zaterdagavond voor den mond der Black Lake aangeland en 's Zondags morgens kwamen er platbooten van Holland om de aankomelingen daarheen te brengen. Eenige Indianen waren met Jean Pickard op het strand, zagen de inscheping, en aan het ernstige gesprek, dat zij onderling voerden en het wijzen op de booten, bemerkten de reizigers, dat zij iets deden wat den Indianen niet beviel. Eindelijk trad J. Pickard op Dr. Van Nus toe, en vroeg hem, of hij niet wist dat het Zondag was? De dokter gaf een toestemmend antwoord. Toen zeide de tolk, dat zijne Indianen dachten, dat de nederzetters een christenvolk waren, maar door hunne Sabbatsschennis toonden, dat zij beneden de Indianen stonden. Dr. Van Nus deelde hem mede, dat zij waarlijk christenen waren, maar dat de omstandigheden hen dwongen op Zondag te doen, wat zij thans deden. De tolk ging terug naar zijne vrienden, vertelde hun het antwoord van den dokter, maar aan het hoofdschudden konden de reizigers wel bemerken, dat de Indianen het nog niet goedkeurden en dat de nederzetters gedaald waren in hunne achting.
De kleederdracht dezer Indianen bestond uit omgeslagen dekens of jassen, een wonderlijk maaksel van schoenen of sokken, eene soort van broeken, en eene muts voor de mannen; ook de vrouwen sloegen zich dekens om en droegen voor hoofddeksel doeken, terwijl hun gewaad omzoomd was met koralen.
De woningen waren nog veel eenvoudiger dan de kleeding en bestonden uit schuin in den grond gestoken stokken, die rondom overdekt waren met boomschors of van biezen gevlochten matten, terwijl in het midden een vuur brandde, waarom zij zich 's nachts, gewikkeld in hunne dekens neervlijden. Die tenten of *wigwams* waren hun dierbaar, en verkozen zij boven de betere en meer doelmatige woningen hunner blanke naburen. Rev. Smith had eenmaal voor het opperhoofd eene blokhut doen bouwen, maar de Indiaan wilde er niet intrekken, en sloeg zijne tenten op, ter zijde van het huis.
Evenals alle Indianen waren ook de Ottawas zeer gehard. De ongezonde, koortswekkende dampen der moerassen, evenmin als de grootste hitte, de strengste koude of de ongemakken des levens schenen eenigen invloed op hun gestel uit te oefenen.
Wanneer zij behoefte hadden aan rust of slaap, wikkelden zij zich in den deken, die hun anders tot kleedingstuk diende en legden zich neer op takken of op den kouden, vochtigen grond. Dikwijls kon men hen half naakt op het natte oeverzand van het Michigan meer zien uitgestrekt, terwijl een snerpend koude wind, die hen gedurig met water bespatte, op het strand aanwoei zonder dat dit hen een oogenblik in hunne rust scheen te storen of ongemak te veroorzaken.
Hoewel Mr. Fairbanks door de regeering was overgezonden geworden om hen den landbouw te leeren, waren de Indianen niet zeer gewillig hunne zwervende leefwijze op te geven en zich te bepalen tot éene plaats. Enkelen slechts hadden eenige *clearing* gemaakt en verbouwden wat corn, maar de werkzaamheden hiertoe werden meest door de

vrouwen verricht, terwijl de mannen (liever dan zich door arbeid te vernederen) vóór de hut op den grond lagen uitgestrekt. Hunne bezigheden waren jagen, visschen, suikerkoken en het verkoopen hunner produkten, of bedelen. In het voorjaar, wanneer de harde *maple* boomen begonnen uit te botten trokken zij de bosschen in, alwaar zij op verschillende plaatsen een of meer tenten hadden opgericht, suikerkampen geheeten. Wanneer het weder goed was, werden insnijdingen in de boomen gemaakt en blikken pannen daaronder geplaatst. Hierin vingen zij het sap door middel van kleine plankjes op. Wanneer de pannen vol waren, werden zij geledigd in een grooten, koperen ketel. Dien ketel plaatsten de Indianen boven het vuur en kookten hunne suiker, in welk werk zij zeer bekwaam waren. Middelerwijl vlochten de vrouwen sierlijke mandjes van berkebast, kleurden de pennen van stekelvarkens, pakten de suiker in de mandjes, staken daarna de gekleurde pennen in de suiker en teekenden zoo allerlei aardige figuren op de oppervlakte.

De Indianen hadden de gewoonte hunne gereedschappen voor het suiker koken onbeschermd in de kampen achter te laten. Met de nederzetters waren echter ook personen overgekomen, die er geen gewetensbezwaar van maakten, de pannen en ketels der Indianen gedurende hunne afwezigheid te stelen of te vernielen. Wanneer zij dan in het voorjaar terug kwamen, waren de gereedschappen verdwenen of niet meer bruikbaar.

Op zekeren Zondag, na het einde der morgengodsdienstoefening, kwamen vier Indianen met J. Pickard bij Ds. Van Raalte, en deelden hem mede, dat zijn volk gereedschappen uit de tenten gestolen had. Nog terwijl de tolk bezig was met vertellen werd Van Raalte zoo verontwaardigd, dat hij uitriep: 'Jan Rap en zijn maat zijn hier, nu moeten wij beschaamd worden gemaakt door de Indianen!' De leider verzekerde de klagers, dat hij zou zorgen, dat het niet weér gebeurde. In de namiddaggodsdienstoefening richtte hij zijne preek er op in, zeide, dat dit geval eene schande was voor den Hollandschen naam, en beval degenen, die zich aan dergelijke laagheden schuldig maakten, hoe eer hoe liever de kolonie te verlaten.

Behalve de mandjes vlochten de vrouwen allerlei kunstwerken van koralen, die zij aan de nederzetters en in de plaatsen rondom gingen verkoopen. Wanneer de stam op reis ging, werden de vrouwen als 'pakezels' gebruikt, terwijl de mannen niets droegen dan vischtuig of geweer. Het huwelijk was dan ook slechts een koopmanschap. De echtgenoot kocht zijne vrouw van den vader voor geschenken en daardoor werd zij zijn eigendom.

De moeders droegen hunnen kinderen niet tegen de borst, maar altijd op den rug, en wanneer het weder gunstig was, bonden zij de kleinen op een

plankje, zet'ten dat hellend tegen de tent of een boomstam en lieten hen zoo de frissche lucht genieten.
Ook de mannen betoonden groote bedrevenheid in het maken hunner canoes. Dit waren door vuur uitgeholde en met de bijl afgewerkte boomstammen, zeer lang en smal en welke veel oefening vereischten om ermede te kunnen varen. Eveneens vervaardigden zij schuitjes van berkebast, welke kunstig met hars werden dicht gestopt. Hiermede waagden zij zich onbevreesd op het stormachtige meer om te visschen. Ook namen zij die schuitjes gewoonlijk mede op hunne tochten, om te worden gebruikt bij het oversteken van rivieren, daar ze zoo licht waren, dat één persoon hen gemakkelijk dragen kon.
Hoewel zij wraakzuchtig waren op het punt van vermeende of werkelijke beleedigingen, toonden zich de Indianen zeer gevoelig voor bewezen vriendschap en lieten niet na, hunne dankbaarheid steeds te doen blijken.
Een paar Indianen hadden schuld gemaakt bij een winkelier in Holland en konden of wilden niet betalen. De zoon van den winkelier, die wat Engelsch verstond, had hen er reeds om gevraagd, maar dat hielp niet. Op zekeren dag ontmoetten zij hem in het bosch. Er was niemand in het ronde. De Indianen kwamen op den jongen toe, en dreigden, hem te zullen vermoorden, indien hij het ooit weer waagde hen te manen.
Op een andere tijd trad een Indiaan eene woning binnen, terwijl het gezin aan den maaltijd zat. Hij wees op het voedsel en gaf door teekens te kennen, dat hij gaarne iets er van hebben wilde. Men gaf hem wat hij vroeg. Na wel gegeten te hebben ging de Indiaan heen en kwam een oogenblik later terug met een grooten visch, dien hij uit dankbaarheid voor de genoten gastvrijheid gevangen had.
Wanneer de Indianen aan het suikerkoken waren en een Hollandsch nederzetter, dien zij kenden, langs hun kamp kwam, noodigden zij hem altijd uit hunne suiker te proeven. Meer dan eenmaal ook brachten verdwaalden den nacht door in de tenten der Indianen, zonder dat hun ooit eenig leed werd gedaan.
Zij hadden veel eerbied voor hunne dooden en droegen de grootste zorg, hunne graven schoon en net te houden. De begraafplaats was wel omheind, vele graven waren eveneens door eene heining omgeven en bloemen en kruisen versierden de plaats, waar geliefde dooden rustten. Toen de Indianen in later jaren vertrokken waren, kwamen zij meer dan eenmaal terug om een bezoek te brengen aan de begraafplaats. Eens ontdekten zij, dat de graven geschonden waren en nu werden de anders zachtzinnige mannen zoo verwoed, dat velen bloedige wraak vreesden, hetgeen misschien ook gevolgd zou zijn indien niet de wilden te zwak in aantal waren geweest.
De zendeling Smith hield in hunne eenvoudige, ruw afgewerkte kerk godsdienstoefening in de Indiaansche taal. Hoewel zij niet zeer eerbiedig neerzaten en zelfs de vrouwen hunnen zuigelingen mede kerkwaarts brachten, toch waren de Indianen zoodanig ermede ingenomen, dat zij ook met elkander godsdienstoefeningen hielden, wanneer zij den rustdag in de suikerkampen doorbrachten, alwaar dan een der hunnen voorging en den dienst leidde.
Behalve goede suikerfabriekanten, jagers en visschers waren de hierwonende Indianen ook goede bedelaars. Dikwijls trokken zij in troepen de nederzettingen al bedelende door, terwijl zij somtijds ook zoo weinig eerbied voor het eigendomsrecht van anderen toonden, dat zij hunne paardjes voedden van het gezaaide en zich evenmin ontzagen dat te vertrappen.
Niet alleen waren de Roodhuiden geoefende bedelaars, maar ook aardig brutaal in hun vragen. Wanneer men hun niet gaf wat zij wenschten, gingen zij ontevreden en al brommende heen, alsof het eene verplichting ware, hunne eischen toe te staan. Het was niet geraden een bedelenden Indiaan toegang te geven tot de woning, want hij vroeg om alles, wat zijne oogen zagen.
Op zekere dag kwam er bij Ds. Van der Meulen een Indiaan, die een weinig Engelsch sprak, en den predikant vroeg te mogen rusten, omdat hij moede was. Dit verzoek werd toegestaan. Toen de vermoeidheid week, herinnerde zich de man, dat hij dorst had en vroeg wat te drinken. Dit werd hem gegeven. Toen zijn dorst was gelescht, voelde hij, dat de honger hem kwelde, en wilde gaarna iets te eten hebben. Ook voedsel werd hem voorgezet. Nu bekeek hij zijne gescheurde kleederen en vertelde den dominee, dat een afgedragen kleedingstuk zeer welkom wezen zou. De gift van een oude jas was het gevolg. Om de kroon op het werk te zetten, tastte de bedelaar in den zak en ontdekte, dat er geen cent in was. Ook dit deelde hij vertrouwelijk aan den gullen gastheer mede, die, begaan met het lot van den armen reiziger, hem verder uit den nood hielp en een kwarter gaf.

Een andere sterk uitkomende karaktertrek der Indianen was hun lust voor sterken drank.
Toen in 1821 gouverneur Cass en rechter Sibley de onderhandelingen beginnen zouden over den afstand van de landen der Indianen, bepaalden zij, dat gedurende de besprekingen geen sterke drank mocht worden gebruikt. Het Indianen opperhoofd was nog een gezond, sterk man, ongeveer 100 jaren oud. 'Vader' zeide de oude man tegen den gouverneur, 'wij bekommeren ons niet om het land, noch om het geld, noch om de goederen: wat wij noodig hebben is *whisky;* geef ons *whisky!*' Maar gelukkig waren de commissarissen onverbiddelijk en zoolang de onderhandelingen duurden, werd hun geen sterke drank verstrekt. Zelfs de Indiaansche vrouwen waren er aan verslaafd. Eene *squaw* kwam in Holland eene plaats binnen, waar sterke drank werd verkocht. Zij ging rustig zitten en toen haar gevraagd werd, wat zij hebben wilde, hield zij een geldstukje op en riep *'whicky, whicky!'* Daar de wet den verkoop van sterken drank aan een Indiaan verbood, werd haar geweigerd wat zij vroeg en nu ontstak de vrouw in zulk een woede, dat men haar

met de grootste moeite bedwong en naar buiten bracht.
De geestvermogens der Indianen waren niet zeer ontwikkeld en het was hun onmogelijk, eene som op te tellen. Wanneer zij in eenen winkel goederen brachten om te verkoopen of inkoopen deden, eischten zij betaling voor elke afzonderlijke koopwaar of betaalden voor elken afzonderlijken koop, omdat anders de berekening te samengesteld voor hen werd.
De toevloed der nederzetters en het hakken der bosschen joeg het wild uit deze streken. De Indianen verloren hunne jachtgronden en daar zij zich niet aan landbouw konden gewennen, verlieten nu en dan gedeelten van den stam deze oorden om er niet weer terug te keeren. Thans zijn bijna allen heengegaan en zwerft nog slechts eene kleine horde van de vroegere bezitters dezer gewesten om, in de pijnbosschen achter Beaverdam.
De naam der Indianen wordt nog bewaard in 'Indianenbeek', eene kleine Hollandsche nederzetting in de nabijheid van Vriesland. Deze buurtschap werd aldus genoemd omdat daar eene laagte was, waardoor een beekje bloeide, op welks oever eene Indianentent stond, drie of vier voet hoog en zes of zeven voet lang. Om deze reden heetten de oude nederzetters dit 'Indianenbeek' welken naam het tot op heden heeft behouden.

(Uit: D. Versteeg, *De Pelgrim-Vaders van het Westen*)

Huisvlijt

Het beginsel van 'huisvlijt' was sterk onder de eerste nederzetters. Wanneer de arbeid in bosch of veld was afgeloopen, konden zij t'huis zooveel te doen vinden, dat er weinig tijd overschoot om bezoeken afteleggen. De een knapte zijn huis wat op, de ander versierde zijn kamers een weinig; deze maakte zich stoelen, tafels en andere meubelen, gene fabriceerde *shingles*, die sneed bijlstelen welke hij voor vijf cents verkocht, en zoo deden allen wat, hetzij alleen, hetzij in gezelschap van anderen.
In alle werkzaamheden stonden de vrouwen hunne mannen met de meeste hulpvaardigheid ter zijde. Behalve hun eigen huiselijk werk, gingen zij soms mee uit tot het hakken der boomen, hielden de vuren brandend, hielpen op het land, brachten eiers en boter naar de markt, graan op den molen, laadden de wagens op, gingen zelfs soms mee ter jacht.

(Uit: D. Versteeg, *De Pelgrim-Vaders van het Westen*)

De plaag van 1851.

Onder velerlei moeielijkheden en worstelingen hadden de nederzettingen hun vierde jaar bereikt en bij het einde daarvan kon Mr. Van Eyk aanteekenen: 'Voor heerschende ziekten zijn wij behoed gebleven. Alles, wat wij behoefden, is ons geschonken, zoodat wij dankbaar erkennen moeten, dat niets ons heeft ontbroken. Schoon men hier allerlei artikelen van weelde en gemak door gebrek aan geld niet kan bekomen, brengt door 's Heeren zegen onze grond op, wat toereikend is, om in de eerste levensbehoeften te voorzien.

---

shingle: *dakspaan*

Maar het volgende jaar 1851 kenmerkte zich door zulke tegenheden en de kolonisten werden zoodanig beproefd, dat velen zoozeer de moed verging, dat zij de kolonie verlieten om er niet meer of slechts na verloop van verscheidene jaren weer in terug te komen.
Grand Rapids, Grand Haven, Kalamazoo en andere omliggende plaatsen ontvingen de uitgewekenen, waar vooral sedert dien tijd de Hollandsche bevolking sterk toenam.
De volhardende vlijt onder nederzetters was reeds in zooverre beloond geworden, dat velen hunner, die in 1847 of 1848 zich in de kolonie hadden gevestigd, vrij groote *clearings* bezaten en verschillende graangewassen teelden.
Maar het scheen, dat de beker der beproeving nog niet ten bodem toe geledigd was, dat meerdere tegenheden volgen moesten eer zij rijp waren om den voorspoed te kunnen dragen, die, dacht iedereen, straks ongetwijfeld volgen moest.
Het voorjaar van 1851 was vochtig; zoo vochtig, dat de regenwolken bijna niet van den hemel weken en de veldarbeid slechts onder velerlei ontberingen kon worden verricht. Velen groeven greppels, om het water van hunne landerijen te kunnen afvoeren.

Die arbeid was, in den natten, zwaren kleigrond vooral, hard en moeielijk, zelfs bijna ondoenlijk. Die dit deden, red'den veel van hunnen oogst, die het nalieten zagen hem bijna geheel mislukken.
Reeds sedert het begin der nederzetting hadden de kolonisten veel last gehad van ongedierte, als muizen, *raccoons, woodchucks,* stekelvarkens en vooral eekhoorns, die veel schade aan het gezaaide toebrachten en de hoop des landmans menigmaal teleurstelden.
In vorige jaren was het ongedierte door den overvloed van eikels, beuken, en ander voedsel in het bosch, en begunstigd door zachte winters, zeer vermeerderd. Met hun aantal nam nu ook hunne vraatzucht zoodanig toe, dat zij, toen het bosch geen genoegzaam voedsel opleverde, bij duizenden naar de *clearings* trokken. Vooral de eekhoorns waren talrijk en deden veel kwaad. Eén man doodde bij een hollen stomp zeventig, een ander schoot in eene week vijfentachtig van die dieren. Een derde maakte zevendertig *soons, woodchucks* en stekelvarkens af. Toen nu de zomerzon het door den regen gespaarde had doen rijpen, en velen nog een tamelijk goeden oogst meenden te mogen verwachten, werd wederom de hoop beschaamd en was het roofgedierte hun voorgeweest. De aardappelen waren, sommigen niet grooter dan knikkers, bijna allen uit den grond gehaald; de eekhoorns klommen tegen de *cornstalks* op en en haalden de korrels uit de aren. Wanneer het graan gesneden was en de boeren dachten vijfentwintig of dertig *bushels* per akker te kunnen oogsten, kwamen de roofdieren, ledigden de aren, sleepten den buit naar hunne bergplaatsen, en als het graan gedorschen werd was er niets voor den landman. Ook stroo werd zoodanig vernield, dat men het nergens toe gebruiken kon, zelfs niet tot strooisel onder het vee. De geheele oogst was mislukt, en wat nog uit de ramp was gered geworden, ontging der roofzucht van het knaaggedierte evenmin. Tot in schuren en huizen, op zolders en onder bedden, overal drongen de roovers door, en stalen weg, wat ten zekerste tegen hunne roofzucht beveiligd scheen.
Toen werden velen moedeloos. Zij hadden gewerkt, geslaafd, geduld. Zij hadden veel lijden gedragen, zoolang slechts het uitzicht op eene betere toekomst helder, de verwachting eener eindelijke overwinning open bleef.
Thans wisten de meesten niet, hoe den winter doortekomen, hunne uitzichten waren duister, bij velen vervloog de hoop. Het wild gedierte konden zij verjagen, de boomen vellen, de bosschen tot bouwland herscheppen en de moerassen droogmaken, maar tegen deze jaarlijks toenemende plaag vermochten zij niets. Mismoedig verlieten dezulken de kolonie, om er niet meer, of eerst dan weder terug te keeren, wanneer het knaaggedierte zoude zijn verdreven.
En de achterblijvenden hadden thans een harden strijd te doorstaan. De oogst was mislukt, het geld uitgevoerd, de nijverheid nog slechts aan het opluiken.
Thans gingen velen, voornamelijk in Overisel en Fillmore, in de pijnbosschen brood zoeken, anderen op kleine schaal zich in nijverheids- en handelsondernemingen begeven.
Het is ontegenzeggelijk waar, dat de rampen van het ongelukkige jaar 1851, de oogen meer deden slaan op den rijkdom van het woud, den handel en de nijverheid der nederzettingen eene schrede voorwaarts brachten.
Het was een zegen voor de zwakke nederzettingen, dat zij niet uitsluitend van landbouw afhingen.
Ongedacht kwam er ook uitkomst van eene zijde, waarvan de nederzetters die het minst zouden hebben verwacht. Dezelfde moerassen, die oorzaak waren van zoovele moeielijkheden, zouden thans voor verscheidenen eene bron worden van uitkomst in den nood. Toevalligerwijs (?) ontdekten eenigen, dat de onaanzienlijke, roode bessen van een zuurachtigen smaak, die zoo overvloedig in de moerassige streken groeiden eene gezonde en bij de Amerikanen gezochte verfrissching zijn. Zoodra dit alge-

meen bekend was trokken allen, die geene andere middelen van bestaan hadden, naar de moerassen en gingen daar *cranberries* – zoo heetten de bessen – plukken. Deze werden in Grand Rapids, Grand Haven, Allegan, Kalamazoo en andere plaatsen ter markt gebracht en zoo goed betaald, dat eenmaal drie plukkers in eenen dag gezamelijk voor zestien dollars waarde aan beziën ontvingen.
Zoo werd ook deze plaag te boven gekomen en behalve de aardappelziekte, die omstreeks 1856 de koloniën teisterde, bleven zij tot in 1871 gespaard voor algemeende koloniale rampen.

(Uit: D. Versteeg, *De Pelgrim-Vaders van het Westen)*

Immigrant zijn in een vreemd land, waarvan je taal noch geschiedenis kent, leidt vaak tot komische situaties. In de eerste geschiedenis van de nederzetting in Michigan, *Pelgrimvaders van het Westen,* geeft D. Versteeg daar enkele leuke voorbeelden van. In het Stuk 'Molasses' weet de immigrant niet hoe je stroop in het Engels zegt. In de anecdote 'De vierde Juli' weet hij ook niet dat dit een nationale feestdag is waarop men de onafhankelijkheisverklaring van Amerika tegen Engeland op 4 juli 1776 herdenkt en viert.

'Molasses'

De baas, waarvoor onze timmerman arbeidde, had ook een winkel en daaruit betaalde hij gedeelteijk het loon zijner werklieden.
Op zekeren dag vraagt de baas: '*John, don't you want any molasses*?' '*Yes*,' is het antwoord, maar de Hollander wist evenmin wat *molasses* meende, als een Amerikaan wat stroop beteekent.
Hij kwam t'huis bij zijne vrouw en vroeg haar of zij wist wat *molasses* in het Hollandsch was? Maar ook zij wist het niet. 'Nu,' zeide de timmerman, 'dan zal ik maar een zak meenemen.'
Zoo met zijn zak onder den arm ging hij heen en kwam juist in de keuken, toen de knechten nog niet van de tafel waren opgestaan. Hij groette hen, nam een stoel en ging zitten.
Een breede glimlach speelde om sommige monden, toen hij zijn zak van onder den arm nam en op eene knie legde. Het scheen, dat de baas hun verteld had, dat John *molasses* zou komen halen en zij vonden het een weinig vreemd, dat hij met een zak aankwam.
John zag den glimlach op de gezichten, begreep dat het om hem was, maar kon niet bedenken, welke redenen hij gaf tot vroolijkheid. De baas en zijne vrouw waren ook in de keuken en de eerste vroeg: '*What do you want John*?' '*Molasses*' was het antwoord.
Hier en daar breekt een duidelijk hoorbare lach uit. De timmerman dacht dat hij, als gewoonlijk, het woord niet goed had uitgesproken en nam zich voor, een volgenden keer beter op te passen.
Daarop vroeg de baas waarin hij ze hebben moest en toen de man daarop als antwoord den zak omhoog hief, kwam er zulk eene vreeselijke uitbarsting van gelach, dat de kinderen ervan wakker werden en de vrouw, die in de aangrenzende kamer was gaan uitlachen, een oogenblik later met een paar nieuwsgierige jongens terugkwam.
De verblufte Hollander begreep er nu niets meer van en keek allen half verwonderd, half vragend aan, totdat de baas hem wenkte meetegaan en, op een vat toeloopend, er een emmer onder zette. Hij

opende eene kraan en de emmer werd gevuld met stroop. 'Dat zijn *molasses*' zeide de baas en nu begreep de timmerman, waarom zij hem hadden uitgelachen.
Wanneer de baas hem nadien vroeg of hij niet dit of dat noodig had, zeide de man nooit meer '*Yes*' als hij niet zeker wist wat het meende.

(Uit: D. Versteeg, *De Pelgrim-Vaders van het Westen*)

De vierde juli

Het was de Vierde Juli. De man van de *molasses* wist niets van de viering van dien dag door de Amerikanen en ging als gewoonlijk naar zijn werk. Degene, die het eerst aan de fabriek kwam, wist waar hij de sleutels halen kon. Onze timmerman kreeg ze, opende de werkplaats en ging, toen het zeven uur werd, aan den arbeid.
Hij dacht eerst 'het volk is laat van morgen.' Toen er ook te zeven uren niemand kwam opdagen, vond hij het vreemd. Maar hij bleef doorwerken.
Eindelijk kwam, later dan gewoonlijk en netjes aangekleed, de baas in de werkplaats en begon tegen hem te praten. Maar de timmerman begreep hem niet en ging voort met zijn werk.
Een weinig later hoorde hij schieten en naar buiten kijkende zag hij veel volk, allen in hun Zondagspakje, rondom eenen hoogen paal staan, waaraan eene vlag wapperde. Hij dacht, dat het kermis was maar scheidde niet uit met arbeiden.
Toen hij om twaalf uren tehuis kwam, vroeg hij zijne vrouw wat al die feestelijkheden beduidden, maar ook zij wist er geen antwoord op te geven.
Op tijd ging onze vriend weer naar het werk, maar spoedig kwam zijn baas binnen, pakte hem bij de mouw en wees hem, dat hij zijne gereedschappen wegleggen en naar huis gaan moest. Bij het huiswaarts keeren ontmoette hem een Hollander, die langer in Amerika woonde, en wien hij vroeg, wat dag het was? 'Vier Juli' antwoordde de ander in het voorbijgaan. 'Dat weet ik ook wel,' dacht de vrager en ging heen, om te zien of zijne vrouw in dien tijd al wat wijzer geworden was.
Hij las gaarne en daar dien avond de maan helder scheen, kon hij langer buiten zitten lezen. Terwijl hij daarmede bezig was, zag hij twee dames de straat afkomen, elk met een emmer aan de hand.
Zij openden zijn hekje, zet'ten de emmers neer en gingen weer weg, zonder iets te zeggen. Hij liep erheen, en bracht de emmers in huis, terwijl zijne vrouw het licht opstak. Toen zij deksels en papieren er afgenomen hadden vonden zij allerlei gebak en smakelijke spijs.
De vriendelijke Amerikanen hadden den armen *Dutchman* ook een feest willen bereiden op dezen voor hen heugelijken dag.

(Uit: D. Versteeg, *De Pelgrim-Vaders van het Westen*)

Een home in het Hollandse bos

Nu was het zoo geheel mijn begeerte en streven om zelf een home te hebben, en om deze tijd dacht het mij, het zoude wel goed voor mij zijn, als ik mij wat vaster nederzette. Ik was al hier en daar geweest en wat bekend geworden met handel, maar ik dacht daar had ik geen aanleg voor. Zoo was dan boer worden voor mij het beste. In de bosschen in de Hollandsche Kolonie was het land goedkoop en het was ook zoo mijn verlangen om te leven in de nabijheid van een Hollandschen kerk. Om van die dichte reuzen wouden echter een boerderij te maken, was gemakkelijker gezegd dan gedaan. Harden arbeid was ik niet bang voor.
In dien tijd waren er verscheidene Hollandsche meisjes die in Kalamazoo dienden bij de Engelschen en die even als ik, ook wel een home wilden hebben. Zoo was het mijn geluk, dat ik zonder veel moeite en zoo geheel volgens mijn keuze, een meisje vond, Sara Kools, die het met mij waagde. Nu was het in dien tijd niet zoo als nu, dat men eerst een goed huis en wel gemeubeld moet klaar hebben, eer men een meisje durfde vragen om te trouwen. Daar werd niet eens over gesproken. Wij hadden ieder zoowat evenveel – en dat was niet veel. Wij waren nog jong: mijn aanstaande was 19 jaren en ik 23. Zij was op dertienjarige leeftijd in Amerika gekomen met haar vader, Abraham Kools, een broeder en drie zusters. Zij kwam met $ 24 schuld. Het eerste jaar was zij tehuis; het tweede jaar verdiende zij 50 cents per week en het laatste jaar $ 1.26 per week. Zij had daarvan in dien tijd haar schuld betaald en geld genoeg over om haar eigen bruiloftskleederen te koopen – een bewijs van Hollandsche nijverheid, eerlijkheid en zuinigheid. Wij zijn 's Zondags avonds in de kerk te Kalamazoo door Ds. Wijnand Gardenier – de vader van Kolonel Gardenier, – getrouwd, den 4den November 1855. Den volgenden Maandagmorgen gingen wij op reis naar Holland, een reis van twee dagen, met een lumber wagen, met maar eene zitting. Mijn vrouw en ik moesten op onze kist zitten.

Het vervoer van stammen met sleeën, getrokken door paarden. Lake City, Michigan.

Het eerste jaar werkte ik voor M. D. Howard; in den winter loggen uit het bosch halen en in den zomer aan den zaagmolen. Aldaar bij die zaagmolen is ons eerste kind Alice geboren. In den herfst van dat jaar hebben wij 80 akkers land gekocht, in section 16, Fillmore Township, allemaal bosch. Eerst wat boomen omgehakt en toen midden in het bosch, een mijl van de naaste buur, een blokhuisje gebouwd. Daar zijn wij in den herfst van 1856 gaan wonen, vier mijlen van kerk en store en post office en geen wegen. Enkele tijden van het jaar konden wij met de ossenwagen bij huis komen, doch de meeste tijd moesten wij wat wij noodig hadden op den rug dragen. Omdat het land laag was hadden wij boomen omgehakt daar wij over liepen, anders moesten wij door het water. Als wij samen naar de buren of naar 'de stad' wilden, moesten wij te voet gaan en de baby dragen. Toen er twee babies waren, moesten wij er elk een dragen. Wij gingen naar het bosch wel met beider toestemming, toch was het wel wat hard voor mij dat ik mijn jonge vrouw in geen beter omstandigheden kon plaatsen. Maar wij dachten het kon niet anders. Wij waren jong en gelukkig met elkander. Jezus zegt: 'Deze twee,' dat is man en vrouw, 'zullen een vleesch zijn,' maar nu zijn wij menschen nog zoo onvolmaakt, dat er tijd en ondervinding toe noodig zijn om 'een' te worden. Het ligt in de natuur van onze schepping, zoo als God ons geschapen heeft, dat de jonge jaren de beste zijn, dat onze levens te zamen gevormd worden en zoo een worden.

Wat denk ik veel aan die tijden. Ik had niet anders te doen dan boomen om te hakken en zoodoende een opening te krijgen, waardoor de zon ons kon beschijnen. Er was in die dagen veel wild in de bosschen – herten en wolven en enkele beeren, daar toen veel jacht op werd gemaakt. Dikwijls hoorden wij de wolven enkele roeden van ons huis. Als mijn broer Jacob wat laat van school tehuis kwam, hoorde hij ze vaak. Op zekeren nacht hoorden wij een geweldig leven enkele roeden van huis. In den morgen ging ik zien wat het geweest was en vond daar wat beenderen van een hert dat de wolven verslonden hadden. Wanneer ik 's morgens vroeg naar buiten ging, zag ik dikwijls herten brousen waar ik den vorigen dag boomen had omgehakt. Ik had een goede rifle en kon wel een spreeuw uit den hoogsten boom schieten, maar in het herten schieten had ik niet veel geluk; ik was te haastig en heb er maar een gekregen. Herten schieten moet ook geleerd worden en dat leert men, door het veel te doen. Op zekeren dag was ik in het bosch op de jacht en op eens was ik dicht bij een groot hert. Toen kreeg ik de 'buck fever'. Misschien zult ge vragen, wat soort van koorts is dat? Laat ik u mijn ondervinding mede-

---

home: *huis, thuis*
lumber: *hout*
loggen: *boomstammen*
rifle: *geweer*
buck: *reebok*
fever: *koorts*
buck fever: *reebok koorts*

deelen. Ik liep over een kleine heuvel aan de zijde van een laagte en daar voor mij, enkele roeden van mij af, zag ik een grooten buck grazen tusschen de takken van een omgewaaiden boom. Ik dacht, als ik nu voorzichtig ben en raak hem op de rechte plaats, dan is hij de mijne en legde de rifle aan tegen een boom. Ik stond iets hooger dan het hert en meende de rifle voorzichtig te laten zakken en als het de rechte hoogte bereikt had, dan te schieten. Ik had mijn gezicht goed aan het geweer, maar zag zoo sterk op het hert en dacht niet aan mijn vinger die begon te beven; en daar ging het geweer af, zoowat twee voet over het hert heen. Zoover had het hert mij niet gezien, maar nu keek het op en stond mij aan te zien. Ik wilde spoedig weder laden; het kruid kreeg ik er goed in, maar mijne handen beefden zoo, dat ik de kogel er niet goed in kreeg en hij bleef halfweg zitten. Ik was druk aan het stampen met de laadstok en toen ging het hert heen. Ik ging naar huis en besloot, dat herten schieten mijn werk niet was.

(Uit: H.S. Lucas, *Dutch Immigrant Memoirs and Related Writings* Deel I 416-448)

Dominé Van Raalte aan het roer

Reis-verhalen

Van Holland naar Grand Haven

Het was in '47. Vele familiën woonden in stad Holland onder de takken van boomen. 18 huisgezinnen waren zoo gelukkig een onderkomen te hebben in een groote loggen loods van pl.m. 20 × 30 voet groot. Alles was in wording. Vele vrome menschen hadden met Ds. Van Raalte de reis naar Amerika gemaakt. Schoon de leider der kolonisten dit wist, wist hij ook dat het edelste het eerst nagemaakt wordt en dat onder de goedgezinden ook wel slechten binnensluipen zouden. Om nu het ergste te voorkomen had hij een twaalftal constables aangesteld onder welke ook H.G.M., mijn zegsman. Dat deze maatregel niet overbodig was zal weldra blijken.
Men was nog in de pasgenoemde loghut, te midden van kisten en pakken, toen men aan Van Raalte klaagde over bedreven diefstal. Van Raalte, die alles tegelijk was, gevolgd door twee constables zou de goederen onderzoeken, en, ja, men vond de gestolene goederen op den bodem van eene kist, die aan twee gehuwde personen behoorde. Zij waren de dieven.
Nu moest men er mee naar Grand Haven, want daar is de jail en de Rechter. Hoe er te komen? Dit was niet zoo gemakkelijk te beantwoordden. De wegen ongebaand, de scheepvaart in slechten staat. Men heeft geen paard, geen wagen, geen os zelfs. Ook geen geregelde boot, alleen eene platboot, een vaartuig van tweeduims planken saamgespijkerd, van ruwe constructie en twijfelachtige sterkte. Daarmee zal men dan over de Lake naar Grand Haven.
Spoedig heeft men de dieven met hunne bagaadje in de boot gebracht; H.G.M. en J.R. moesten mee gaan. Een zekere E. wilde ook juist naar Grand Haven en hij stapt in. Dr. Van Raalte is de leidende geest. Zonder hem had niemand den moed de Lake over te steken. Hij, die zelf geen vrees scheen te kennen, wist door zijne tegenwoordigheid 't gezelschap moed in te boezemen. Twee mannen vatten de riemen. Ds. zit als stuurman aan 't roer. De Black Lake uit. En nu gaat het de groote Michigan Lake in.
Aanvankelijk gaat het prettig. Om den tijd wat te korten doet een der mannen de vraag: 'Dominé hoe zit het eigenlijk, draait de zon of de aarde?' Dominé geeft geen antwoord. 'Misschien heeft Dominé het niet gehoord, vraag hem nog eens,' zegt de roeier tegen zijn kameraad. Nog eens weer dezelfde vraag gedaan. Eindelijk zegt de dominé: 'Ik geloof dat er veel menschen in den hemel zijn die geloofden, dat de aarde draait; en ik geloof ook, dat er vele menschen in den hemel zijn, die geloofden dat de zon draait.' Meer niet.
Nu wist men nog niets en men gevoelde zich wel een beetje verlegen over zijn eigen niets beteekenende vraag en het zoo karakteristieke antwoord.
De beide roeiers zien eindelijk eens achterom. Het gaat zoo ontzettend ver van den wal en de lucht is in 't westen niet pluis. J.R., die liever hitsen wil dan bijten, zegt tegen zijn scheepsmaat: 'zeg eens aan dominé dat hij niet zoo ver van wal moet steken.' Dominé stoort zich hieraan niet; nog altijd gaat het verder van den wal. De lucht wordt dreigender. Nog eens gezegd: 'Dominé, gij moet niet zoo ver de Lake in, zie eens in 't westen.' Nog helpt het niet.
'Weet ge wat,' zegt J.R. tegen H.M., 'als wij blijven voortroeien, stuurt dominé ons naar de diepte om daar te vergaan. Wij moesten zeggen, dat als hij niet naar den wal wil sturen wij niet langer gaan roeien.' Zoo gezegd zoo gedaan. Het hielp niet of dominé al zei: 'Als zij dichter bij den wal komen raken wij in de branding en onze boot gaat uit elkaar.' Hij moet toegeven, de mannen zijn niet te overreden. Nu recht naar den wal en zooals Ds. Van Raalte voorspeld had ook recht in de branding, en de boot sloeg uiteen. Zij bereikten allen behouden het land, druipnat door de hooge zeeën. Ds. Van Raalte echter niet; vlug als hij was en alles berekenende, sprong hij over en tusschen de golven door en was gelijkenderwijze droog gebleven. Nu lachte hij zijne heldhaftige matrozen hartelijk uit. Zij konden dit wel niet te goed velen, maar 't was zoo: de boot was weg, de bagaadje behouden maar 't was hunne schuld. Nu zoo goed en zoo kwaad als het ging het goed op den nek en met de beide dieven het pad gezocht en den weg naar Grand Haven ingeslagen.
Niet zeer lang duurt het of het gezelschap komt voor de rivier. Deze moet men doorwaden. De dieven weigeren en zij worden er door gedragen. Ds. ziet het aan en zegt: 'Jongens, je bent nu toch nat;

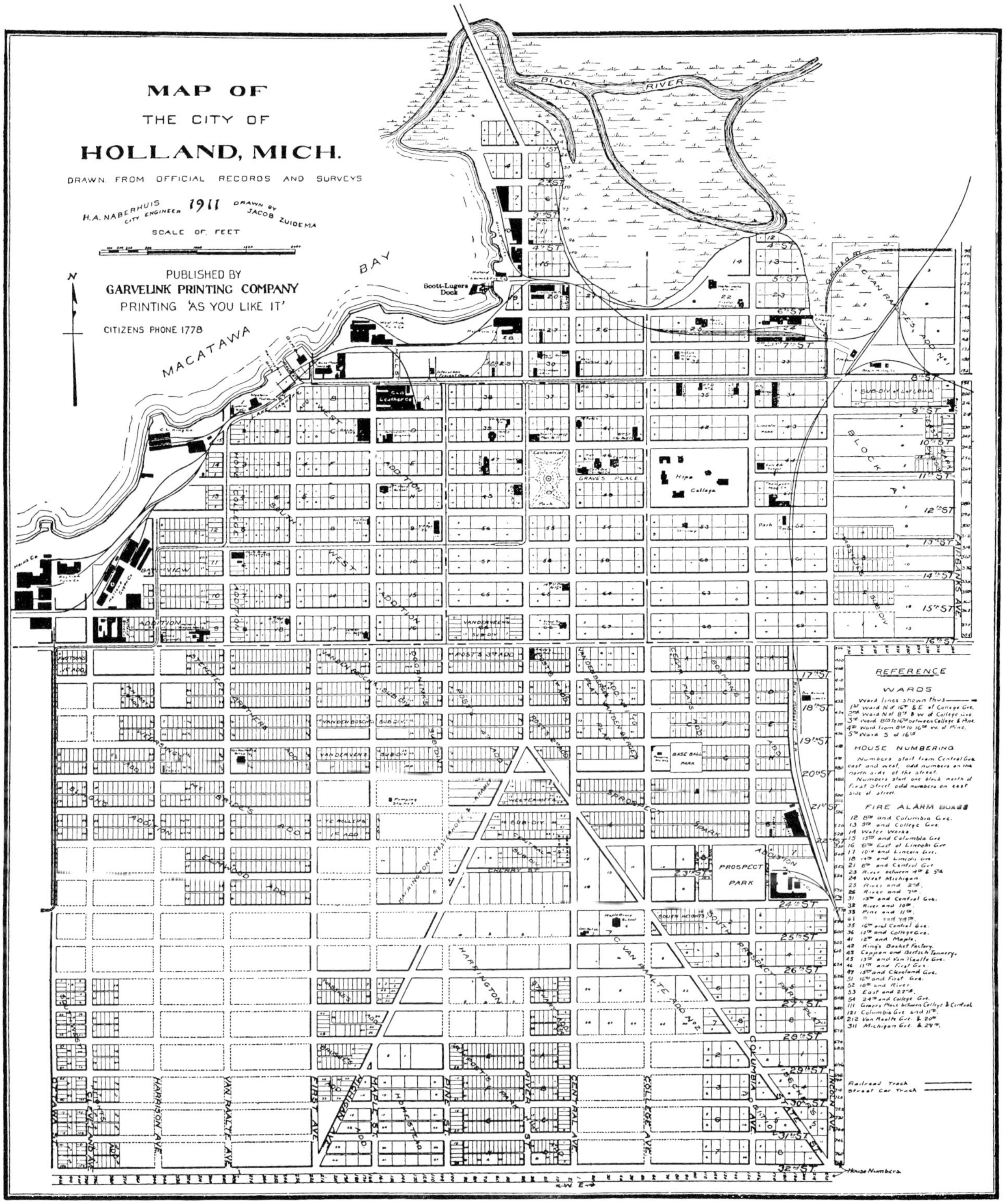

Een plattegrond van de stad Holland in Michigan uit 1911.

draag mij er ook even door.'
De beide roeiers van straks zijn aan de overzijde der rivier. De een fluistert den ander in 't oor: 'Ga gij maar om dominé te halen, en denk er om, hij heeft ons straks zoo uitgelachen, als gij midden in de rivier zijt, dan struikelt ge en gij weet de rest wel.'
M. gaat om dominé te halen terwijl J.R. op de dieven moest passen. Als een echte coelie draagt hij dominé op zijn nek. 'Hou mij goed vast!' zegt dominé. 'Ja,' is het antwoord, 'gij moet mij vasthouden.' Ziet midden in de rivier begint het lastdier te struikelen en voorover kopje onder in het water. Na wat proesten en blazen zegt de Dokter: 'Had ik het niet

---

constable: *politieagent*
jail: *gevangenis*
de Lake: *het (Michigan)meer*
de Black Lake: *het zwarte meer*

gedacht! Had ik het niet gedacht!' Meer niets.
Nu gaat het op Port Sheldon aan waar men den nacht verblijft. Des anderen morgens wilde Ds. V. R. met eene boot naar Grand Haven waar men nog 12 mijlen van daan is. Hij leent eene boot, een dikke stok, een beddelaken en verandert de roeiboot in een zeilscheepje, maar het gezelschap was door de geledene schipbreuk van den vorigen dag zoo geschokt dat het niet meewilde. Alleen H. M. kon zooveel moed verzamelen, dat hij met Ds. in de boot stapte, denkende: als gij het waagt dan doe ik het ook.
Daar glijdt het bootje heen; een goede bries zwelde het zeil en met twee uren waren zij goed en wel, na een prachtige vaart te Grand Haven. De rest van het gezelschap kwam over eenige uren, doodmoede, ook ter plaatse en weer moesten zij het zich laten welgevallen, dat dominé hen om hunne lafhartigheid uitlachte.
Hoe men terug kwam is mij niet verteld. Wel dat de dieven, eer zij nog voor den rechter werden gebracht, Ds. V. R. op gruwelijke wijze vervloekten, dat hij zeer geduldig verdroeg. Zij werden uit de kolonie verbannen en op belofte, dat zij niet weer de voeten in Holland zouden zetten, op vrije voeten gesteld.
Wat u wellicht het meest heeft aangetrokken is de kalme moed, de onverzettelijke wilskracht en de praktische zin van hem dien men, en terecht, de *Vader der Kolonie* noemt. P. Schut

(Uit: *Jaarboekje voor de Hollandsch Christelijk Gereformeerde Kerk in Noord Amerika voor het Jaar 1891*)

Pelgrimvaders van het Westen

In meer dan één opzicht was er overeenkomst tusschen de Pelgrims aan de kusten van Oceaan en die, aan de oevers van het Meer. De eersten hadden hun vaderland ontvlogen om de vervolgingen eener trotsche, naijverige Staatskerk te ontgaan; de laatsten hadden het land, dat zij liefhadden, verlaten, om de naweeën te ontwijken van eene vervolging, die even hatelijk was als onrechtvaardig.
Evenals de eersten waren ook dezen trotsch op hun verleden van smaad en vervolging om des gewetens wille. Maar ook hierin geleken zij de Puriteinsche Pelgrimvaders, dat sommigen met zekere minachting neerzagen op degenen, die niet in alle zaken, den godsdienst betreffend, met hen in stemden. Velen hadden een overdreven denkbeeld van hunne kerk, alsof die de alleen ware was. Alwie niet juist zooals zij, driemaal daags een hoofdstuk uit den bijbel lazen, eenige verzen uit de psalmen zongen en van bevindingen spreken konden, waren geen christenen. Iemand, die zeide alleen met het doel naar Amerika gekomen te zijn, om een beter bestaan te erlangen, werd niet geteld.
Tegen deze overdreven denkbeelden hadden de voorgangers lang en hevig te strijden.

(Uit: D. Versteeg, *Pelgrim-Vaders van het Westen*)

De Kerk

Deze nederzetters waren een godsdienstig volk, en het is daarom niet te verwonderen, dat de kerk een voorname plaats besloeg in hunne harten. Vier der volkplantingen hadden leeraars met zich uit Nederland medegebracht, en wanneer de Rustdag aanbrak genoten de kolonisten, na zes dagen van harden, dikwijls ondankbare arbeid, het voorrecht de evangelie-prediking te kunnen bijwonen. Dan werden hunne moeden zielen verkwikt, het zoo vaak bijna vergane geloof versterkt, en ontvingen zij nieuwe kracht, om de moeilijkhen van hun hard leven te blijven torsen.
In geen enkel opzicht waren de predikers boven hunne gemeente verheven. Steeds gingen zij voor, in den zwaarsten arbeid: voortdurend waren zij daar om in de weekdagen door woord en voorbeeld de kleinmoedigen te schragen, de zwakken te sterken, allen aantemoedigen. Geen arbeid was hun te gering, geene taak te moeielijk. Zij waren voor de kolonisten, wat Mozes was voor Israel, wat Smith wordt gezegd geweest te zijn voor Virginia. In tijd van ziekte waren zij dokters; in tijden van moeielijkheden raadslieden; als padmeester hielpen zij bij het maken der wegen; als landmeter legden zij de dorpen uit; als landzoekers doorkruisten zij de wouden; als leiders en voorgangers waren zij dikwijls de wrijfpaal, waartegen ondankbaren en ontevredenen zoo vaak in de kitteling van den wrok zich aanwreven, en hun aldus het leven vergalden. In voeding noch woning waren zij beter af, dan iemand hunner gemeentenaren. Maar toch bleven zij bij dit alles op hunnen post, gingen voort, het volk te leiden en te vormen. Zij verstonden, dat God hen hier had geplaatst, dat heengaan misdaad zijn zoude. Niet alleen hunne eigene gemeenten bearbeiden zij, maar zij togen naar alle plaatsen waar Hollanders gevestigd waren, die hunne diensten verlangden. En ook dit reizen kwam der jeugdige, zwakke planting ten goede, want nu konden de leeraars, door de ondervinding elders opgedaan, en door hetgeen zij in den vreemde zagen, hunne gemeenten van goeden raad dienen, en menigen nuttigen wenk geven.

De namen van Van Raalte, Ypma, Van der Meulen, Bolks prijken met gulden letteren in de geschiedenis der Hollandsche nederzettingen van Michigan en de dankbare vermelding dier namen door de oude nederzetters, toont genoegzaam aan, hoezeer de laatsten hun ijveren op prijs stelden, hunne opofferingen waardeerden.
In het eerst werden, zoolang het weder gunstig was, de godsdienstoefeningen in de open lucht gehouden. Er werd eene plaats in het bosch 'gecleard', de boomstammen op rijen gelegd voor zitbanken, een stomp was de preekstoel, het hemelgewelf vormde het dak der kerk, het geboomte de muren.

De kolonisten uit de kleinere nederzettingen gingen in het begin naar de grootere ter kerk. Meermalen kwamen de dominees er door de week prediken, totdat ook die kleinere plaatsen zoodanig in bevolking toenamen, dat er leeraren konden worden beroepen.

(Uit: D. Versteeg, *Pelgrim-Vaders van het Westen*)

Holland was en is niet

Holland was, en is niet. Holland's Ramp. Dagen van Angst, Nood en Lijden! Wij hebben thans eene der moeijelijkste en droevigste taken voor ons, welke ons immer werden opgelegd. Ons hoofd weigert geregeld te denken en onze handen neder te schrijven de bijzonderheden der ijselijke reeks van rampen, welke ons getroffen heeft. Wij kunnen al de bijzonderheden niet mededeelen, en moeten ons zeer beperken. Door de goedwillendheid van de uitgevers der *Hope* zijn wij in staat gesteld dit blaadje uit te geven, en wij brengen bovengenoemde hiervoor onze welgemeende dankbetuiging.
De Almagtige heeft gesproken, en de uitwerking dier stem is geducht. Onze geliefde stad Holland kan gezegd worden, niet meer te zijn. Het geheele handelsgedeelte ligt in puinhopen, geheele straten zijn weggevaagd, elke business man heeft alles verloren en er zijn tusschen de 200 en 300 huizen verbrand. Het schoonste gedeelte onzer stad is thans een onaanzienbare vlakte vol rookende en smeulende puinhopen.
Gedurende de afgelopene week woedende er in den omtrek, vooral in de rigting van Graafschap, groote boschbranden. Reeds werden sommige plaatsen der stad gevaarlijk bedreigd en den nacht van Woensdag op Donderdag van verleden week werd besteed in eene wel geslaagde poging ter redding der Hope drukkerij, Dr. Crispell's woning, en de College gebouwen. Sedert dien tijd bleef heet vuur voortsmeulen, hier en daar schuren en huizen in onze omgeving vernielende. Doch er scheen geen gevaar voor ons te zijn. Zondag namiddag begon het echter zeer hard uit het zuiden te stormen, eer de namiddag godsdienstoefeningen ge-eindigd waren, werden de alarmklokken geluid. Nog echter scheen het gevaar meer de omliggenden, dan wel de stad zelve te bedreigen. Ware de wind in die rigting gebleven, dan was Holland er nog, doch van 11 uur tot 1 uur draaide dezelve westwaarts en nam toe in hevigheid, zoodat het bijna een orkaan werd. De zoogenoemde kreek, laagte, welke opgevuld was met neergehouwen, doode en half verrotte boomen en allerlei tuig was spoedig eene vlammenzee. De wind joeg de vonken regen naar Sprietsma's en Elferdink's looijerij, en in een ander oogenblik naar de groote stoomlooijerij van Cappon en Bertsch, welke onmiddellijk in lichterlaaije brand stond, benevens minstens 2 à 3,000 cords brak er bij, en vandaar sloeg de brand over naar de 8ste straat en liep van daar voort door de geheele straat door River straat door een aantal zijstraten alles weg zweepende en wegvagende wat in het spoor van den wind was. Een weinig meer zuidwaarts sloeg de vlam in de 3e Gereformeerde kerk en van daar in

Hope Church en de nieuwe Methodistische kerk en van daar naar andere gedeelten der stad. De vlammen verspreidden zich met ongeloofelijke snelheid , en in minder dan een uur tijds lag het grootste en schoonste gedeelte van Holland in asch. Wij kunnen zeggen, dat het geheele handelsgedeelte totaal verbrand en dat zeven achtsten der stad vernield is. De schade is niet te berekenen, en is tusschen de $ 800,000 en een millioen dollar. Tusschen de 150 en 200 huisgezinnen zijn van huis, kleederen, meubelen, in een woord van alles beroofd en moeten zelfs het brood der liefdadigheid eten. Er komen ruimschoots levensmiddelen aan uit de omliggende plaatsen, vooral uit Grand Haven en Grand Rapids, welker burgers wij ten hoogste verpligt zijn voor hunne overgrote mildadigheid. Ook vernemen wij dat er te Grand Rapids, Kalamazoo, en zelfs te Detroit gelden ingezameld worden en kleederen bijeenvergaard voor onze van alles beroofde burgers. De nacht van Zondag op Maandag, de nacht toen Holland vernield werd, die nacht van onuitsprekelijken doodsangst en lijden zal nimmer vergeten worden. Voor zooverre wij vernemen zijn er geene menschenlevens te betreuren en zijn er geene personen bij den brand omgekomen behalve Sara Ooms, de wed. Jacob Tolk, die vermist werd en wier beenderen men gevonden heeft.
Holland was en is – wij kunnen het in vele opzigten zeggen – niet meer. De stad, als stad, is vergaan, en slechts een kleine buitenrei van huizen is overgebleven. Geheel het fabriekswezen en de handel is weggevaagd, en alles moet van den grond weder opgebouwd worden. Het schouwspel is op heden nog ijzelijk en hartbrekend. Waar de stad stond, is eene groote vlakte, bedekt met ruikende puinhopen en met menschen gravende in de ruïnen om nog iets te vinden, en zoekende naar hetgeen men begraven had. De welvarende plaats is thans in een oogenblik arm, hulpeloos, geheel ontbloot van alle inkomsten en moet thans door de omliggende plaatsen voorzien worden van de noodige levens behoeften. De omstandigheden zijn verpletterend, en nog kan men den vollen omgang van de ijselijke reeks der jammeren niet goed beseffen. De arbeid van een 25 tal jaren is weggevaagd. En wat de toestand nog oneindig verergert is de gegronde vrees dat, door den vreeselijken brand welke de groote wereldstad Chicago, zoo goed als met wortel en tak uitgeroeid heeft dat de brandwaarborgmaatschappijen bankroet zijn en dat dus velen onzer burgers, die door het weinige hunner verzekerde panden, weder dan aan den gang zouden kunnen komen, ook die hulp zullen moeten ontberen en dus, totaal arm, hulpeloos en van alles bloot, met niets op nieuw zullen moeten beginnen.
In dezen nacht van dikke duisternis zijn ons echter nog eenige flaauwe lichtstraaltjes overgebleven. De moed heeft onze burgers niet begeven, en reeds hier en daar is men druk bezig met het oprigten van kleine loodsen en het aanbrengen van timmerhout en planken. Onze vriend J. van Landegend, thans voor de tweede keer uitgebrand, E. van der Veen en vele anderen zijn reeds druk te werk. Op eene volksvergadering, die op Dinsdagmiddag gehouden werd, werden algemeene betuigingen gehoord van een voornemen om op nieuw te beginnen. Er werden comité's aangesteld, om giften te ontvangen en uit te deelen.

(Uit: Henry S. Lucas, *Dutch Immigrant Memoirs And Related Writings*, Assen: Van Gorcum, 1955)

Na 25 jarigen worstelstrijd

Onze volksplanting was met godsdienstbeginsel bezield. Zij sterkte zich in God. Zoolang zij er van doordrongen blijft is zij veilig. En het zoet genot der onafhankelijkheid en volle vrijheid, 't welk wij dronken met volle teugen, gaf vreugde en kracht in 't hart. Inzonderheid de vreugde van den Sabbat, de hartsterkende kracht der waarheid, het gebed en 't genot van 't tezamen leven en werken van vele naburige gemeenten heeft gesteund, bemoedigd en doen volharden in een zwaar en moeielijk werk. Gods reddingen in het tijdelijke waren vele; elke dorpkring en familie heeft eene geschiedenis. Volgende sprekers zullen wel het een en ander melden.
Na 25 jarigen worstelstrijd mogen wij in weerwil van alle zonde, ellende en zware tucht toch een uitnemend schoonen feestdag genieten. Want God heeft opgebouwd en wij leven in blijde bewustheid, dat God ons heeft welgedaan en geschonken heeft de wenschen des harten. Wij begeeren nu Hem te prijzen als den Hoorder der gebeden. Wij wenschen Zijn naam te boven als onzen genadigen drager, Almachtigen helper en onzen God die menigvuldig vergeeft.

Mr. en Mrs. John Bouwer uit Vogel Center, Michigan, rond 1917.

Waar nu die stof van lof Gods geboren werd, mijn dierbare vrienden! daar leeft ze in 't hart over dood en graf; we zullen dan onze vreugde in de geschiedenis behouden, doch onder volmaakter vreugde toonen. Dierbaren die ons opvolgen zullen in de erve! wij zijn gereed haar u met vreugde over te geven. Doch vergeet niet, wij ontvingen haar van God. Wij ontvingen haar als kweekhof Gods voor de eeuwigheid, als een werkplaats voor Godsrijk, wij ontvingen haar biddend uit Gods hand en begeerden Gods doel met die erve te bereiken.
Die erve zal in uwe hand bloeien in welvaren zoo God Zijn dag, de Christus Gods Zijn rijk en werk uw dierbaar levensdoel blijven. De zonde, die schandvlek der natiën, is de verteerende roest uwer vreugde en kracht. Verzaking van 't gebed wordt verzaking van God en 't geloof. Wij vertrouwen betere dingen, o jeugdigen! dan zoodanige verwoesting onzer erve. Zij blinke in uwe handen als Gods stad op aarde. En God geve u een Godewijdend, Godlovend, zeer blijde half eeuwfeest onzer settling in 1897. En deze erve zij u in alle eeuwigheid dierbaar als de plek waar gij u zelven leerdet kennen, uw God vondt, Zijne vergeving omhelsdet, en Hem leerdet loven. Dat zij zoo.

(Uit: A.C. van Raalte, 'Toespraak' *De Hope*, 25 september 1872)

Het Veertigjarig Gedenkfeest te Zeeland,
31 aug. 1887

De Wildernis

O somber oord, waar dof de echos galmen
En smoren in het woud of stillen waterplas
Hier zweven nog de doodelijke dwalmen,
Op 't groenend slijm van 't slibberig moeras.
Hier rekt de woudreus traag de forsche leden,
Waar, aan zijn grijzen stam, de frissche klimmer
rust;
Zijn blader-kroon door 't koeltje flauw omgleden,
Dat, hoe 't ook dringt, hem nooit de voeten kust.
Het gulden licht moog om zijn voorhoofd
weem'len,
Het raakt zijn schouder nauw' en breekt het schemer niet,
Waaruit de kille grond zucht naar de warme
heem'len,
Waarin de trage beek naar ruimer wat'ren vliet.
Hier laat het wild gediert' zijn schorre kreten
hooren,
Als over 't looverdak de Wester zonne schijnt.
Hier zweven schimmen langs de nauwbetreden
sporen,
Als straks het schemerlicht in zwarten nacht verdwijnt.
Soms stoeien door het woud een rits van woeste
orkanen,
In wild, vernielziek spel en smakken, op hun
vlucht,
De sterke reuzen neer, om zich een pad te banen,
Waarlangs zij gierend keeren naar de onstoken
lucht.
Hier vliegen jaren heen, als waren 't louter dagen.
Saizoenen spoeden heen en keeren rustloos weer.
Maar niemand merkt hun vlucht of telt de slingerslagen;
't Verleden drukt zich af in 't heden, keer op keer.
O somber oord, wie zal uw grootschheid teek'nen?
Wie schetst, naar waarde, uw trotsche majesteit?
Wie maalt den reuzenkamp, waarop de mensch
moet reek'nen,
O woud, die naar uw kroon de stoute handen
breidt.

De kamp

De woudreus, aangetast en rusteloos bestreden,
in stam op stam, gedoemd ten zeek'ren dood,
Trok langzaam zich terug, maar spreidde op zijn
schreden,
't Vergif dat, lang vergaard, hij in zijn boezem
sloot.
En menig krijger viel, voor doodelijke dampen
Bezwijkend, waar dat kwaad hem door de adr'en
sloop.
Hier hielp geen tegenstand! geen manlijk, moedig
kampen,
Waar, als moordziek dier, 't verderf zijn prooi
bekroop.
O legt een bloemen-krans op dezer helden graven!
Vergeet hun namen niet! Grift die in 't diepe hart.
Denkt vaak, met dank, aan hen, die zich ten offer
gaven;
Bezwijkend onder 't werk, gesloopt door bange
smart.
Hoe snoerde deze strijd, dit leed, de krijgers samen!
Hoe klopte hart aan hart, in teed're broedermin!
Eén in hun mattend werk; één in hun plannen
ramen;
Eén aan de wieg, bij 't graf, in rechten Christenzin
Hoe fel de nood ook kneep, God deed het licht weer
dagen.
Hij leidde zacht Zijn Volk en trok hun oog omhoog;
Waar hun het hart soms kromp, bij 't eind'loos
lastendragen
Haar wees Zijn vinger steeds op der beloften boog.

Heden

Weest blij! Viert feest! Heft aan uw blijdste
psalmen!
Ziet aan den broederdisch! Siert u in feestgewaad!
Laat vrij uw schelste toon ten hoogsten hemel
galmen!
De blijdste, zoetste lach beluistre uw gelaat!
Onthult het grauwgraniet, Gedenksteen aan 't verleden!
Maakt schatbaar 't rijkst talent, de bestbespraakte
tong!
Zendt naar Jehovahs troon uw roerendste gebeden;
Waar 't dankend volk, in feestvreugd zich verdrong.

Uittreksel uit het gedicht van Henry E. Dosker

Main Street, Zeeland in Michigan.

Op 't Zestig-Jarig Feest

'Qui Transtulit Sustinet'

Met dank het jaarfeest weer gevierd!
Met blijdschap weer een steen geplaatst,
Die 't licht der Hemel-gunst weerkaatst,
En dien men blij met kransen siert!

Een steen tot eer, een steen tot lof!
Men juicht zijn Ebenezer-naam,
Zoo ouders als hun kroost te saam,
't Geheugen rijk aan dankens-stof.

Der vaad'ren God – Hem zij de eer!
Verbonds-God heeft Hij zich betoond,
Heeft ook des nazaat's werk gekroond;
Hem loov' mijn zang – Hem immermeer.

Hij zij ons heilig-gindsche steen,
Gewijd met psalmzang en gebed,
Daar naast den Tijd-stroom pas gezet,
Gegrift met heildaan van 't Voorheen.

Daar staat gebeiteld dat, toen 't juk
Ondraagbaar werd in 't Vaderland,
Men scheep ging naar een Westersch strand
Onschendbaar door tirannen-druk:

Met d'anker-plof in 't vrije vocht
Onstond d'ontkieming van het plan,
Dat onder Gods verkoren man,
Gestaag ons blijder voorspoed wrocht.

Dra biedt het woud zijn welkomst groet;
En 't beekjen, babb'lend zoet en zacht;
En heel de nieuwe bloemen-pracht:
Heil, heil, Bataafsche pelgrim-stoet!

Hoe streelde toch die groet het oor!
En thans – Gedenksteen! zegt het mij,
Ging in deez' zestig jaren rij
Een tittel van dien wensch te loor?

'Tot Hiertoe' – zeggen wij het na,
Met Samuëls erkentenis;
En Hij, die Was, zal Zijn, en Is,
Sla voorts der pelgrims kind'ren ga!

J. A. De Spelder

Tecumseh, Mich.

De Oude Koloniale Dagen Vergeleken bij De Dagen Die Wij Thans Beleven

Zeventig jaren geleden, te midden van bijna ondoordringbare wouden, op circa twee mijlen ten noordwesten van deze stad gelegen, geboren, kunnen wij ons nog genoeg van de in onze kinderjaren heerschende primitieve toestanden, in het geheugen terugroepen, om een en ander uit die dagen der vetkaarsen te kunnen mededeelen – dagen die wij nooit kunnen vergeten, en wel, omdat ze in zoo'n sterk contrast staan met de dagen, die wij thans beleven.

Smederij van Henry Lampen, Overisel, Michigan.

In het eerst bestonden de woningen (of liever, log cabins) – want woningen kon men zulke Indiaanachtige verblijven niet noemen uit ingekeepte en een weinig aan de hoeken in elkaar passende boomstammen – (logs). Had men op deze wijze de vier muren van zoo'n gebouwtje – dat langwerpig was, en ten hoogste twee kamertjes uitmaakte, onverschillig hoe groot het gezin ook was – voltooid, dan werd er natuurlijk een dak over aangebracht, en zoo'n dak bestond uit boombarst (bark). Ten einde te beletten, dat zoo'n bark dak er niet met den eersten, den besten, wind van door ging, werden er dunne boomstammen – van 3 tot 4 duim in doorsnede, in de lengte van het dak op aangebracht en deze maakten het anker-systeem uit waardoor de bastlagen in positie werden gehouden. Dat zoo'n dak ver van waterdicht was, kan ieder wel begrijpen, en vandaar moest men, als het hard regende bij de hand zijn met hier en daar potjes en pannetjes neer te zetten om den druip op te vangen, en was het erg, dan had men soms parapluien in huis noodig, wilde men er in slagen droog te blijven.

De verlichting van zoo'n hut werd aangebracht door een vetkaars – soms twee kaarsen als men een weinig beter gezeten was. Men kon – ten minste toen er later winkeltjes in aanzijn waren gekomen – ook wel waskaarsen koopen, maar eilieve, die waren voor de meesten zoo duur, dat daaraan niet gedacht kon worden. Vetkaarsen, die men zelf kon gieten, waren veel goedkooper, en kwamen derhalve meer overeen met het finantie-wezen waarover men beschikken kon. Want, men vergete niet, dat die eerste baanbrekers, muskietus, vlooien, krekels en slangen in overvloed hadden, maar – klinkende munt, ziedaar, die was zoo schaarsch als gevederde varkens.

Het nachtelijk verlichtings-systeem – in die gevallen waar men des nachts licht in zoo'n hut noodig had – bestond uit een toestel dat met den naam 'nacht-pitje' bestempeld werd. Men nam, bijvoorbeeld, een klein aarden bakje, vulde dit drie-kwart vol met olie. Daarop nam men een groote platte kurk, maakte in het midden dier kurk een gaatje en trok hier een katoentje (wick) door, en plaatste deze kurk nu op de olie, met het langste gedeelte van het katoentje in de olie en het kortste gedeelte naar boven en ontstak dit en... klaar was men. Men had een nacht-pitje dat klonk als een klonk, maar als het op licht afwerpen aankwam – waartoe het natuurlijk moest dienen – dan was het eene akelige mislukking. Het was, wel is waar, een beetje beter dan in het geheel geen licht, maar niet veel. Om er vlooien, of bed-bugs bij te vangen – dat begrijpt men wel – ging in het geheel niet op.

Voor men de boomstammen op elkaar plaatsten werden er de knoesten, die er op voorkwamen, zoo netjes mogelijk afgekapt, maar de boomstammen waren rond en bleven rond, en het gevolg was, dat er natuurlijk tusschen die boomstammen spleten voorkwamen, maar die spleten werden zoo goed mogelijk dichtgesmeerd door middel van klei of pleister. Hoe goed ook dichtgesmeerd, er kwamen immer hier en daar gaatjes in voor, waardoor muskieters, (mosquitos), vlooien, krekels en soms zelfs slangen en ander klein kruipend onttuig, naar binnen konden dringen. Men had in die dagen weinig gezelschap, en geen wonder, men kon in die kleine log cabins er ook niet veel bergen. Maar dit kruipend, tergend en stekend gezelschap – die, als zoovele ongenoode gasten, met al de brutaliteit van den middernachtelijken roover binnendrongen – had men in overvloed, en men was niet zelden ten einde raad hoe er mede huis te houden.

Dan, zoo'n bijna nimmer alleen te midden van het woud staande log cabins, voorzien van een paar deuren en twee of drie raampjes, die slechts van 6 tot 9 8 × 10 duims glasruiten ieder bevatte, had – als des avonds het duister was ingezet – een buitengewone aantrekkingskracht voor de zich niet zelden in de omgeving afhoudende herten, en wel, uithoofde van de lichtstralen die door de raampjes naar buiten werden geworpen. Herten – die buitengewoon nieuwsgierige dieren zijn – kwamen alsdan, aangetrokken door het licht, op de cabins af, en gluurden dan als zoovele onbeschaamde 'peepingtoms' door de glazen, om eens te zien wat er binnen in zoo'n hut gaande was.

Maar men moest er zich echter mede behelpen, want vetkaarsen bij nacht was kortweg te kostelijk. Als men bij een vetkaars lezen wilde, dan moest men zoo'n vetkaars vlak onder den neus hebben, anders was er geen voldoend licht om bij te kunnen lezen. Het licht er van door de kamer verspreid, was zoo flauw, dat de overigen van het gezin, die hier en daar in de kamer zaten, bijna niet gezien konden worden. En, wel zoo erg, dat het voor een vreemdeling, zoo'n schoon(?) verlichtte log cabin binnenstappende, bijna eene onmogelijkheid zou zijn geweest, om met zekerheid te kunnen constateeren, of hij hier met blanken of zwarten te doen had. Maar toch... vergeleken bij een nacht-pitje, was zoo'n vetkaars een juweeltje dat om den drommel niet te versmaden was.

Toen er later kerosene-lampen op de markt kwamen, was men als in de wolken bij de beschouwing van het wondervolle (?) licht door deze lampen afgeworpen. Maar... de kerosene was toen veel gevaarlijker als thans, en telkens hoorde men van lamp-ontploffingen waardoor niet zelden brand werd veroorzaakt, en dit had tengevolge dat niet weinigen – uit vrees voor de kerosene – zich nog een geruimen tijd met kaarsen behielpen.

Albert Kamferbeek

Holland City, Mich.,
Juni, 1927.

(Uit: *De Grondwet,* 26 juli 1927)

Boer met 'long horns' in Drenthe, Michigan.

2. *Hollandse Amerikanen*

Burgers van een nieuw land

Kenmerkend voor de emigrant is meestal zijn grote, bijna idealistische bewondering voor het nieuwe vaderland, het schone, grote Amerika, het land van de vrijheid. Het is opvallend hoe die bewondering telkens wordt uitgedrukt in gedichten, oorspronkelijk en vertaald: J. Quintus, 'Groet aan Amerika,' B. D. Dijkstra, 'Het Schoone Amerika.' Nationale feestdagen worden door dichters bezongen en door redacteurs besproken. Ds. A. Zwemer vertaalt Whittier's lied over het eeuwfeest 'God onzer Vaderen', en bezong 'De eerste vierde Juli Dag, 1776', Hans Hansen, pseudoniem voor J. H. Hoekstra, die geregeld in het belangrijke blad *HQET Oosten* publiceerde, dichtte 'Decoration Day' (Dodenherdenking), terwijl Ds. R. Uiterwijk een artikel schreef over 'Ons Eeuwfeest.' Een andere dominee, H. P. Scholte, werpt zich in de politiek, wordt zelfs afgevaardigde naar een nationaal verkiezingscongres, maar roept bij W. F. Grooters de vraag op: 'Heeft H. P. Scholte de preekstoel verlaten?' Wat meeleven met en meedoen aan de Amerikaanse politiek betreft was Ds. H. P. Scholte wel de grote uitzondering. Over de deelname van de emigranten aan de politiek zegt H. Brinks samenvattend:

In het algemeen leefden de immigranten niet enthousiast mee met de politiek, behalve in oorlogstijd. De eerste grote oorlog, die zij meemaakten, was de bloedige Amerikaanse Burgeroorlog van 1861-1865, en sommige Hollandse Amerikanen vonden dit ontmoedigend en moeilijk te begrijpen. Het ondermijnde hun vertrouwen in Amerika's toekomst. Andere oorlogen, de Spaans-Amerikaanse oorlog (1898-1899), De Boerenoorlog in Zuid-Afrika en de Eerste Wereldoorlog waren minder verwarrend. Die konden vanuit Nederlands oogpunt verklaard worden en in al deze gevallen kwam de Amerikaanse politiek niet direct in botsing met die van Nederland. Maar oorlogen hebben ook een binnenlandse werking, die doorgaans de vaderlandsliefde wekken. Door deel te nemen aan deze oorlogen, werden veel immigranten dus toegewijder aan Amerikaanse idealen en doeleinden. De zonen die vochten, kwamen vaak in hun immigrantengemeenschap terug met nieuwe inzichten en een beter begrip van de Amerikaanse samenleving. (p.150)

Inderdaad, de Amerikaanse oorlogen raken ook de Nederlandse immigrant, en daarvan zijn in poëzie en proza interessante voorbeelden te vinden. De redacteur van de *Sheboygan Nieuwsbode*, J. Quintus, kiest voor de slavernijbeperking tegenover slavernijuitbreiding, terwijl H. Grootemaat Nederlandse vrijwilligers oproept om deel te nemen aan de Burgeroorlog in 'Te Wapen voor de Unie'. De zoon van Ds. A. C. van Raalte, die als vrijwilliger dienst doet, ergert zich aan theologische studenten die liever studeren dan vechten voor het vaderland. Treffend is het eenvoudige verhaal van Bastiaan Broere (hier sterk bekort) die, wonenende op de grens tussen de noordelijke en zuidelijke staten, het wijzer acht om tussen de linies door naar het Noorden te vluchten, met achterlating van vrouw en kinderen, waarbij hij echter als landverrader wordt aangehouden en ternauwernood aan de dood ontsnapt.

In een boekje over de Amerikaanse Burgeroorlog prijst Dr. Henry Beets de emigranten voor hun deelname als 'Hollanders in de legers der Unie':

Het strekt ons Hollandsch volk in de Vereenigde Staten tot eene blijvende eere, dat het, in Lincolns grooten kamp voor de Unie en de vrijverklaring der slaven, niet achter bleef om het beste te offeren op het altaar des Vaderlands: van de edelsten van zijne zonen.
Een betrekkelijk groote keurbende werd daartoe gewilliglijk gegeven. Dit is te meer opmerkelijk, omdat die geboren Nederlanders nog maar korten tijd woonden in de maagdelijke wouden van Michigan en op de breede prairies van Iowa en Wisconsin.
Want wij hebben hier op het oog het geslacht der Pelgrimvaders van het Westen, dat Van Raalte en Scholte was gevolgd naar de Nieuwe Wereld om hier ruimer bestaan te vinden in het stoffelijke, en gewetensvrijheid in het geestelijke, en gelegenheid om meer te doen voor het Rijk Gods dan de Oude Wereld zou toelaten.

De zonen onzes volks in het Westen waren nog maar zoo kort in Amerika. Zij hadden nog zoo weinig genoten van het goede des lands. Veeleer allerlei bange en lange worsteling doorgemaakt. Velen hunner waren slechts gebrekkig bekend met de Engelsche taal.
De historie der natie was voor hen grootendeels als een gesloten boek.
Weinig verstonden de meesten van de dieper liggende oorzaken van den Burgerkrijg.
En toch, en hierop zijn wij trotsch, met recht

EENE KERMISPRENT,

WAAROP WORDT VOORGESTELD

HET DROEVIG RELAAS DER MISERIEN

OP EENE REIS VAN

GEESTELIJKE LANDVERHUIZERS

NAAR

Nieuw Luilekkerland.

„Wie gaat er meê naar het nieuwe Kanaän?"

„Daarheen! daarheen! trekt ons het hart, o vader Onrust, heen!

„Wij zijn er die Groenlandsche straatjes zoo dikwijls ten einde gegaan!"

„Amerika! o land van ons verlangen!"

Een boer en boerin van 75 jaar gaan in Amerika sterven, louter uit verandering.

Kermisprint uit 1846, Ridiculing Emigration.

trotsch, toen de krijgstrom werd geroerd en recruten te wapen werden geroepen, óók in Michigan en Iowa en elders waar ons volk woonde, toen snelden er van de onzen te wapen bij tientallen, ja bij honderdtallen.

De band met het oude vaderland herleeft tijdens de Boerenoorlog met Engeland, hetgeen sterk blijkt uit de sympathie van ds. H. van der Werp: 'Aan mijn Stamgenooten in Transvaal'.
Het blijkt ook weer tijdens de grote wereldoorlog wanneer sommige emigranten de Duitsers tegenover de Engelsen willen verdedigen, een natuurlijke sympathie voor hen die zich de Engelse oorlogen met Nederland herinneren. De sympathie voor Duitsland wekt tegenstand op bij Amerikanen die toch al het verschil tussen 'Dutch' en 'Deutsch' niet weten, en sommige Nederlanders worden als landverraders beschouwd. Kerkdiensten in de Nederlandse taal mogen niet meer worden gehouden, er wordt zelfs een kerk en pastorie afgebrand. Opmerkelijk is dat B. H. Hendriksen in zijn gedicht over de oorlog het heeft over 'het Barbarenrijk der Germanen', en fel is in zijn kritiek op de Duitsers. Ook Hans Hansen spreekt duidelijk in zijn gedichten 'Decoration Day', 'Onze Vlag', en in het artikel 'Amerikaanisme' over zijn liefde voor Amerika, maar stelt zich toch kritisch op tegen het kapitalisme en militarisme van Amerika, de politiek die mensen opoffert aan de mammon van Wall Street. Naast deze wat socialistisch getinte kritiek is er de pacifist Ds. B. D. Dijkstra die in het gedicht 'De Wapens Neer' bidt ...'dat God verhoed'/Dat mijn hand ooit bevlekt word' met des menschen bloed.' Opmerkelijk is ook het berijmde proza van C. van Bode, een vers geschreven voor Franklin Delano Roosevelt bij zijn verkiezing tot president. Deze simpele emigrant spreekt oprecht zijn trots uit over de President van Hollandse afkomst:

Heil u, geachte President
Met Hollandsche taal nog bekend...

die zijn eed aflegde op een Hollandse bijbel.
Opmerkelijker nog is de vertaling, beter gezegd de veramerikanizering van het vaderlandsch lied 'Wie Nederlandsch bloed in de aders vloeit' door de geleerde Dr. Henry Beets, zeker de meest welbespraakte verdediger van de Nederlandse taal en stam in Amerika, die toch een vurig patriot blijkt te zijn wanneer hij vertaalt:

Come ye who boast of Dutch descent
Sons of New Netherland
And ye who reached our friendly shores
With Western pilgrim band.
Unite with us in festive song,
Song which the reart elates
And sing the praises of our land
Our own United States,
Our own United States.

Dit te zingen op de wijs van Wien Neerlandsch bloed in de aders vloeit!

Groet aan Amerika

$200 prijsgezang van BAYARD TAYLOR, op muzijk
gebragt door J. BENEDICT, gezongen door Mejufv. JENNY LIND.

Ik groet u zeer vriendelijk, gij, westelijk land!
Wiens vaandel vol sterren een wereld ontvouwd;
Bespoeld door d'Atlantiek aan 't oost'lijke strand,
Terwijl west'lijk de zon zich verbergt achter goud!
Het land der gebergten, met rivieren doorsneden,
Vol prachtige meren, bijna zonder tal;
Waar de geesten der helden, die voor vrijheid hier streden
Ontwaken en zweven over berg en in dal.

Gij wiege der vrijheid! schoon wijd zij 't gebruisch,
Dat het land mijner vaders van 't uwe heeft gescheijen;
Ik hoor, uit het harte, het welkom te huis!
Want gezang heeft een huis in de harten der vrijen.
Zoo land uwe wateren in zonnenglans vloeijen,
Uwe helden, schoon gewond, niet weg zijn gemaaid,
Mogen al uwe zonen steeds een zijn en bloeijen,
Vree 't vaandel beschijnen met sterren bezaaid!

Naar het Engelsch: J. Quintus

GREETINGS TO AMERICA (Origineel)

I greet, with a full heart, the land of the West,
Whose banner of stars o'er a world is unrolled;
Whose empire o'reshadows Atlantic's wide breast,
And opens to sunset its gateway of gold!
The land of the mountains, the land of the lake,
And rivers that roll in magnificent tide
Where the souls of the mighty from slumber awake
And hallow the soil for whose freedom they died!

Thou cradle of empire! though wide be the foam,
That severs the land of my fathers and thee,
I hear, from the bosom, the welcome of home,
For song has a home in the hearts of the free!
And long as thy waters shall gleam in the sun,
And long as thy heroes remember their scars,
Be the hands of thy children united as one,
And peace shed her light on the Banner of Stars!

(Uit: *Sheboygan Nieuwsbode,* 3 oktober 1850)

Heeft Ds. H. P. Scholte den preekstoel verlaten?

't Is al te vergeefs. Dominie!
Een onzer vrienden in het westelijk deel dezes Staats schrijft ons het volgende nopens de pogingen van den *weleer* eerwaarden heer, die den kansel met het politieke spreekgestoelte heeft verwisseld:
'Wat de heer Scholte schrijft over u, over de zaak der vrijheid, ja over alles, heeft niet den minsten

invloed op mij, om de eenvoudige reden, dat de heer Scholte in Nederland *tegen* Levensverzekeringen en Brandwaarborgmaatschappijen schreef (lees de *Reformatie* door hem uitgegeven) en nu is hij agent voor dergelijke instellingen.
En uit Grand Haven, Michigan, wordt ons de volgende vraag gedaan:

O Tijden! O Zeden!

Heeft Ds. H P. Scholte den preekstoel verlaten?
Om over Democraten te gaan praten?
In plaats van zielen voor Jezus te winnen,
Den tijd tot Slavernij te verspillen?
Uit Genesis I vs. 28 kunnen wij niet verstaan,
Dat den blanken boven zwarten moet worden regt gedaan,
Of is 't dat hij voor eenige zilverlingen
Hun eenige stemmen wil brengen?

F. H. Grooters

(Uit: *De Nieuwsbode*, 7 oktober 1856)

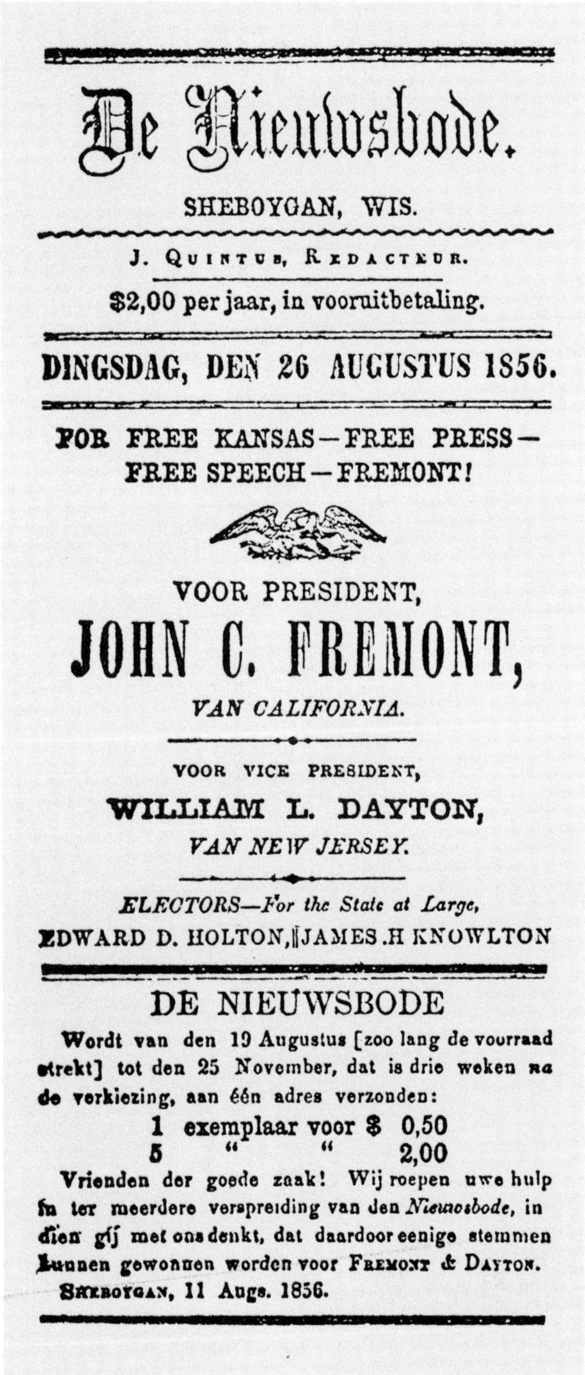
De Nieuwsbode.
SHEBOYGAN, WIS.
J. QUINTUS, REDACTEUR.
$2,00 per jaar, in vooruitbetaling.
DINGSDAG, DEN 26 AUGUSTUS 1856.
FOR FREE KANSAS—FREE PRESS—FREE SPEECH—FREMONT!
VOOR PRESIDENT,
JOHN C. FREMONT,
VAN CALIFORNIA.
VOOR VICE PRESIDENT,
WILLIAM L. DAYTON,
VAN NEW JERSEY.
ELECTORS—For the State at Large,
EDWARD D. HOLTON, JAMES H KNOWLTON
DE NIEUWSBODE
Wordt van den 19 Augustus [zoo lang de voorraad strekt] tot den 25 November, dat is drie weken na de verkiezing, aan één adres verzonden:
1 exemplaar voor $ 0,50
5 " " 2,00
Vrienden der goede zaak! Wij roepen uwe hulp in ter meerdere verspreiding van den *Nieuwsbode*, in dien gij met ons denkt, dat daardoor eenige stemmen kunnen gewonnen worden voor FREMONT & DAYTON.
SHEBOYGAN, 11 Augs. 1856.

Slavernijuitbreiding of Slavernijbeperking?

...dat in den tegenwoordigen kiezingsstrijd, de hoofdvraag, waarvoor alle andere partij vragen zijn ter zijde geschoven, is: slavernijuitbreiding of slavernijbeperking? Er is geen middelweg: die niet tegen de uitbreiding is, is er *voor*. De Democraten trekken een lijn met de slavenhouders, en zijn dus *voor* de slavernij...
...wel zeker, de Democraten zijn sterk tegen de slavernij, maar er moeten gelijke regten in het Noorden en Zuiden genoten worden, Dwaas! Beiden hebben gelijke regten op de territoiren, om die met zijne bloedverwanten, met zijne zonen en dochteren te bevolken, maar zijn dat gelijke regten, als het Zuiden met zijn slaven de blanke bevolking uit het Noorden verdringt? Er kan hier onmogelijk sprake van gelijke regten zijn, en als onze voorvaderen in den tachtigjarigen oorlog zoo gedacht en zoo gehandeld hadden, als gij en uwe mededemocraten, dan zouden zij nooit het Spaansche juk hebben afgeworpen. Of behoort gij welligt tot degenen, die *Willem den Zwijger* eenen verrader noemen, op last van zijne wettigen vorst regtvaardig ter dood gebragt, en met onze voorvaderen rebellen? Stemt gij niet van harte met het vaderlandsche lied:

Ontworsteld aan slaverij
Zijn wij door eendragt groot en vrij,
Hier duldt ons land geen dwing'landij,
Waar vrijheid eeuwen stond?

Zult gij dan in uw nieuwe vaderland dwinglandij dulden? Zoudt gij verlangen dat het Noorden den fieren nek onder het juk der Zuidelijke dwingelanden zal buigen, of zal het dit van zich afschudden, gelijk ons dierbaar vaderland eenmaal het Spaansche juk heeft afgeschud?

(Uit: *De Nieuwsbode*, 19 augustus 1856 – J. Quintus, redacteur)

Te Wapen voor de Unie

Op nu Nederlandsch wakkre zonen!
Burgers van Amerika,
Wilt u uwer waardig toonen,
Volgt der vaad'ren voorbeeld na.
Hebt gij eens dit land verkoren
Voor uw tweede Vaderland,
Aan de Unie trouw gezworen,
U aan haar in nood verpand,
Op Bataven! Dan te wapen,
Nu het vuur des oproers brandt!
Langer nu niet zitten slapen
Bij den nood van 't vaderland!
Schaart u bij de krijgsbanieren
Tot behoud der Union.
Laat het sterrenvaandel zwieren,
Tot een steun der vrijheids zon,
Nu uw land is in den nood.
't Muiterzwaard u dreigt den dood.
Zou ons nu de moed ontzinken
Nu in 't Zuiden oproer woedt,
Nu wij daar het staal zien blinken,
Dorstend naar het vreedzaam bloed?
Neen, O wakkre burgerscharen!
Zonen van dat heldenvolk,
Dat op 't land en op de baren,
Tartte 's vijands zwaard en dolk;
Dat aan England, Frankrijk, Spanje,
Toonde zijnen moed, in nood,
Onder *Willem van Oranje*,
Half Euroop eens weerstand bood,
Ruiter, Tromp en Wassenaar
Volgde in 't heetste van 't gevaar?
Zoudt ge uw vaad'ren graf onteeren,
Door te bukken voor het Zuid?
Zoudt gij uwen eed onteeren,
Vraagt men u, tot kort besluit,
Zegt gij neen, te wapen dan,
Voorwaarts als een eenig man.
Voorwaarts, als het noodig is,
Eerder niet, dit is gewis,
Neen, niet zonder reden strijden,
Als een dronkaard in de kroeg;
Gekheid dient men hier te mijden.
Roept ons 't land 't is tijd genoeg,
Republikeinen, Democraten!
Nu de handen in elkaar;
Langer nu niet zitten praten,
Over 't kloven van een haar,
Nu het vuur des oproers brandt,
En verscheuring dreigt uw land.
Strijden dan voor vrouwen, kindren,
En voor ouders ook te zaam,
En geen liefde mag u hindren
Eener maagd hoe aangenaam.
Mag Katrijntje soms wat huilen,
Soms u drukken aan haar hart,
Jantje deerlijk zitten pruilen,
Keetje schier vergaan van smart –
O! dit alles zinkt in 't niet,
Als de nood des lands gebiedt.
Maar zie Anna afscheid nemen,
Van haar jongen kanonnier,
'Kom,' zegt zij, 'niet zitten treuren,
Kussen wij elkander hier;
'k Zweer, blijft gij uw land getrouw,
Dat ik worden zal uw vrouw.
Wat zou toch mijn vader denken,
Die voor Nederland liet zijn bloed.
Als zijn dochter zich ging schenken,
Aan een laffen hazenvoet?'
Op dan, mannen, jongelingen,
Op, te wapen voor 't land!
Gij moogt toch geen bruiloft zingen,
Want geen meisje schenkt haar hand
Aan een laffe hazenvoet,
Die voor haar niet waagt zijn bloed.

Kalamazoo, Michigan H. Grootemaat (Uit: *De Nieuwsbode*, 13 februari 1861)

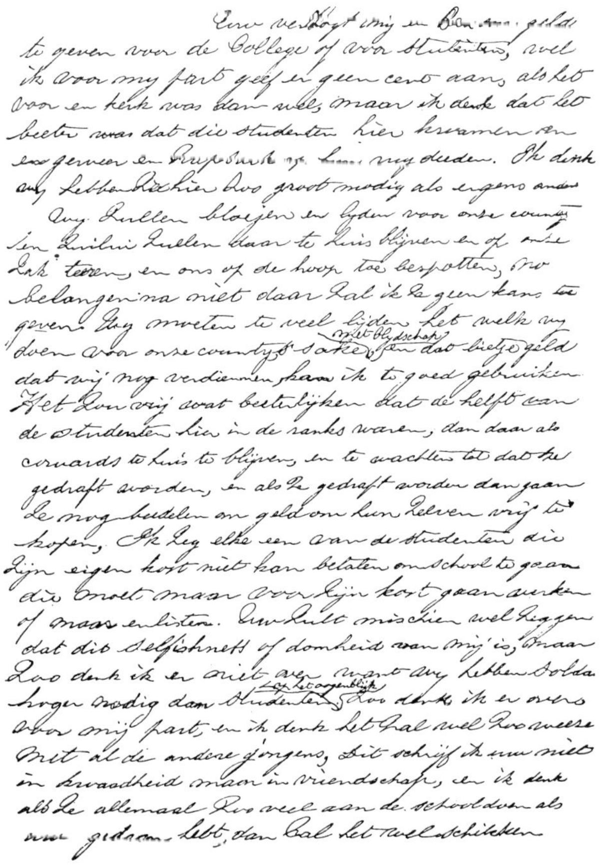

Wij zullen bloeien en lijden voor onze country

Een brief aan Dr. Albertus C. Van Raalte van zijn zoon, D. B. K. Van Raalte, geschreven tijdens de Burgeroorlog

(Uit: *Van Raalte Geschriften*, geciteerd door Wynand Wichers, *A Century of Hope* (Grand Rapids, Mich. Wm B. Eerdmans, 1968)

Uw verzogt mij en ben om geld te geven voor de College of voor studenten, wel ik voor my part geef er geen cent aan als het voor en kerk was dan wel, maar ik denk dat het beeter was dat die studenten hier kwamen en en geweer en napsack op hun rug deeden. Ik denk wy hebben het hier zoo groot nodig als ergens anders.
Wy zullen bloeijen en lyden voor onze country en zuilui zullen daar te huis blijven en op onze zak teeren, en ons op de koop toe bespotten, no belang en na niet daar zal ik ze geen kans toe geven. Wij moeten te veel lijden het welk wy doen voor onze country's sake met blydscap en dat bietje geld dat wij nog verdiennen kan ik te goed gebruiken. Het zou vrij wat beeter lijken dat de helft van de studenten hier in de ranks waren, dan daar als cowards te huis te blijven, en te wachten tot dat ze gedraft worden, en als ze gedraft worden dan gaan ze nog

---

College *is hier Hope College, Holland Michigan*
napsack: *rugzak*
onze country: *ons land*

beedelen om geld om hun zelven vrij te kopen, Ik zeg elke een van de studenten die zijn eigen kost niet kan betalen om school te gaan die moet maar voor zijn kost gaan werken of maar enlisten. Uw zult mischien wel zeggen dat dit selfishness of domheid van mij is, maar zoo denk ik er niet over want wy hebben solda[ten] hoger nodig dan studenten op het oogenblik. Zoo denk ik er over, voor mij part, en ik denk het zal wel zoo weeze met al de andere jongens, Dit schrijf ik uw niet in kwaadheid maar in vriendschap, en ik denk als ze allemaal zoo veel aan de school doen als uw gedaan hebt, dan zal het wel schikken.

(Uit: *Van Raalte Geschriften*)

De wonderbare leidingen Gods met Bastiaan Broere tijdens de Amerikaanse Burgeroorlog

Terwijl ik ongeveer veertien dagen de liefelijke rust en vrede Gods, die alle verstand teboven gaat, genoot, werd door het Zuidelijk bestuur het besluit genomen en bekend gemaakt, dat alle man van 18-46'jaren, die niet vrijwillig de wapens had opgenomen, van nu aan daartoe zou gedwongen worden. Den volgenden dag, na de uitvaardiging van dat besluit, werd mij door den generaal op de exercitieplaats dag en plaats aangewezen, waar ik moest verschijnen, met bevel tevens een deken en voor twee dagen voedsel mee te brengen. Dat was, hoewel niet geheel onverwacht, toch een nieuwe ontroering. Naar huis keerende, kwamen mij de volgende woorden voor de aandacht: 'Indien zij u in de eene stad vervolgen, vlied tot de andere'. Binnen gekomen, deelde ik mijne vrouw de jobstijding mede. 'O lieve Bastiaan,' riep zij uit, 'wat nu begonnen?' Wij gingen samen raadplegen; ik begon met haar te zeggen, dat ik volkomen bereid was, mij geheel aan haar raad en begeerte te onderwerpen, zij had slechts te spreken wat zij dacht het verkieselijkste te zijn in dezen benarden toestand. 'Wel!' antwoordde zij, 'indien ge in den oorlog gaat, misschien schieten ze je dood, of krijg je zware wonden, waaraan je sterft; misschien hoor of zie ik nooit meer iets van je,.... hoor! mijn gedachten zijn dat als je een kans kon vinden om te deserteeren, dit nog het beste wezen zou, dan heb ik nog hoop je weer te zien'... 'Maar,' hervatte ik, 'hoe zal 't met u en de kinderen gaan, waar zult ge het voedsel vandaan halen? want we weten niet hoelang de oorlog duren zal en eer ik u dan nog wederzie.' ...'Kom, kom,' sprak zij, 'ik zal mijn kinderen niet laten sterven van gebrek aan voedsel, als onze voorraad op is dan ga ik bedelen voor hen.' Nu die voorraad was zoo gering niet, zeven maanden lang kon zij naar onze berekening met hare kindertjes daarvan leven. O, hoe zag ik toen weer bij vernieuwing terug op dien trouwen en goeden God, die mij dat oesterbed had aangewezen, van welks opbrengst ik al dien voorraad had kunnen inkoopen.

Nu moest het op een afscheid nemen aankomen, een scheiding van man en vrouw, van vader en kinderen. Dien toestand te schetsen, zullen mijn bescheiden lezers, naar ik vertrouw, wel niet van mij vergen, en hij onder hen, die door 's Heeren gunst een trouwe en liefhebbende gade verkreeg, kan genoegzaam verstaan hoe hard het ons viel elkander zoo te moeten verlaten. Diep in de ziel geroerd, verliet ik tegen den namiddag mijne woning; doch ik moest mij vermannen, er moest nu gehandeld worden, en listig ook, om mijne vijanden te verschalken. Het plaatsje waar wij woonden, lag bij eene baai, een water, dat in betrekking is met den Oceaan. Langs de kust was eene bezetting van zestig man; die bezetting moest ik met eene roeiboot, die ik in den nood zonder vragen in gebruik nam, passeeren. Nu hadden de soldaten, die daar sedert langen tijd geweest waren, mij meermalen gezien, zoodat ik geen argwaan wekte, toen ik met mijn boot zoo dicht mogelijk langs het strand roeide, en telkens stukken drijfhout oppikte, en dan weer op strand stapte, om gebroken vaten, oude plankjes, of gebroken pakkisten in mijn boot te vergaderen, van lieverlede mij telkens meer van hen verwijderende, totdat ik zoo ver weg was, dat hun schot mij niet meer bereiken kon. Toen stak ik van wal, en roeide met eene inspanning, die mijne krachten bijna teboven ging. Ik hield koers op eene loodsboot, die op een afstand van vier à vijf mijlen van de kust voor anker lag, en te oordeelen naar de vlag, in dienst was van de Noordelijke Staten. Dit scheen mij een uitmuntende gelegenheid te zijn om uit de voeten te komen. Op zij van dat schip gekomen, vroeg ik of zij mij aan boord wilden nemen, dat mij dadelijk welwillend werd toegestaan, en niet alleen mijn persoon, ook mijn roeiboot werd een plaatsje op het dek gegund. Aan boord komende was ik doornat, zoodanig had ik de riemen gerept om aan 's vijands handen te ontkomen. De kapitein zoowel als de geheele equipage bejegenden mij met een ongemeene vriendelijkheid, zoodat niet eenig kwaad vermoeden in mij opkwam; zij deelden mij mede, dat zij van Baltimore waren uitgezonden, en vroegen mij een en ander, hetwelk ik openhartig beantwoordde, en waaruit het hun duidelijk was geworden, dat ik Noordelijk gezind was. Op hun uitnoodiging, en ook zelf naar ziel en lichaam zeer uitgeput mij gevoelende, begaf ik mij naar de voor de loodsen bestemde kajuit, en meende in een der aanwezige kooien wat rust te nemen.

Na ongeveer een half uur gelegen te hebben scheen het mij toe dat zij hun kaartspel hadden gestaakt en in gesprek met elkander gekomen waren. Ofschoon geen Engelsch kunnende lezen, wel een weinig spreken, maar beter nog verstaan, bemerkte ik ras dat ik het onderwerp van hun gesprek was. Zij, meenende dat ik sliep, beraadslaagden samen op welken wijze zij dien Yankee (zooals de Noordelijken genoemd werden) zouden killen d.w.z. ver-

---

cowards: *lafaards*
in de ranks: *in het gelid, onder de manschappen*
gedraft worden: *opgeroepen worden voor dienst*
enlisten: *als vrijwilliger in dienst gaan*
selfishness: *zelfzucht*

moorden. Na eenig over en weerpraten besloten zij mij dienzelfden nacht over boord te werpen, doch niet voor na middernacht, want, zeiden zij, die twee negers, die tot op dien tijd de wacht op dek hebben, zijn niet te vertrouwen. Zijn die afgelost dan zijn zij spoedig in slaap, en dan nemen we hem waar. Daarmede braken zij hun gesprek af.
Hoe ik te moede was onder en na dit gesprek, laat zich beter gevoelen dan beschrijven; of ik zou Davids woorden tot de mijne moeten maken, toen hij voor Saul vluchtende van uit de spelonk riep: 'O, Heere! ik stort mijne klacht uit voor uw aangezicht; want zij hebben mij een strik verborgen op den weg, dien ik gaan zou. Ik zag uit ter rechterhand en er was niemand, die mij redde, en niemand zorgde voor mijn leven.' (Ps. 142). Ja zoo was het inderdaad. Nu zag ik in waarom zij mijne boot niet op sleeptouw genomen hadden. Ware dit het geval geweest, dan had ik in stilte getracht een bijl te bemachtigen, de reep doorgehakt, was in de boot gesprongen en gevlucht. Doch die pas was mij nu afgesneden. Over boord springen, daarmede kon ik mijn leven niet redden, wijl ik geen zwemmer was.
Onder deze overdenkingen liep ik het dek op en neder, want zoodra ik mijn doodvonnis gehoord had kon ik het in die kooi en dat moordenaarshol niet uithouden. Het was nu omstreeks negen uur in den avond. Met sterk geloofsvertrouwen riep ik: 'O Heere! Gij, ja Gij zijt toch mijn God.' Nog maar ruim twee weken geleden had ik immers daarvan de zekerste overtuiging ontvangen, zoodat ik ook nu met Paulus verzekerd was dat ook de dood mij van de liefde Gods in Jezus Christus niet scheiden kon. De vrees dus van weldra mijn leven te zullen verliezen, verschrikte mij minder dan wel de gedachte aan mijn lieve vrouw en kinderen. Hun toestand lag mij loodzwaar op het hart, bij de voorstelling dat zij mij nimmer zouden weerzien, nimmer iets van mij zouden te weten komen. O! dat deed mij de haren te bergen rijzen, en mijn hart breken van deernis over die weerloze schapen. Hoe! zou ik ontkomen... ontkomen? O! dacht ik, dan moest er een wonder geschieden, dat mijn verstand oneindig teboven gaat. Dat mijn God machtig was zulk een wonder te doen, o ja, dat geloofde ik onbepaald; maar hoe! dat ging mijn begrip teboven. Intusschen, de tijd stond niet stil, weder was er een uur verloopen, en nog liep ik over het dek. Rondom mij heerschte een plechtige stilte, de natuur was onbeschrijfelijk schoon; ik werd er door getroffen, zoo zeldzaam helder en doorzichtig was het firmament, waar de millioenen sterren blonken als juweelen, terwijl de vriendelijke volle maan haar liefelijk zacht licht op den vlakken waterspiegel vallen deed, waarop geen rimpel noch zuchtje te bespeuren was. Ik geloof niet ooit in mijn leven zulk een kalmen avond op het water te hebben doorgebracht. Het was mij wonderlijk, die uitwendige kalmte, die schoone en tot aanbidding stemmende natuur werkte meer weldadig op mijn gemoed, waarin het zeer stormde, dan ik toen opmerkte. Maar toch, mijn gebed tot God werd meer vertrouwend, meer kinderlijk. 'O Heere! indien Gij een storm liet opkomen, zoodat niemand ter rust kon gaan, dat zou den raad van de vijand verijdelen.' Ik had hiermede het oog op die beide negers, voor wie zij bang waren; – en mijn zuchten was voor God niet verborgen. Onder het storten van tranen en uitziende naar den Heere, bleef ik immer boven. Het was over elf uur; daar zag ik een klein wolkje in het noordwesten, dat wolkje groeide aan en werd grooter en grooter, en opeens! daar verspreidde het zich naar alle kanten, de hemel werd dik en donker, daarop volgde eerst een kleine koelte, de koelte werd wind, en weldra, binnen een half uur barstte de storm zoo geweldig los, dat de geheele bemanning met de grootste zorgvuldigheid moest te werk gaan om het schip te behouden... Niemand sliep dien ganschen nacht. O! vrienden, heb ik ooit Gods almacht gezien, het is toen geweest; toen zag ik, Gods weg was in de zee en zijn pad in de groote wateren. Toen zag ik dien God, die met het heir des hemels en met de bewoners der aarde doet naar zijn welbehagen; die spreekt, en het is er, die gebiedt en het staat er.
Toen tegen den morgen de storm wat bedaarde, gaf de kapitein bevel de ankers te lichten en den Oceaan op te sturen. Ik vroeg mij zelven: Wat nu te doen? Ik besloot cordaat weg, den kapitein te vragen mij met mijn boot over boord te zetten; want ik wilde veel liever de kans wagen, hoe hachelijk die ook was, om met mijn roeiboot op den Oceaan te gaan, dan aan boord moorddadig mijn leven te verliezen. Met een gelaat opgeblazen van trots en duivelsche valschheid, antwoordde hij: 'No, no, sir! We kill one yankee to day any how;' dat is: 'Neen, neen, mijnheer! we maken een noordelijke van kant vandaag, hoe dan ook.' Twijfelmoedig, doch niet mismoedig, begaf ik mij toen naar de kajuit, waar de loodsen zich weder met kaartspelen vermaakten, en deed hun op vriendelijken toon dezelfde vraag. 'Neen, neen, was het antwoord, 'we laten you niet gaan,' dat *you* kwam er met veelzeggenden nadruk uit. 'O!' sprak ik in mijn hart, 'o God! zal er dan niemand een woord voor Jozef spreken?' En God hoorde die verzuchting. 'Wat geef je er om, hij gaat toch immers zichzelven verzuipen?' roept er een, die naar het kaartspelen zat te kijken. Op dat zeggen wierpen ze de kaarten neer en allen vlogen naar boven, en zetten mijn boot over boord, waar ik in sprong.
Zoodra ik afgestoken was, zag ik den kapitein het hoofd in den nek geworpen en schreeuwende gelijk de Baälpriesters op den Karmel tegen den hemel: 'Waai nou! waai nou!' Hij besloot zijn woede met eenige vreeselijke vervloekingen. Doch zijne boosheid kon mij niet meer treffen; ik was uit de handen zijne boosheid in menschengedaanten verlost, en gevoelde ook nu wat David zeide: 'het is beter te vallen in de handen des Heeren dan in die der menschen;' want ofschoon in den morgen de storm bedaarde, de zee stond nog woest en onstuimig, doch de ondervinding van den laatsten nacht had mij zoveel ontzag voor de hoogheid Gods en de waarheid van zijn Woord ingeboezemd, dat ik er van terugdeinsde als ik, ziende op de baren, twijfel

in mijn hart voelde opkomen, of ik wel behouden zou aanlanden. Neen, het stond vast bij mij, die God, die mij uit zoo grooten nood en dood verlost had, zou mij ook verder verlossen; en Hij, die op Genesarets meer den wind en de zee kon beteugelen, is en betoonde ook nu verder weder nog dezelfde te zijn. Althans de zee werd toen de loodsboot omstreeks een mijl afstands van mij verwijderd was, merkelijk stiller, en de golven liepen zoo hoog niet meer, toen ik al spoedig nu en dan als mijn bootje door een golf opgeheven werd, een ander schip in het oog kreeg. Dadelijk richtte ik koers op hetzelve, en had het geluk ook door hen opgemerkt te worden, zoodat zij op mij aanhielden. Op zij gekomen, wierp ik een touw aan boord, en spoedig was ik op het dek.
Dit was een Noordelijk schip, geladen met fourage voor de cavallerie en bestemd naar fort Monroe. Nu van mijne behoudenis zeker had ik het wel willen uitgalmen van lof en dank aan Hem, die zijn reddende en wonderdoende hand mij zoo heerlijk betoond had. Mijne ziel vloeide over; de eene psalm voor, de andere na welde als zoovele stroomen uit mijn van blijdschap overvolle hart.

(Uit: B. Broere, *Korte Beschrijving van het Leven en de Wonderbare Leidingen Gods met Bastiaan Broere in Nederland en Amerika,* Samengesteld door H. de Vries; Amsterdam: J.A. Wormser 1887).

De Eerste Vierde-Juli-dag, 1776

Toen in 1776 het gerucht het land doorliep dat de *Declaration* zou aangenomen en door onderteekening der leden van het Congres bevestigd worden, kwamen er van alle zijden naar Philadelphia om tegenwoordig te zijn bij de feestvreugde en het leggen van de grondslagen voor de nieuwgeboren Natie, en, om getuigenis en ondersteuning te geven aan den stouten stap, daartoe genomen door het Congres.
Er was besloten om, wanneer de aanneming en onderteekening der *Declaration* geschied was, dit belangrijk feit publiek te maken door het luiden of kleppen der klok in den koepel van het 'State House.' Deze klok, uit Europa ingevoerd, heeft tot randschrift: 'Proclaim Liberty through out the Land, to all the inhabitants thereof.' (Gij zult vrijheid uitroepen in het land, voor al zijne inwoners. Lev. 25:10.) De kleinzoon van den klokluider zou de bode zijn van het groote nieuws. Zoodra hij het woord kreeg, vloog de kleine patriot de straat op, en zijne hand hoog opstekende schreeuwde hij luidkeels: 'Luidt, luidt de klok!' De oude klokluider deed zijn werk en de eerste vierde Juli feestdag vreugde volgde.

Daar was woeling op de straten
Van de oude Kwaker-stad.
Scharen volks, van alle oorden,
Dat zich daar vergaderd had,
Liepen rustloos op en neder.
Vraag en antwoord geen gebrek;
En het zweet stond op de brauwen
Door den ernst van het gesprek.

Als de woeste Atlantic-golven
Op New Foundlands kusten slaan,
Dringen deze menschen-scharen
Golvend tegen 't State-House aan.
Duizendvoudigheid der stemmen
Maakt 'een harmonisch geruisch,
Tot breede 'Chestnut' strate
Als een Babel woelt en druischt.

'Zullen?' – 'Durven zij het wagen?'
'Wat is 't nieuws?' 'Wie is aan 't woord?'
Wat zei Adams?' – 'O, God! geef toch
Dat het plan niet word' verstoord.'
Maakt wat ruimte!' 'Laat mij nader!'
'O, ik smoor hier!' – 'Smoor gij dan;
Waar het leven van een Natie
Op het spel staat, geldt geen man!'

Zo dringt tegen deur en portal
Man, en vrouw, en kind en meid;
Oh de Juli-zon schoot zachter
Stralen, vol van vriend'lijkheid.
Zag die zon eens Leonidas
Vruchtloos vallen in zijn bloed:
Nu verrijst de geest der vrijheid
Onverwonnen weer, vol moed.

d'Oude, grijze klokkeluider
Zat daar boven bij de klok;
Moede van den last des levens,
Moede van des Drijvers stok;
Wachtend houdt zijn hand den hamer
Van den klepper van de Bel
Tot het teeken wordt gegeven.
't Oude harte klopt reeds snel.

Zie! de menschen-massa's trillen
Door de lengte van de straat:
Want men zegt wat aan den jongen
Die daar aan de deure staat.
Kleine handen opgestoken,
Koeltjes spelen met zijn haar,
Vuur in d' oogen, gloed in 't harte,
Dringt hij buiten door de schaar,

Stil!! – Zoo fluist'ren duizend stemmen.
En – als een trompet zoo schel
Klinkt het: 'Grootpa, sla den klepper!
Luidt, o luidt de vrijheids-bel!
Luidt de klok!' –En op het teeken Valt de oude man zijn hand:
En het goede nieuws doet hooren
IJz'ren muziek, door het Land.

d' Oude klok deed 't luchtruim trillen.
Wat gejuich, wat vreugd was daar
En 't 'Hoera' der vrijheid schudde
't Water van den Delawaar.
Fakkellicht en vreugdevuren
Vlamden helder gansch den nacht:
Uit die vlammen, als een Phenix,
Rees de vrijheid in haar kracht.

d' Oude Bel is nu gebroken
En verstomd haar ijz'ren tong.
Maar de Geest der Vrijheid leeft nog.
Is en blijft voor altijd jong.
En zoolang wij 't licht genieten
Van den *Vierden Juli*-dag,
Bidden wij dat onze vrijheid,
Godgewijd, ons blijven mag.

Ds. A. Zwemer

(Uit: *De Hope*, 5 juli 1876)

Aan Mijn Stamgenooten in de Transvaal

De Britsche Leeuw, als immer tuk op roof,
Heeft weer zijn klauw in 't Hollandsch bloed geslagen;
De trotsche Brit, voor recht en rede doof,
Schroomt niet, om boos gewin, zijn eer te wagen!

Schroomt niet, in ongeneesbren hoogheidswaan,
Reeds heerschend in een viertal Wereld oorden,
In 't vijfde, uit gier'gen lust en snood beraan,
Een vreedzaam volk te jagen en te moorden.

Vergeet het niet, o Albion! zoo trotsch
Op paarden, wagens, helden, legerscharen,
Dat de eindbeslissing van den strijd is Gods,
Een grimmig Wreker der geweldenaren.

Weet ook dat hij, dien gij zoo licht nu acht,
Wiens goud gij zoekt ten prijs van bloed en tranen,
Vol heil'gen moed – om 't recht – den dood veracht:
Een echte zoon der gen dorst,†
Mocht wel in 't hart der Britten immer leven!

Zooals de naam,* is de aanleg van den zoon;
Schoon man van vree – als 't moet – een taaie strijder;
Van boeien wars, en wars van vreemde goon,
Sints eeuwen her een roemvol Landbevrijder.

't Had eens den valschen Spanjaard goedgedocht
Het Neerlandsch volk wreedaardig te onderdrukken;
Nochtans geen strijd van tachtig jaar vermocht
Den vrijheidszin hem uit het hart te rukken!

Hoe Willem van Oranje, Holland's Vorst,
't Beroerde England eens heeft rust gegeven,
En wat een koene Ruyter wagen dorst,†
Mocht wel in 't hart der Britten immer leven!

Dat eens de Pelgrimvader op zijn klacht
Van Holland's volk gastvrijheid heeft genoten,
Wordt bij 't ondankbaar Eng'land niet gedacht,
Nu 't groot werd in de rij der Wereldgrooten.

Maar God gedenkt! – Wie weet zal tot zijn straf
Des Duitschen Staatsmans Woord niet waarheid blijken:
'Zuid-Afrika wordt eens nog Eng'land's graf!' –
Trots wierd de val van alle Wereldrijken.

Reeds hebt Ge, o Heer, voorheen zoo wonderbaar
Den Boerenstam uw bijstand willen zenden,
Op veld en heuvel vaak een Worstelaar
Uzelf betoond met Eng'lands rooverbenden.

Zal overmacht en onrecht langer nog
Zuid-Afrika bestendig overheeren?
Schiet haastig toe, verdelg den vijand toch,
En laat uw volk in 't einde triumfeeren!

En Gij, mijn Broed'ren in Transvaal, houdt moed!
Strijdt in de kracht des Heeren, o Gij dapp'ren!
Reeds zie 'k uw groengezoomde vlag-bebloed,
Docht Winnaar langs uw vrije velden wappren?

De wapenspreuk der Britten zij **uw** leus:
'God en mijn recht!' – Wat zoudt Gij vuurger minnen?§
Het Neerlandsch bloed had nooit een andre keus
(Zoo helpe U God!) dan: **Sterven of Verwinnen!**

Cincinnati, O., 7 Nov., '99

Henry Van der Werp.

(Uit: *De Gereformeerde Amerikaan*, december 1899)

Dr. Henry Beets

Dr. Henry Beets (1869-1947), de vertaler van 'Wie Nederlands bloed in de aderen vloeit,' die te Koedijk, N.H. werd geboren was een verre familielid van de bekende schrijver Nicolaas Beets en emigreerde in 1886 naar Luctor, Kansas. In 1895 werd hij bevestigd na voltooiing van zijn studie aan Calvin College en Seminarie. Hij diende de Christian Reformed Church 52 jaar, 33 als predikant, en 19 als hoofd van de zending. Van 1904 tot 1929 was hij redacteur van *The Banner*, het Engelstalige kerkblad van de C.R.C. Hij werkte ook voor het zendingsblad *Missionary Monthly* en schreef artikelen voor *De gereformeerde Amerikaan.* Als geen ander heeft Dr.

* *Germaan* beteekent krijgsman. Nog kennelijk uit het Fransche *guerre* krijg, oorlog.
† Men denke aan De Ruyter's beroemden tocht naar Chatham.
+ Bismarck.
§ *Dieu et mon droit* = God en mijn recht.

Beets zich ingezet voor de Amerikanisatie van de emigranten, met behoud van hun Nederlands, gereformeerd karakter. Hij streefde er naar hen voor te gaan als burger van het nieuwe vaderland. Hij was een van de eerste dominees die in de Engelse taal preekte, maar betreurde de steeds toenemende achteruitgang van de Nederlandse taal.* Hij pleitte voor de schoonheid van de Nederlandse taal en letteren en het behoud daarvan. Ter voorlichting van de emigranten schreef hij o.a. *Leven van President Mc Kinley* (1901) en *Abraham Lincoln, Zijn Tijd en Leven* (1909). Ook schreef hij het herdenkingsboek *Zestig Jaren Geschiedenis van de Christelijke Gereformeerde Kerk* (1918). Voor zijn vele prestaties als drager van de Nederlandse cultuur in Amerika werd Dr. H. Beets tweemaal door Koningin Wilhelmina onderscheiden, eerst als Ridder en daarna als Officier in de Orde van Oranje Nassau.

De Oorlogsgruwel (enkele strofen)

Gij Groot-Britanniers – de wereld door berucht, –
Door wiens laaghartigheid thans 't Boerenvolk nog zucht,
Wiens weerga niet bestaat op heel deez' zondig' aarde-
G'Ontvangt alree uw loon, voor 't geen g' uzelven baarde;
Uw eigen volk stelt haast zich tegen u te weer,
Uw weermacht – steeds gevreesd – vermindert keer op keer!-

O Frankrijk! vrees Gods straf! gij, die't onzaal'ger uur
U dorst vergrijpen, aan de wetten der natuur,
Uw opkomst tegenstond, – uw spruiten deedt verderven!

We love the land across the sea
We glory in its past;
We pray for its prosperity,
May it forever last!
But tho we love old Holland still,
We love Columbia more,
The land our sons and brethren fill
From east to western shore.

Besherm, o God! bewaak den grond,
Waarop onz adem gaat;
De plek, waar onze wieg op stond,
Waar eens ons graf op staat,
Wij smeeken van Uw' Vaderhand,
Met diep geroerde borst,
Behoud voor't lieve Vaderland,
Voor Vaderland en Vorst.

* Zie de bespreking van 'De Nederlandsche Stam en Taal in Noord-Amerika' in hoofdstuk 4

Gij zaagt, in dezen strijd, uw lutt'le zonen sterven;
Gij hebt dat zelf gewild? men kenn' GEEN medelij
Met uw ontvolkten grond, – hoe bitter 't u thans zij!

En gij, Barbaren-rijk! gij land van ban en knoet,
Dat, – ruw en fanatiek, in stouten euvelmoed,
Het oude volk van God – waar 't plaats bij u kwam zoeken
Vermoord hebt, of verbannen naar uw verste hoeken-
Beeft, Russen! voor de wraak van Is'rels grooten God!
De Heere straft u thans, voor hun rampzalig lot!

Gij volk van Israel! hebt gij in dezen moord
De wraakstem van den Heere Zebaoth gehoord?
Gij volk! dat eenmaal riept met al uw eens-gezind-'ren:
'Zijn Bloed koom' over ons en over onze kin'dren! –
Volhardt gij NOG terwijl gij wentelt in uw bloed!?
Val – oude volk van God! Messias thans te voet!

(Uit: B. A. Hendriksen, *Uit het hart tot het hart)*

Waffen Nieder – Armistice

Daarom neemt aan de geheele wapenrusting Gods, Ef. 6:13

Nog zucht het menschdom onder d'onbetaalbre schuld
Eens oorlogs, die de landen met ellende heeft vervuld.
De welvaart ligt geknakt en alles buigt zich neder;
Vertwijf'lend vraagt elkeen: Keert ooit de voorspoed weder?

Werd veertien jaar geleen de gruwbare strijd gestaakt;
Wat onbeschrijfbre kreet van vreugde werd gelaakt
Dien onvergeetbren Elfden van November; ieder
Riep tot zijn naaste: Duitschland zegt: Die Waffen nieder!

En sinds dien worstelt nog een wereld met de vraag:
Is oorlog goed of kwaad, uit God of Satan? Vaag
En ver als onbereikbaar zweven d'idealen
Dat recht en wereldvrede toch zal zegepralen.

Met aandacht en met hoop stond op de Volkenbond
Het oog of deze dan den tooversleutel vond
Tot het paleis des Vredes. Stresemanns verdwenen
Briand, helaas! En Hitlers Nazi's zijn verschenen.

O, wat is oorlog toch met al zijn gruw'len! Kan
Een Christen deze passen in het god'lijk plan?
Werd Abel door zijn broeder Kain doodgeslagen
Toch eind'lijk naar 't besluit van 's Hemels welbehagen?

't Probleem is mij te diep; maar 'k bid dat God verhoed',
Dat mijn hand ooit bevlekt word' met des menschen bloed.

Heeft Jesus voor zijn volk 't beslissend woord gesproken?
Als hij beval het zwaard wierd' in de schee gestoken.

B. D. Dijkstra

(Uit: *De Volksvriend*, 17 november 1932)

Decoration Day 1934

Leg, o Vriend op ginder zoode
van den krijgsheld, van den doode
een rein bloemke teer en zacht.
Laat uw oog van tranen vloeien.
Dat zij vallen, dat zij sproeien
't bloemke 't welk uw heide bracht.
En gedenk ook uwe zonen
De gescheurden (uwe kronen).
De gescheurden van uw hart;
die in verre hemelstreken
als OFFERS zijn bezweken
aan god MAMMON, boos verhard.
Ja, zij werden onverholen
wreed en listig ons ontstolen
door de tempelroovers stout.
Ga; – Mijn Vriend: breng de helden
Van de verre oorlogsvelden
hulde met de dank bekoord.
Ze zijn in de strijd gebleven
opdat EER bij ons zou leven,
EERE door geen goud vermoordt.
Laat uw dank ten hemel klimmen.
Laat uw liefde nooit verglimmmen.
Houd bij d'EERE trouw de wacht.
Dat uw bloemen eeuwig kleuren.
Dat uw nardus steeds mag geuren,
't zij bij daglicht of bij nacht.

Hans Hansen

(Uit: *Het Oosten*, 24 mei 1934)

Waffen nieder: Wapens neer.
Armistice Day: *dag van de Wapenstilstand, 11 november 1918, een nationale feestdag in Amerika*
Decoration Day: *Nationale feestdag, 31 Mei vooral ter herdenking aan hen die in de oorlog vielen, het leven gaven voor het vaderland*

Amerikaanisme

Zou het Amerikaanisme zijn om onze zonen te laten slachten op de moordvelden van Europa, enkel en alleen om Wall Street gedienstig te zijn? Is Wall Street soms Amerikaansch? Kan de uitheemsche goudgraver, hij die de duiten der armen opstapelt en ten hemel doet rijzen als de Alpen in Zwitserland, is hij, zijn zij dan de echte zonen van Amerika, begiftigd met de gaven van het adelijke patriotisme? Neen, niet hij, noch zij. Zij met hun ruw individualisme, zij zijn niet de vaderlanders van het echte kadaster.

Is Amerikaanisme-goudkorst-bedoelen? Dat opeenhopen van de rijkdommen der wereld, dat toeëigenen van de schatten der aarde, dat gieren naar goud, dat ontfutselen van het levensonderhoud der massa's en dat bijeenzamelen van het vette voor den enkelen eenling is geen Amerikaanisme. Dat en zulks draagt de karaktertrekken der Rotschilds, de geld Bonapartes van Europa. Neen, kapitalisme is niet Amerikaansch, al is het waar dat die ziekte, die kwaal zoo smettelijk in Amerika gevonden wordt en zoo welig tiert op de graven der slachtoffers van deze pest der menschheid.

Kapitalisme in haar ware meening, in hare bijbelsche bedoeling als persoonlijke bezitter van eerlijk verkregen schatting is niet God noch mensch onteerend, noch bederfelijk, maar dat razend woekeren om met eens anders vermogen het volk uit te persen (en dat is Wall Street kapitalisme) is de pest der wereld. Dat is de pest die oorlog wil om zich zelven vet te mesten met het bloed der Jeugd en de tranen der moeders. Dat kapitalisme, die ziekte, die pest, die uitheemsche razernij in Europa gebakerd en in de hel uitgevonden is on-Amerikaansch.

Dus Amerikaanisme bedoelt niet om een ander te berooven. O neen. Maar zoo hoor ik iemand vragen: Als kapitalisme on-Amerikaansch is, is Socialisme dan Amerikaansch? Zou dat kunnen? Socialisme in haar vele vertakkingen zoekt niet de persoon, maar de massa. De massa aan de regeering. De massa in het bezit van de schatten der aarde, en de enkele personen onteigend, opdat de massa alles zal kunnen bezitten. Socialisme in haar eigenlijke bedoelingen staat vierkant tegen kapitalisme. Als de eene regeert is de andere in het niet. Zij kunnen niet zamen gaan.

Nu zouden wij kunnen vragen, is Amerikaanisme dan Socialisme? Neen, als al gezegd. Zuiver Amerikaanisme erkent de persoonlijke bezitten van eigendommen en Socialisme veegt dat in een haal weg.

Toch niet te vergeten. Gematigd Socialisme heeft onovertreffelijke eigenschappen. Vele dezer eigenschappen zijn in de Jongste Jaren door de beide hoofdpartijen des lands Republikein en Democraat overgenomen.

Iets over dat in een volgend artikel.

J. H. Hoekstra

(Uit: *Het Oosten,* 29 maart 1934)

---

goudkorst: *goudkoorts*

Onze vlag

Waai, wapper zeer beminde vlag; uw glorie klapper dag aan dag op berg en dal en zeeën. Uw sterren stralen lang en kloek op 't blauw gekleurde zijdedoek aan alle wereld ree-en. Waai, wapper prachtvol kleuren-schoon, gij pronkstuk en der natie's kroon; waai in des hemel's geuren. Geen volk, hoe groot of sterk of klein, wane met u gelijk te zijn in sierlijkheid van kleuren. Gij overtreft het Frankenland, en Duitschland houdt bij u geen stand, Britanje zinkt in 't donker. En Oostenrijk streeft gij voorbij. Italië ligt aan uw zij, en gij dooft Zweden's flonker. Waai, waai op alle land en zee en toon uw schoonheid ied're ree; want God schonk ons uw wezen. Geen schande kleeft aan 't reine doek. Geen schaamte schuilt in ster noch hoek, waar VRIJHEID staat te lezen. De Britsche leeuw viel voor u neer. En Frankrijk ook gaf vaardig eer aan uw doorluchte strepen. Castielje boog voor u op 't pad dat 'Dewey' held gebakend had met vlag getooide schepen. Waai, waai dan zeer beminde vlag en spreidt uw grootheid aan de dag tot roem van onze landen. God schonk ons uwe vrijheidszin. Waai, waai voor God en vrijheidsmin. Maar nooit voor 'Vreemde Stranden'.

(Uit: Jacob H. Hoekstra, *Hans Hansen*)

Het schoone Amerika
America, the beautiful

1
Schoon zijn uw heem'len uitgebreid
Op velden golvend graan.
Op bergen vol met majesteit,
En 't dal met ooft belaan.
Amerika, Amerika
God gaf Zijn gunst u mee.
Gij staat gekroond
Waar Eenheid troont,
Van zee tot blauwe zee.

2
Schoon zijt gij, waar des Pelgrims tred
Met geesdrift 't forsche spoor
Tot baan der Vrijheid heeft gezet
Uw wildernissen door.
Amerika, Amerika,
Dat God u nog volmaak'!
Uw ziel bereid
Tot Matigheid,
Die nooit haar wet verzaak'.

3
Schoon zijt gij in wel menig held,
Aan vrijheidsmin gewijd,
Die 't leven voor zijn land gesteld
Heeft, en barmhartigheid.
Amerika, Amerika,
God lout're nog uw goud,
Tot al uw kunst,
De hoogste gunst
Van 't godlijk loon behoudt.

4
Schoon droomde eens een patriot,
Ver door de jaren heen,
Van uw albaster steden tot
Straks alle traan verdween.
Amerika, Amerika,
God gaf zijn gunst u mee.
Gij staat gekroond.
Waar Eenheid troont;
Van zee tot blauwe zee.

(Uit: B. D. Dijkstra, *Stichtelijke Liederen*)

Aan den President der Vereenigde Staten

Hoog geeerde President!
Al is mijn naam u onbekend,
'k Ben geen geboren Amerikaan,
Toch ben ik uwe onderdaan,
Een burger van dit groote land,
Schoon geboren in klein Nederland.
Het was voor mij een waar genot
Te lezen dat gij op 't Woord van God,
Gedrukt in 't oude Vaderland,
Uw eed aflei voor dit ons land.
Heil u! geachte President!
Met Hollandsch taal ook nog bekend.
Dat gij uzelven niet wilt schamen
Voor 't Woord van God als JA EN AMEN,
Gelijk uw voorgeslacht vertrouwde
Op 't Woord van God, waarop het bouwde;
Uw voorouders gaven goed en bloed,
Het bloed dat in uw aderen vloeit,
Voor 't Woord van God, en Zijne kerken.
Volgt gij hen na, in hunne werken.
De Bijbel was hun onderpand,
Hun dierbaar aan het Vaderland.
Dit erfdeel kwam van kind op kind
Dat ook door u nog wordt bemind.
Als President hier te regeeren,
De tijden zoo weer om te keeren,
Dat welvaart en tevredenheid
Weerkomt naar evenredigheid.
Dat is voorwaar geen kleine taak,
Want zoo 't u is niet ieders zaak
Met land en volk om het bestaan
Kan het gewis niet blijven gaan.
't Is God de Heer Die ons kastijdt
Naar Heilige Rechtvaardigheid.
Indien de mensch dit niet bekent
Komt aan de ellende nog geen end.
Daar gij regeert, bij Godes gratie,
Als 't hoofd van deze groote natie,
Buigt gij uw knie voor God uw Koning,
In de binnenkamer van uw woning
En wij, als volk, met u te saam
Wij buigen voor Gods grooten naam.
Dan zal de Heer de tijden wenden
En ons opnieuw Zijn zegen zenden.
Dat komt het land weer uit zijn noode.
Dat is de wensch van C. de Bode.

(De schrijver, C. de Bode, te Bowman, No. Dakota, van dit versje, maakte twee afschriften er van en zond een aan President Roosevelt en het andere aan de *Volksvriend* ter plaatsing.)

(Uit: *De Volksvriend*, 16 maart 1933)

Kerkelijke onenigheid

'Het land beviel me wel, maar de kerk niet,' zegt de afgescheiden Jan Gelock die zich met een groepje bezwaarden in 1857 afscheidde van de Gereformeerde Protestantsche Hollandsche Kerk waarmee Ds. Van Raalte en zijn volgelingen een kerkelijke band wilden vormen. Deze kerk, een gemeente van de Nederlands Hervormde Kerk in Amerika, was al in de zeventiende eeuw ontstaan, en was tamelijk ver gevorderd in het proces van veramerikaansen, aldus H. Brinks:

Men had de Engelse taal in de eredienst ingevoerd en bediende zich van enkele opwekkingsgebruiken van de evangelische kerken in Amerika. Daar evangelisatie voornamelijk een interkerkelijk streven was, voelde de Hervormde Kerk in Amerika zich al spoedig verbonden met andere kerkelijke groeperingen, zodat er zich min of meer een oecumenische toestand ontwikkelde. Deze ontwikkeling vergemakkelijkte de situatie enigszins voor de meer piëtistische eerste immigranten, maar ook voor diegenen, die liever sneller wilden veramerikaansen. (p. 113)

Vele emigranten, zoals Jan Gelock, moesten echter niets hebben van dit samengaan met de Amerikaanse kerken:

Immigranten, die hardnekkiger vasthielden aan de kerkelijke patronen uit Nederland, werden liever lid van de Ware Hollandsch Gereformeerde Kerk, nu bekend als de Christelijk Gereformeerde Kerk. Dit kerkgenootschap bleef in de eredienst de Nederlandse taal gebruiken tot na 1920. Het heeft van 1882 tot heden officiële betrekkingen onderhouden met de Gereformeerde Kerken in Nederland en is tegenstander van godsdienstige opwekkingsmethoden, die de immigranten vaak vereenzelvigen met Methodisme. (p. 113)

In 1868 werd *De Wachter,* dat nog steeds verschijnt, het eerste officiële kerkblad van de Ware Hollandsch Gereformeerde Kerk. Met de kerkelijke splitsing kwam onenigheid en de geschilpunten werden breedvoerig besproken in kerk- en weekbladen. Van deze pennestrijd, waarmee de gereformeerde kerken tientallen jaren geplaagd werden, en de kritiek op andere kerkgenootschappen, geven wij hier enkele voorbeelden.

Het land beviel mij wel, maar de kerk niet

Het land beviel mij wel maar de kerk niet. Er was geen predikant, er werden korte preekjes gelezen en Zondagsavonds kwam men bij elkander, maar altijd was het gesprek over Amerika. Daarin had ik zooveel bezwaar, dat als ik de menschen dan eindelijk zag aankomen, ging ik in het bosch. Later leerde ik hier vrome menschen kennen.

In het kerkelijke kwam hier een richting daar ik niet mede voortkon. Velen zeiden, dat de afscheiding in Nederland een misstap was; dat de Evangelische Gezangen uitnemend waren; dat Smytegeld een dom man geweest was; voor de kleine kinderen behoefde men niet te bidden, die gingen allen naar den hemel. Een leeraar zeide op den predikstoel, dat ieder den 4den Juli vrij mocht medevieren, hij durfde zelf wel onder de vlaggen te gaan en een kanon afschieten. Ik kwam uit Zeeland, had sinds ruim 17 jaar nooit weer op kermis durven komen, kon in dit opzicht nu ook niet meedoen. Dan merkte ik ook als hier een leeraar zou beroepen worden, hij iemand van ruime richting moest wezen. Daar hield men van classis wege het oog op. Er kwamen menschen die in het Oosten gewoond hadden. Deze vertelden hoe de kerk, waarbij wij ons aangesloten hadden, in het Oosten was. Men was daar zoogenaamd liberaal; vele leeraars preekten niet uit den Catechismus; deden geen huisbezoek; hielden geen Catechisatie. Zij vertelden dat daar eenige gemeenten waren, die zich sinds 1824 van de Dutch Ref. Church hadden afgescheiden. In die gemeenten was veel vroom volk en onderscheidene leeraars muntten uit in godsvrucht. Van dien tijd af werd mijn bezwaar grooter. Mijne bede was dat de Heere mij alles goed mocht doen verstaan, om te weten wat ik moest. Met een bezwaard gemoed ging ik op

een avond in de week naar de kerk en de leeraar begon zijne voorafspraak over een zieken man. De dokter gaf medicijnen en de zieke nam ze en werd gezond. Zoo was de zondaar in het geestelijke ziek en de leeraars waren de dokters, die den zieken medicijnen aanpraatten tot de zieken ze aan den mond zetten en genezen worden. In dien geest bad en preekte hij ook. Ik kon niet medebidden. Mijn geweten zeide mij, dat ik mij moest verklaren en toch was ik zoo bang, dat ik niets zei. Later kwam dezelfde predikant weer en predikte op een Zondagmorgen over den verloren zoon. Hij deed enkele uitdrukkingen, die mij met droefheid vervulden. Hij zei: Sommige menschen zeggen dan: Och kon ik dit, en och kon ik dat, maar wij zijn zoo krachteloos. Hij zeide, dat hij geen cent voor hun geloof gaf, en toen barstte ik uit in luid geween in de kerk. Toen de leeraar van den predikstoel kwam, kon ik hem als diaken de hand niet geven. Ik zeide dat ik hem zeggen moest, dat een van ons, hij of ik, niet gereformeerd was. Dit maakte opschudding. Een deel van het volk was nog in de kerk en het volk was tegen mij ingenomen. Men zeide, dat ik dwalende conscientie had. De helft van den kerkeraad zeide ook zoo, maar ik had innerlijken vrede toen ik gezegd had wat op mijn geweten lag. Des middags ging ik weer ter kerk en de leeraar ging zoowat door alle leerstukken heen alsof hij examen deed, om te toonen dat hij rechtzinnig was. Toen hij van den stoel kwam gaven ik en allen hem de hand. Hij zeide: Ik heb medelijden met u. Ik vraagde: Waarom, Domine? Omdat gij zeidet, dat ik onbekeerd was. Ik zeide: Neen, Domine, dat weet ik niet, maar ik heb gezegd, dat een van ons, u of ik, niet gereformeerd was. O, zeide ZEerw., ik dacht, dat u zei, dat ik onbekeerd was, maar nu is het niet zoo erg. Van dien tijd af openbaarden er zich twee richtingen in de kerk. Het was ons doel om op de oude paden te blijven en te bestrijden wat daar tegen was. De classis kreeg er kennis van, maar liet er zich in het openbaar niet mede in, wel in het geheim. Wij beriepen Ds. Kleijn, die de roeping ook aannam. Hij was een goed prediker en was onze richting toegedaan. Wij hadden veel genot. Onze richting werd sterker en had bijkans de overhand in den kerkeraad. Er was ook een gewoonte om leden van andere protestantsche genootschappen aan den Avondmaalsdisch toe te laten. Hiertegen ook werd een protest aan de classis gezonden. Maar de classis verklaarde die protestanten als scheurmakers en riep een bededag uit, dat de Heere die scheurziekte mocht doen verdwijnen. Toen werd het erg. Ik was kort te voren ouderling geworden. Ik kon dien bededag niet mede houden, maar scheidde mij van die kerkelijke gemeenschap af. Ds. Kleijn kwam om mij weer over te halen, maar ik durfde niet. Ik had innige broeders en zusters achter gelaten en trachtte aan hen te arbeiden, maar te vergeefs. Eens toen ik bad, kwamen mij deze woorden met kracht in mijn gemoed: Ik zal wederbrengen uit Bazan, Ik zal opbrengen uit de diepte der zee. In Febr. '57 scheidden Ds. Kleijn en zijn halve gemeente zich af. Nu werd er een nieuwe en andere gemeente gesticht en een kerkeraad verkozen. Ds. Kleijn predikte bij die gelegenheid over: 'Zondert Mij af beide Barrabas en Saulus tot het werk waartoe Ik u verkozen heb.' Hij bleef slechts zes maanden en ging terug. Ds. K. Van den Bosch werd onze consulent. Van dien tijd af tot nu toe, tot dat ik dit schrijf, heb ik onze gemeente als ouderling mogen dienen.

Hollandsche Christelijke Gereformeerde Kerk in de Springstreet, Grand Rapids, Michigan.

(Uit: 'Iets uit het Leven en Overlijden van Jan Gelock,' *Jaarboekje voor de Hollandsch Christelijk Gereformeerde Kerk in Noord-Amerika voor het Jaar 1891).*

Een geestelijke barometer

of eene schaal die den voortgang op den weg der zonde of op dien der genade teekent.

†
* * *

HEERLIJKHEID

70 Aflegging van het lichaam.
Verlangen om ontbonden te worden en met Christus te zijn.
Lijdzaamheid in verdrukking. Benoeming
60 in het kruis.
Vurige begeerte om zielen voor Jezus te winnen.
Vreugde in den wandel met God.
50 IJver om goed te doen.
Der wereld gestorven door het kruis van Christus.
Gemeenschap aan den dood van Christus.
40 De liefde Gods uitgestort in het hart.
Bijeenkomsten voor gebed en opbouwing des geloofs.
Algeheele scheiding van ijdele gezel-
30 schappen.
Liefde voor het volk des Heeren.
Liefde voor Gods Woord in het hart gevestigd.
20 Toeneming van Evangelisch licht.
Heiliging. Reinheid in hart en wandel.
Afzondering voor overdenking en gebed.
Geregeld gebruik der genademiddelen.
10 Geloof der waarheid of zaligmakend geloof.
Dagelijksche lezing van den Bijbel.
Onrustigheid. Overtuiging. Bekommerdheid voor de ziel.

0 ONVERSCHILLIGHEID

Huiselijke godsdienst alleen op Zondaga-
10 vond.
Herhaalde nalating van het verborgen gebed.
Beletten van godsdienst in huis.
20 Lichtvaardigheid in gesprekken.
De mode, hoe kostbaar ook, nagevolgd.
Weelderige onthalen en vermakelijkheden.
Vrije omgang met in zingenot zich badende
30 gezelschapp'n
Vreugde in de ontheiliging van Gods naam.
Liefde voor novellen en romans.
40 Bezoeken van komedies, bals, wedrennen, concerten.
Zich steeds laten vinden op plaatsen van vermaak.
50 Verlaten van de kerk.
Veel gebruik van wijn, sterke dranken enz.
Hoererij: aanprijzing van godloochenende gezelschappen.
60 Geheel nalaten van het verborgen gebed.
Vermakelijke bijeenkomsten op Zondagen.
Maskeraden. Dronkenschap. Overspel.
Goddeloosheid. Onzedelijke gezangen. Godloochening.
70 Bespotting van godsdienst. Vervolging van de godvreezenden.
Ziekte. Dood.
0 VERDERF

De lezer gelieve te lezen van het midden opwaarts of nederwaarts totdat hij bemerkt den graad te hebben bereikt, waarop hij in zijn wandel staat.

E. W. King

(Uit: *Jaarboekje,* 1883)

The Prayer Meeting (Het biduur)

Onlangs bracht ik op mijn banen
dames twee, naar eene kerk waar
de eerbre kerk-anen samen kwamen
voor hun werk. Ditmaal zou
in 't Huis des Heeren, en aldaar
een biduur zijn; waar alleenlijk maar
fungeeren dames deftig, vroom en
fijn. Vele dames kwamen reizen
verreweg en van nabij om den
Heere dan te prijzen Hem te eeren
blij en vrij. Mooie, keurige gebe-
den, klonken prachtig, zacht en
schril. En zoo ging de morgen he-
nen. Twaalf uur zag de maaltijd
klaar. En de dames, vlug ter bee-
nen, vonden spijzen goed en gaar.
Maar aleer de waarde dames, boven
kwamen, tot herstel van de opge-
schorste 'reclamas' zoo van pas in
Israel; moesten eerst die waarde
vrouwen neusjes poetsen van be-
lang, en er kleuren de wenkbrau-
wen, verven kinnebak en wang. Nu
is 't waar dat echte mannen haten
het dat 'paint' gefleur uit die pot-
jes en die kannen met die vreemde
valsche kleur. Zou dan God dat
valsche verplaten van het hart en 't
aangezicht dan niet duizendmaal
meer haten? HIJ de WAARHEID
en het LICHT.

Hans Hansen

(Uit: *Het Oosten,* 17 mei 1934)

De wachter op Zion's muren

De pennestrijd is aangevangen
Gereformeerd, met haar belangen,
Wordt door de Wachter mooi verklaard
Voor ieder lid het lezen waard.

De Wachter dan op Zions muren
Staat met een arendsoog te gluren
En waakt voor kerk'lijk grif formeerd
Wat hij als wachter heeft geleerd.

Er is een stel van kerkemenschen
Die alles grif formeerd zou wenschen
Wat is nu eigenlijk Gereformeerd?
Soms kan het zijn, ook grif verkeerd?

Er zijn thans vijftien vrome sekten
Die met dien naam hun godsdienst dekten.
De vraag is, wie is toch de ketter
Van de gereformeerde letterzetter?

Een ieder heeft een hobbelpaardje
Met houten kop en harig staartje
En ieder rijdt als eene gek –
Blijft altoos op dezelfde plek.

Als men de waarheid wil gaan zeggen,
Het woord der Schrift recht uit wil leggen
En Schrift met Schrift nu ging verklaren
Voor vele vrome Christenscharen –

Zoo zegt de Heer in 't dierbaar Woord,
Die ooren heeft en daarmee hoort,
Die luistert naar Gods Heil'gen Geest,
Auteur der Schrift altoos geweest.

Eenvoudig is dit dierbaar Woord:
Het harte van Gods volk bekoort.
Dat alle Gods beloftenissen
Nog nimmer hun vervulling missen.

Men moet naar Calvin College gaan,
Dan kan men eerst Gods Woord verstaan
Al komt het van een Modernist
Of Criticus die alles wist. –

Dan kan men volgens hun beschouwen,
Gods Woord en waarheid recht ontvouwen;
Men buigt den tekst zooals men wil –
De arme schaapjes zwijgen stil.

Want deze krek verkeerde heeren,
Die hunne schaapjes eten leeren,
Want hun Gereformeerde kost
Vond Bijbelraadsels opgelost.

Want alles is Gereformeerd
Wat op de college is geleerd.

Waar schuilt nu echter het gevaar –
Bij u of ons, zeg ons eens klaar.
Dan hebt gij ons een dienst gedaan,
Dan hebben wij u recht verstaan.

Of is de Pre een echte ketter
Die alles opvat naar den letter?
Al is hij dan niet Gereformeerd,
Gods Geest heeft hem Gods Woord geleerd.

Geliefde Br. in Christus:
Mag ik u nog eens lastig vallen met een versje. Het is geen Picnic gelijk het vorige. Het strijdharnas is aan. Het zwaard des Geestes is aan de heup. Het Woord Gods wordt bedreigd van waarheid te zijn. Strijd voor het geloof eenmaal den heiligen overgeleverd. Ik ben een onnoozele kippenboer, doch als de kip een valk ziet zwieren in de lucht, dan geeft ze een zeker geluid van gevaar te kennen. Zooveel heb ik van mijn kippen geleerd, anders ben ik wat dom uitgevallen; als u het plaatsen wilt in de Bereer, en of het u geschikt voorkomt en er ruimte voor is in het blad. Kunt u het niet plaatsen, wilt u dan zoo vriendelijk zijn dit rijmpje terug te sturen. Wij zijn allen wel en hopen dat de Heere u mag sterken en wijsheid geven, om te strijden den goeden strijd des geloofs. Zijne waarheid te verdedigen, en als een stem des roependen in de woestijn, een voorlooper te zijn, niet van zijn eerste komst, maar van den Gezegenden Verlosser in Zijn tweede komst.

Hartelijke groete, JOHN YOUNGSMA,
Oak Harbor, Wash.

(Uit: *De Bereer*, juli 1930)

De Nederlandse pers in Amerika

De invloed van de pers is onbeschrijflijk groot

Van het begin af heeft de pers een zeer belangrijke rol vervuld in het immigrantenleven. Reeds in 1849 verscheen de eerste krant, de *Sheboygan Nieuwsbode,* 'Eenig orgaan der Nederlanders in Noord Amerika, aan het nieuws, den toestand, en de belangen van het Oude en Nieuwe Vaderland gewijd' zoals het in de kop op de voorpagina vermeld staat. Eigenaar en bekwame redacteur van dit weekblad was Jacobus Quintus, die deze nederzetting verkoos om zijn blad uit te geven vanwege de centrale ligging ten opzichte van de groeiende kolonies in Michigan, Illinois, Wisconsin, en Iowa. Dit blad was de eerste van vele kranten en tijdschriften in de Nederlandse taal die het immigrantenleven begeleidden en leidden. Vaak was hun levensduur maar kort, enkele verschenen tientallen jaren. In zijn uitvoerige bespreking van de Nederlandse pers merkt de historicus J. van Hinte op:

Dat het meer succesvolle of liever het minst kommervolle Nederlandsch-Amerikaansch krantenbestaan wordt geleid in eenige der groote bevolkingscentra, in de in het meest Nederlandsch gebleven, dat wil dus tevens zeggen in de ultra-orthodoxe kringen. Vandaar, dat wij deze kranten vooral nog in eenige fabriekscentra zien verschijnen, in Patterson, Grand Rapids, Holland, Kalamazoo en Chicago. Verder in het Westen in de nederzettingen op het door de betrekkelijke afgelegenheid althans taalkundig even weinig veramerikaanschte platteland: te Pella, Orange City en elders. (II, 473)

In de volgende lijst staan alleen de meest belangrijke kranten en tijdschriften vermeld. Bladen die maar heel kort verschenen staan er niet bij. Het is wel een opvallend lange lijst.

Michigan

Holland

De Hollander (1850-1895) Eerste Nederlandse krant in Michigan.

De Grondwet (1860-1938) Conservatief-Republikeins nieuws- en advertentie weekblad.

De Hope (1866-1933) Republikeins, Gereformeerd kerkelijk weekblad van de Reformed Church of America.

De Heidenwereld (1896-?) Maandblad ten behoeve der zending, van de Reformed en Christian Reformed kerken gezamenlijk. Verschijnt nu als *Missionary Monthly.*

De Wachter (1868-) Nederlandstalig weekblad van de Christian Reformed Church dat nog steeds verschijnt, nu te Grand Rapids.

Grand Rapids

De Amerikaansche Stoompost (1859-1866?) Eerste krant in Grand Rapids uitgegeven door J. Quintus.

De Gereformeerde Amerikaan (1897-1916) Belangrijk theologisch maandblad in de Christian Reformed Church.

De Hollandsche Farmer (1913?-1919) Tijdschrift voor de boer.

De Schoolbel (1905-1911) Blad voor het christelijk onderwijs. Gaat in 1911 samen met De Getuige, daarna met *De Gids* (1885-1911) om daarna te worden *De Calvinist* (1911-1918)

De Standaard (1875-1943) Aanvankelijk Democratisch wordt dit blad in de twintigste eeuw Republikeins. Dit Christian Reformed nieuws- en advertentieblad wordt in 1918 tweetalig en krijgt dan de naam: *Standard Bulletin.*

Stemmen Uit De Vrije Gemeente (1880-1920) Godsdienstig blad ten dienste van meer vrijzinnig gezinden. Helaas niet in archieven aanwezig.

De Wachter (1868-) Zie boven onder Holland. Kerkblad van de Christian Church dat nog steeds verschijnt naast het Engels-talige: *The Banner*

Detroit

Gazette van Detroit (1914-) Onafhankelijk, Vlaams Katholiek nieuws- en advertentieweekblad, opvolger van de *Gazette van Moline* waarmee deze in 1914 samenging. Verschijnt nog steeds.

Kalamazoo

De Hollandsche Amerikaan (1890-1945) Conser-

vatief Republikeins en ultra-orthodox nieuws- en advertentieblad.

De Teekenen Der Tijden (1917-1945) Republikeins Christelijk nieuws- en advertentieblad.

Muskegon

De Bereer (1919-1933) Ultra-orthodox kerkelijk blad, verscheen tweemaal per maand.

Illinois

Chicago

Onze Toekomst (1894-1953) Republikeins en overwegend Christelijk Gereformeerd nieuws- en advertentieblad met een streng orthodox kerkelijk Zondagsblad.

Moline

Gazette van Moline 1907-1940) Onafhankelijk, Vlaams Katholiek nieuws- en advertentieblad. Gaat in 1914 samen met *Gazette van Detroit.*

Iowa

Pella

Pella's Weekblad (1860-1942?) Democratisch en godsdienstig getint nieuws- en advertentieblad.

Orange City

De Volksvriend (1874-1951) Republikeins en streng orthodox nieuws- en advertentieweekblad.

Sioux Center

Sioux Center Nieuwsblad (1892-1930) Republikeins nieuws- en advertentieweekblad.

New Jersey

Patterson

Het Oosten (1904-1910) Onafhankelijk, ultra orthodox nieuws-en advertentieblad.

Utah

Salt Lake City

De Utah-Nederlander (1914- ?) Republikeins, godsdienstig nieuws- en advertentieweekblad. Orgaan van The Church of Jesus Christ of Latter-day Saints.

Wisconsin

De Pere

De Pere Standaard (1878-1896) Katholiek nieuws- en advertentieblad.

Onze Standaard (1878-1907?) Katholiek nieuws- en advertentieweekblad.

Sheboygan

De Sheboygan Nieuwsbode (1949-1961) Eerste Nederlands-talige krant in Amerika.

In zijn commentaar op de Nederlandse kranten merkt Van Hinte op dat deze... 'voorzooverre niet "onafhankelijk" de Republikeinsche denkbeelden propageeren'. Verder geldt dat zij alle, zonder uitzondering ...'een godsdienstig, zelfs een meer of minder orthodox stempel dragen.' En daarmee voegt hij er nog aan toe ...'gaven zij dan ook vrijwel de geestesgesteldheid der immigranten weer.' Trouwens heel het dagelijksche leven der kolonisten vindt men in hun pers weerspiegeld, uiteraard het volledigst in hun nieuwsbladen.'(II, 480) Het doel van de krant vat hij als volgt samen:

75 STE
VERJAARDAG
PELLA - IOWA
5-6-7 SEPT. 1922
Dit zal de grootste en beste feestviering zijn die Pella ooit had.
Sprekers van Nationale Reputatie:
Smith W. Brookhart, Rep. Candidaat U.S. Senaat, Clyde L. Herring, Dem. Candidaat U. S. Senaat, Pat Haley van Ft. Dodge, een der grootste redenaars van Iowa, Ben G. Gibson, Algemeene Advocaat van den staat Iowa, en andere voorname sprekers.
5 Muziekcorpsen 5
Vrije Aantrekkelijkheden
Opstijgen van Ballon, Wolkenzwaai, Koorddansers, Sterke Man, Hansworst, Dixie Quartette.
BALSPELEN:
5 September, Pella vs. Winterset; 6 September, Pella vs. Victor; 7 September, Pella vs. Milo. Telkens om 3:30 p.m. op genoemde datums
HISTORISCHE VOORSTELLING
300 Personen nemen deel aan het voorstellen der geschiedkundige gebeurtenis van het stichten van Pella en den groei der stad - Een grootsch product.
:-: PARADE :-:
Een mijl lang, gekenmerkt door Ossenwagen, Sierlijke Vlotters, Muziekcorpsen, Am. Legion.
TOELATINGEN:- Draaimolen, Ferris Wiel, Spelen, overvloed van eten en drinken.
SPORT GEBEURTENISSEN:- Athletische Wedstrijden, Hardloopen, enz.
:-: Denk om de datums :-:
5, 6, 7 September
Wees een goede "Fella" En kom naar Pella.
Alles is ingericht om u te ontvangen. Kom met het geheele gezin en geniet het goede.

Pella's Weekblad, 1 september 1922.

Deze toch hebben als hoofddoel het geven van buurpraatjes, de 'gossip', welke men, gezien de enorme afstanden, verhinderd is elkaar persoonlijk mede te deelen. Men woont immers verspreid over een gebied, dat eenige honderden malen grooter is dan ons land. (II, 480-481)

Maar daarnaast bevatten de kranten nog andere rubrieken, binnen- en buitenlands nieuws, godsdienstige beschouwingen, feuilletons, meestal een rubriek 'Nederland', soms beschouwingen over de politiek, en hoofdartikelen.
Wat Van Hinte ook opvalt is de reclame in de kranten:

Amerikaanscher nog, want drukker, schreeuwiger en lawaaieriger doen in de Hollandsch-Amerikaanse pers, de dikwijls reusachtige advertenties aan, waarbij veel passende foto's der adverteerders. Bijzondere plaatsen nemen daarbij in de landverkoop en -verhuuradvertenties. Menig Nederlandsche nederzetting is door een dergelijke advertentie in *De Volksvriend* of een der andere bladen ontstaan en zelfs tot bloei gekomen. (II 488)

Dat het de Nederlandse Amerikanen wel goed gaat concludeert Van Hinte ook uit advertenties:

Enorme auto-advertenties en die van stoomvaartmaatschappijen en hun agenten, aankondigingen van excursies naar 'het oude land' wijzen ten slotte in deze toch altijd nog kleine pers, dat er zelfs onder het meest Nederlandsch gebleven gedeelte der Hollandsch-Amerikaansche bevolking een stoffelijke welvaart is bereikt, naar welk menig Nederlandsche 'intellectueel' slechts snakken kan. (II, 488)

Men bedenke dat het boek van Van Hinte in 1928 verscheen.
Van Hinte beperkt zich niet tot de pers maar neemt ook de Koloniale literatuur in ogenschouw. Daarvan zegt hij veelbetekenend:

Naast de pers is er reeds een koloniale literatuur ontstaan, die meer nog dan het krantengeschrijf wijst op de toenemende intellectueele beteekenis der Nederlandsche Amerikanen... Tevens toont deze literatuur aan, dat de wortelingsstrijd voor velen is gestreden, kortom dat men het laatste stadium van dezen strijd overwonnen heeft: dat men er is. Eenmaal in stoffelijk opzicht de gelijkwaardige der Amerikanen, treedt er een psychische rust in, die meer wetenschappelijken arbeid mogelijk maakt, terwijl de toenemende welvaart tevens tot artistieke prestaties leidt, deze in elk geval loonend maakt en daardoor bevordert. (II, 497)

Daarbij merkt hij verder op: 'Dat de geschriften, hetzij in het Nederlandsch, hetzij in het engelsch, aanvankelijk bijna uitsluitend godsdienstige onderwerpen behelzen, behoeft nauwelijks te worden betoogd.' Er is ook een groeiende historische zin: 'Een verlangen naar dieper inzicht in den pionierstijd bracht G. van Schelven er toe nauwkeuriger nog en veelzijdiger dan D. Versteeg had gedaan, bronnen voor de geschiedenis van 'de Kolonie' in Michigan te verzamelen.' Zijn verdere bespreking van bijdragen, zowel intellectueel als artistiek, ook in de Engelse taal, komt hier niet ter sprake.
De Amerikaanse historicus H. S. Lucas geeft ook een samenvattende beschouwing van de Nederlandse pers in Amerika die belangrijk is:

A review of the history of Dutch journalism in the United States shows that this press was circumscribed by the general limitations of Dutch immigration itself. The limited number of Hollanders, who settled in widely scattered places in many states, precluded the possibility of maintaining a really great press. Division of political opinion alone would have made this impossible. Poverty dogged most publishers and failure was more a rule than success. Under these circumstances the papers put out by the Dutch press in this country could provide readers with current news about America and the issues of American politics nearly as well as did the American newspapers. On the other hand, the Dutch effectively satisfied the immigrants' interest in the discussion of religious questions. Farther, so long as the immigrant remained proficient in reading Dutch which usually was just so long as he spoke it fluently, he wanted to read a paper in the Dutch language. The conclusion is clear: it was fondness for the mother tongue and love for the faith bought from the homeland that kept the Dutch language press alive. (p. 541)

Van deze liefde voor de Nederlandse taal en het gereformeerde geloof spreken ook de stukken die zijn opgenomen in dit hoofdstuk over de Nederlandse pers en de gereformeerde levensvisie.
Na deze inleiding over de Nederlandse pers wordt het wel tijd om 'Een uur in de Nieuwsbode drukkerij' te vertoeven waar de eerste krant wordt gedrukt in 'de taal, die zalige ouders spraken'. Dan gaan we luisteren naar de redacteurs van de belangrijke weekbladen *De Hope* en *De Volksvriend.* Henry Hospers omschrijft taak en doel van het nieuwe blad *De Volksvriend* dat zich in 1874 'schuchter plaatst in de rij der zoo wel gedirigeerde Hollandsche bladen in Amerika'. De uitgevers van *De Hope* spreken van de onbeschrijfelijk grote invloed van de pers: 'Wij zijn geroepen ons door de pers zoowel als van den kansel te leeren, te onderwijzen, te vertroosten.' Van de pen van de erudiete Ds. B. D. Dijkstra komen in de dertiger crisis-jaren, wanneer ook het bestaan van de boer in de knel komt, boeiende artikelen onder de rubriek 'Aan den heer Agricola'. De redacteurs van het tijdschrift *De Gereformeerde Amerikaan* willen meer geven dan de gewone Engelse maand- en tijdschriften, iets dat hoger gaat dan de dagelijkse conversatie. Hun is het er om te doen ...'dat we, ook in Amerika, hebben en houden een waarlijk gereformeerde kerk.' Ze pleiten er voor dat de ouders hun kinderen Hollands leren, vooral op godsdienstig gebied, en kondigen aan een *Hollandsch*

Leesboek voor Huis en Gezin. Het tijdschrift houdt zich bezig met het grote probleem van de Amerikanisatie. Niet alleen Hollandse en Amerikaanse volkstypen worden vergeleken, maar ook Hollandse en Amerikaanse vrouwen en levensstijlen!
Het Hollands huiselijk genot, inclusief de pijp van vader wordt geprezen, de Amerikaanse verhuizingszucht gelaakt.
Willen deze Hollandse Amerikanen dan Hollands blijven in 'den vollen zin des woords'? Op die vraag geeft Dr. Henry Beets een inspirerend antwoord in een artikel 'De Nederlandsche Stem en Taal in Noord-Amerika' dat op een hoger niveau ligt en dat velen, ook de samensteller van dit boek, nog steeds aanspreekt.
De gereformeerde visie vraagt ook om een aparte, bijzondere, christelijke school. In *De Hope* prijst Henry Dosker de leiders van de kolonisatie, vooral Ds. Van Raalte, voor hun visie in het stichten van scholen. Hope College wordt in 1866 het sluitstuk van het schoolsysteem dat lager, middelbaar en hoger onderwijs omvat.
De eigen 'Hollandse school' kost geld, er is veel opoffering voor nodig, en als dan eindelijk de laatste centjes zijn betaald en de hypotheek is afgelost, dan zingt men een nieuw lied 'De Schoolschuld afbetaald' op de wijs van De Zilveren Vloot! Bij het sluiten der lessen op de Hollandse school is er alle reden om God te danken in een gedicht.
Steeds weer moet men zich bezinnen over de vraag: Wat is eigenlijk een christelijke school? Het is niet maar een 'Dutch School', zegt de denker-dominee J. Groen, die grondig uiteenzet hoe de christelijke school berust op een levensbeschouwing die alles te maken heeft met de inhoud en het verband van de leerstof en waarin het Nederlands toch ook een voorname plaats inneemt.
Onder invloed van Abraham Kuyper komt het ook in Amerika tot een apart christelijk vakverbond. Maar niet allen zijn het daarover eens. Ds. Veltman prijst de Christian Labor Unions (Christelijk Vakverbond) in een lied dat dient te worden gezongen op de wijze van een Amerikaans volkslied, de ware Amerikaansing zou men kunnen zeggen! Maar Hans Hansen, wat Anti-Kuyperiaans, staat kritisch tegenover een kerk die zich zo veel met de wereld bemoeit, en laakt de leer van de algemene genade in een berijmd betoog voor *Het Oosten!*

Een uur in de Nieuwsbode-drukkerij

De vale nacht is reeds een zestal uur geleden,
Uit d'oosterkimmen aan den hemel opgetreden,
En heeft het zwarte floers op 't aardrijk uitgespreid;
Sheboygan schijnt in rust – de winkels zijn gesloten,
En ieder heeft de stem 'gedaan met 't werk' genoten,
En rust, daar hij de komst des morgenstonds verbeid.

Doch neen, niet heel de stad heeft zich ter rust begeven;
d'Nieuwsbode-drukkerij schijnt als bij dag te leven.
Al brandt geen lichtje meer bij den Amerikaan,
Hier ziet men menig kaars haar fonk'lend licht vertonen,
Al slaapt de Duitscher zacht, *hier* is geen rust genomen;
't Is schrijven, lezen, werken, wat *hier* nog wordt gedaan.

De Redacteur zit neer met kranten overladen,
Bijna verdwaald in 't nieuws uit alle wisselbladen,
En zuigt, als d'honingbij, de zoetste sappen uit; –
Van wat Amerikaan of Duitscher hem vertelden,
Wil hij het Neerlandsch volk 't merkwaardigste vermelden,
En disschen 't op met smaak, als 't aangenaamste fruit.

't Getiktak, dat elk knecht maakt door het letterzetten,
Breekt slechts de stilte af. En gaat men er op letten
Hoe elke letter vliegt tot vorming van 't geheel,
En hoort men nu en dan 'Ik leg mijn copy neder!'
En ziet, de Redacteur geeft vlug een ander weder,
Dan zeg ik: wat is 't werk voor 't Neerlandsch volk hier veel!!!

Daarom, o Redacteur! niets ga uw' arbeid hind'ren
Maar werk met veel vermaak tot nut van Neerlands kind'ren;
Dat God u zegen geef en wijsheid en verstand;
Dat steeds uw blad voor ons, in 't midden van de dalen,
Als eene schoone roos, vol luister blijve pralen,
En blijve onzen vriend in 't Nieuwe Vaderland!

Holland, Wis. A. J. H.

(Uit: *Sheboygan Nieuwsbode*)

MOTTO:

De taal, die zalige ouders spraken,
Zal die een deugdzaam kind verzaken?
Neen, Broeders! Landgenooten! neen!
Reeds snoeren ons de hechtste banden,
Leest slechts de taal der Nederlanden,
En niets rukt ooit dien band van een!

(Uit: *Sheboygan Nieuwsbode,*
Eenig orgaan der Nederlanders in Noord Amerika, aan het nieuws, den toestand en de belangen van het Oude en Nieuwe Vaderland gewijd. 13 Jannuari 1852)

De Volksvriend

Nederig treedt de VOLKSVRIEND te voorschijn, en schuchter plaatst hij zich in de rij der zoo wel gedirigeerde Hollandsche bladen in Amerika.
Een beschroomd gevoel beklemt hem, daar, pas den eersten stap op den periodieken loopbaan doende, hij zijn gebrek aan journalistische ondervinding gevoelt.
Ware het niet dat de goede God een vijfhonderdtal huisgezinnen hier geplaatst had, die, onbezorgd, veelal wel in schamele hutten wonende, den vetsten en rijksten grond bebouwen – dat de VOLKSVRIEND ziet, dat er nog duizenden Nederlandsche gezinnen van die gave Gods konden gebruik maken – hij zou niet getracht hebben een ander Hollandsch orgaan te voorschijn te brengen. Maar is het niet zoo, dierbare landgenooten, dat de liefde mededeelzaam is? zou het niet liefdeloos zijn om te verzwijgen, wat wij hier genieten, en openbaar te maken, waar een plaats is voor vele zuchtende, christelijke Nederlanders, om hunne kinderen een onafhankelijk bestaan te bezorgen? – en – om vele in Nederland-leugenachtige, door baatzuchtige, den volke – uit eigenbelangbedriegende kapitalisten, uitgestrooide voorstellingen tegen te spreken en aan den kaak te stellen.
Ziet daar – een hoofdtrek, waarom wij den moed hebben een 'Volksvriend' uit te geven. 't Is waar – onze taal zal arm zijn – onze woordvoeging ongrammaticaal – ons blaadje nederig – en des spotgeest doelwit – we zijn ons bewust een goed doel voor oogen te hebben – en met een vrij geweten, zullen we dan – hoe klein ook – onze pligt vervullen.
Hoewel ons gebrek gevoelende – we belooven het – we zullen De VOLKSVRIEND onderhoudend en aangenaam maken – ten minste, zooals wij de beteekenis van die woorden verstaan. Ons weinig plaatselijk nieuws zullen we trachten zoo smakelijk mogelijk te leveren. Omnibussen hebben we hier nog niet – maar we hebben een sprokkelmand, daar dan zoo wat alles – grof en fijn, ernstig en luimig – ja, juist zoo als alles geschiedt – achtereenvolgend uitgenomen en geplaatst zal worden.
Alhoewel ons blad geen bepaald staatkundig orgaan zal zijn en wij door geene banden aan eenige partij geketend zijn, stellen wij ons voor onvermoeid te arbeiden ter bevordering van liefde en eensgezindheid onder onze kolonisten, al zal het ons dan ook nu en dan een onaangename pligt worden om baatzuchtige personen in hun handelingen aan de kaak te stellen en hunne intriges openbaar te maken.

Henry Hospers

(Uit: *De Volksvriend,* 18 juni 1874)

De Hope, Weekblad in het Belang van Maatschappij, School en Kerk

Zoo als men weet, publiceert en redigeert genoemde Company beide DE HOPE en THE LEADER. De eerste jaargang van THE LEADER sluit met dit nummer van 23 Oct., deze week, hetwelk ons een gepaste gelegenheid geeft om de aandacht der vriend bij dit groote werk te bepalen. Wij noemen het met voorbedachtheid een groot werk; een zwaar werk, een invloedrijk werk. Wij willen geen klaagtoon aanheffen over de vele opoffering van tijd en arbeid, die er gemaakt moeten worden om dit werk in stand te houden. Meest allen hebben de handen vol met het werk verbonden aan hunne betrekkingen als professoren en leeraars van gemeenten. De leden der Company arbeiden in de overtuiging, dat door middel van deze twee kanalen zij een goed werk kunnen verrichten. De invloed der pers is onbeschrijflijk groot. Zij heeft eene zending ten goede of ten kwade. Wij zijn geroepen ons door de pers zoowel als van den kansel te leeren, te onderwijzen, te vertroosten. Wij moeten elkander opbouwen in de liefde en de goede werken. Wij moeten elkander waarschuwen voor richtingen in leven en leer, die de vorming van het ideale leven, in de Schrift aangetoond, belemmeren. Zij die in verkeerde bekrompenheid van gedachten over het leven en de levensroepingen besloten zijn, moeten diepere en breedere denkbeelden daarover hebben. De pers, in welke taal ook, krijgt gelegenheid om medewerkster te worden van de blijdschap, die uit de ware kennis ontspringt.
Over het werk der opvoeding en der zending moet onafgebroken het licht van Gods Woord schijnen.
Over de praktische vraagstukken van den dag moet de waarheid schijnsel geven om dezelve de rechte oplossing te bezorgen.
De vijanden des kruises van Christus zijn nog wakker om in velerlei vormen de menschen van het Brood des levens te berooven. De pers heeft een heilige roeping om den vijand in hinderlaag te ontdekken.
Wij kunnen niet in alle mogelijke kanalen onzen invloed laten gelden. God geeft ons een bepaald wel belijnd werk. Wij vinden dit in het ons door de Voorzienigheid aangewezen veld in de Gereformeerde Kerk. Een goed veld, een groot en zich steeds uitbreidend veld. Met onze hoogere kweekhoven als middelpunten behoeven wij niet in twijfel te staan, waarvoor wij de pers moeten gebruiken.

(Uit: *De Hope, Weekblad in het Belang van Maatschappij, School en Kerk,* 22 oktober 1907)

Aan den heer Agricola

Men is er over uit, Agricola, om den boer te benauwen. Hij durft zijne akkers niet langer met vrijmoedigheid te bebouwen. De luie boer krijgt een premie. Hij wordt betaald voor hetgeen hij niet verbouwt. Nu mag dat wel goed bedoeld wezen; doch

Boerenbedrijf in Overisel, Michigan.

het is alles zoo tegenstrijdig met uwen aard. Het is ook strijdig met de nooden in vele deelen van ons land en van de wereld. Daar wordt te veel drukte gemaakt over 'surplus', overproductie. Toen verleden zomer een paar droge heete weken met mislukking dreigden, werd wel gevraagd waar dan toch die enorme overvloed zat. Het gaan menschen in die dingen gelijk een toeschouwer op de groentemarkt of in de winkels eener groote stad. Hij vraagt waar toch al die voorraad en die aanvoer moet belanden. Daar is echter gezegd, dat Chicago in drie dagen gebrek zou beginnen te gevoelen als de toevoer werd afgesneden.
Nu beken ik oprecht, agricola, dat ik van de financieele politiek lang zoo veel niet begrijp als ik wel zou willen weten. Maar nochtans meen ik, dat gij meer van financien verstaat dan die hooge bankiers van een koe of een varken vatten. Daar wordt m.i. te veel geboerd op papier door professors die nooit 's een paar stevige ploegstaarten beet gehad hebben. Het gaat net als eeuwen geleden, toen een troep Engelsche boeren een kolonie stichtten in Noord Carolina. Zoo'n zeer geleerde philosoof had ze een papieren constitutie mee gegeven waarnaar alles zou ingericht worden. Maar dat ding paste niet. Ze zijn nu al sedert vijf jaar bezig geweest om den boer te helpen. Maar toen zei een man die graag President wou wezen en het niet werd, dat de boer zich zelf moest helpen. En dan denk ik wel eens aan dien dominee die door een beer in een boom gejaagd was. De man bad natuurlijk zeer ernstig om hulp en dacht zoo half en half dat er wel iets buitengewoons zou gebeuren en dat er om zijnentwege 'n wagen door de lucht zou komen. Daar kwam evenwel niets van. En toen bad hij maar heel ootmoedig, als de Heere hem dan niet helpen wilde, dat Hij dan toch ook den beer niet helpen zou. En zoo is het toen ook gegaan. En ge weet dat zulke dingen gebeuren, dat 'n leeuw b.v. den muil gesnoerd werd.
Dan kan ik soms zoo innig verlangen dat onze regeering, die eigenlijk zeer verstandig oorspronkelijk was ingericht, er maar van af zie om de boeren of de bankiers of de fabrikanten of de kooplieden of de werklieden apart te helpen. Dat kost een hoop hoofdbreken en geld. En ik wil nog maar liever aannemen, dat die bankiers en fabrikanten het beste weten hoe ze in hunne affairs moeten handelen. En zoo is het ook vooral in uw bedrijf. Elke boer moet zijn balans opmaken tusschen corn en varkens, tusschen verkoopen en inkoopen. Ge moet het niet meer verwachten van een President der Ver. Staten of van eene Vereeniging. Ze kunnen zoo weinig voor u doen. Dat zag ik nadat ik wel zeer aandachtig naar hen geluisterd heb. Indien gij mogelijk meer en meer skeptisch staat tegenover de grooten dezer aarde, die weldadige heeren genaamd willen worden, zorg daar toch, Agricola, dat gij contact houdt met de aarde opdat bijzonder punt waar uw boerderijtje ligt, hetzij in Michigan, Dakota of Californie; en dan ook contact met den hemel die over uwe akkers hangt vol licht, vol mysterie en vol hoop.

B. D. Dijkstra

(Uit: *De Volksvriend*, 11 november 1934)

De Gereformeerde Amerikaan

Er is dusver voor Gereformeerde Hollanders in Amerika nog geen maandschrift dat de huiselijke, maatschappelijke, kerkelijke, godsdienstige en theologische vraagstukken van den dag ter sprake brengt. De Engelsche maand- en tijdschriften zijn voor de meesten van ons volk, zoodra het iets hooger gaat dan wat in de dagelijksche conversatie ter sprake komt, ontoegankelijk. Daarbij leveren ze ook meestal niet hetgeen ons volk het meeste belang inboezemt. In deze leemte wenscht DE GEREFORMEERDE AMERIKAAN, zoover het haar mogelijk is, te voorzien.

De beginselen en de practijk, welke door dit maandschrift zullen worden voorgestaan en verbreid, zijn geen andere dan die der Gereformeerde Kerken, in hare Belijdenisschriften uitgedrukt en in hare Liturgie en Kerkenordening toegepast. Die de standaards der Gereformeerde Kerken niet onderschrijven kan, kan uit den aard der zaak geen medewerker wezen van DE GEREFORMEERDE AMERIKAAN.

Wat het *doel* en de *strekking* van dit maandschrift betreft: wij stellen er prijs op dat men dit wete: het is ons voor alle dingen te doen dat we, ook in Amerika, hebben en houden eene werkelijk Gereformeerde Kerk. Natuurlijk dat deze de eerste jaren noodzakelijker wijze nog van Nederlandsch, maar op den duur van echt Americaansch type behoort te zijn, zonder zich ook dan nog hare herkomst te schamen of hare relatie met de Gereformeerde Kerken in 't Moederland op te geven. Het zal tevens ons streven zijn om alle Gereformeerden van Nederlandsche afkomst, zooveel woonplaats en taal dit gedoogen, in zulk een Gereformeerd kerkverband samen te brengen.

Om dit ideaal te bereiken, zal men zich voor twee, onzes inziens even gevaarlijke, uitersten dienen te wachten.

Vooreerst zal men moeten afzien van de dwaze poging om een klein Nederlandje in 't groote America te grondvesten, wat zeer onprofijtelijk zou blijken, gesteld eens dat het mogelijk ware. God heeft ons in Amerika geplant, dat wij vrijwillig als ons tweede Vaderland hebben aanvaard, nu moeten wij ook, zooveel in ons is, ons als trouwe zonen van dit Vaderland openbaren. En nu heeft het God behaagd, om het 'Nieuw-Nederland' van weleer, door wapengeweld van den Brit, in een 'New-England', en het 'Nieuw Amsterdam' van toen in het 'New York' van thans te doen overgaan. Het is dus zijn aanbiddelijk bestel, dat de landstaal van America niet is de Nederlandsche maar de Engelsche.

Van de andere zijde zal men zich moeten wachten voor het te haastig Americaniseeren van ons Nederlandsch volk dat zich gedurende de laatstverloopen 50 jaren in de bosschen van Michigan en Wisconsin, op de prairien van Illinois en Iowa, en waar niet al, heeft neergezet. Die in deze zaak te snel wil voortgaan en in stede van een natuurlijke, eene min of meer broeikastachtige ontwikkeling bevordert, zal niet slechts ons volk zijn taal, zijn zeden en

Interieur van de Christelijke Gereformeerde Kerk in de Springstreet, Grand Rapids, Michigan.

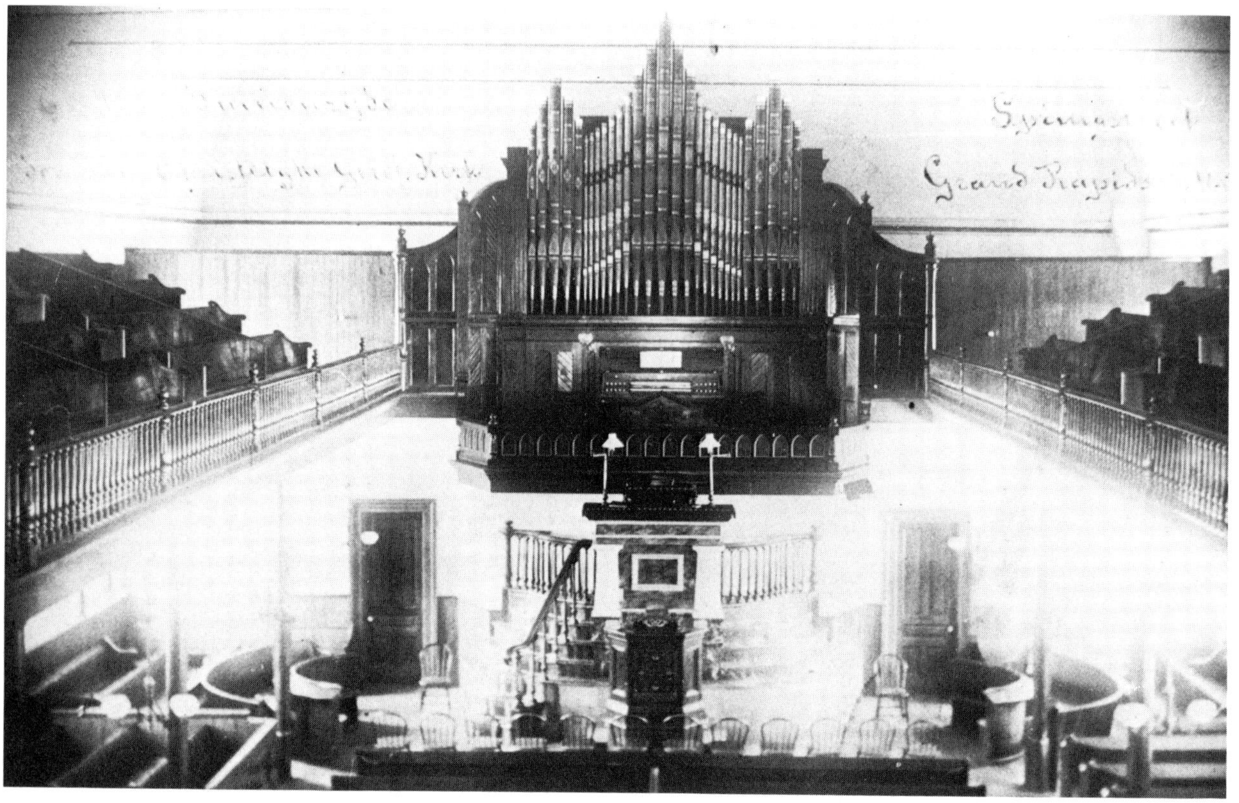

gewoonten, maar tevens zijn degelijk karakter en straks veel van zijn godsdienst doen verliezen. Alle overhaastige en onnatuurlijke overleiding van een volk in een geheel andere natie, moet zich wreken door gebrek aan degelijkheid en aan diepte van levensrust. De ervaring opgedaan bij het eerste en tweede geslacht van velen onzer Hollandsche Settlers is ten deze bijzonder leerrijk, tenzij men moedwillig de oogen sluite. Haastige veramericaniseering bleek in de meeste gevallen met verwildering en verwereldlijking gelijk te staan. Wij zullen, tijdelijk althans, twee talen moeten leeren.
Zorgen nu de ouders dat hunne kinderen, vooral op godsdienstig gebied, goed in 't Hollandsch leeren denken en hunne gedachten leeren uitdrukken en worden zij in de leer der waarheid goed onderlegd, dan zullen vele van bovenbedoelde gevaren van oppervlakkigheid en godsdienstloosheid voorkomen. En als dan de tijd komt dat ze hun geloofs- en gedachteninhoud geleidelijk in de hun reeds eigen geworden Engelsche taal dienen over te leiden, dan zal er iets zijn om overgeleid te worden en de eigenaardigheid van hun Nederlandsch karakter zal deels behouden blijven, en zich deels op geleidelijke wijze aan den bloedsomloop van 't Americaansche volk hebben meegedeeld.

Op die wijze kan, onzes erachtens, alleen met grond worden verwacht, dat zich in den wild bruischenden stroom van 't Amerikaansche leven eene werkelijk Gereformeerde Kerk, die hoewel van Hollandsche afkomst, tevens echt Amerikaansch is, zal stand houden. Hoewel alles van den zegen Gods en van den invloed des H. Geestes afhangt, die alleen zijne kerk kan bouwen en bewaren, zoo wil die Geest daartoe toch ook middelen gebruiken. En al heeft God de Hollanders niet noodig om zijn Koninkrijk in America te bevorderen, zoo kunnen wij toch onmogelijk gelooven dat Hij in dit land circa een millioen Nederlanders zou hebben geplant, alleen om in Americaansch Methodisme, Amerinianisme en Universalisme te vervloeien, zonder meer.

Grand Rapids,
Mich., Feb. 1897

H. Beuker
H. van Hoogen
F. M. ten Hoor

(Uit: *De Gereformeerde Amerikaan,* 1897)

Hollandsch Leesboek voor Huisgezin en School

Boekaankondiging

Hollandsch Leesboek voor Huisgezin en School (in 4 deeltjes) door A. Bremer. Elk deeltje kost 20 cent. Te bestellen bij den schrijver. 77 Prince St. Grand Rapids, Mich.

In verband met dit Hollandsch Leesboek heeft Mr. Bremer nog een boekje geschreven, getiteld: Eenvoudig Leesonderwijs voor Huisgezin en School. Prijs 45 cent.
Dit laatste boekje van 64 bladzijden is bestemd om als handleiding te dienen bij het eerste genoemde 'Hollandsch Leesboek'. Het geeft voor het gebruik hiervan allerlei inlichtingen, en hierdoor wordt het den ouders, en de onderwijzers die pas beginnen, zeer gemakkelijk gemaakt om het 'Hollandsch Leesboek' te gebruiken.
...Mr. B. J. Bennink, een man die op het terrein van het onderwijs thuis is, heeft het bovengenoemd 'Hollandsch Leesboek' met plaatjes versierd, waardoor het voor de kinderen zeer aantrekkelijk wordt...
Wij vestigen vooral de aandacht van de ouders op deze boekjes, wier kinderen niet in de gelegenheid zijn om op school Hollandsch lezen en schrijven te leeren. En zulken zijn er duizenden. Zullen onze kinderen met vrucht de catechisatie in de Hollandsche taal kunnen bijwonen dan moeten zij de Hollandsche taal verstaan. En de ouders zijn geroepen daarvoor te zorgen. Er zijn vele ouders, die niet voldoende begrijpen hoe veel geestelijke schade zij hunne kinderen en daardoor onze kerk veroorzaken doordat zij nalatig zijn in zake hunne plicht om hunne kinderen zoo veel Hollandsch te leeren, dat zij de gereformeerde leer in deze taal *kunnen* verstaan. Uit eigene ervaring weten wij, dat sommige ouders zich verontschuldigen, omdat zij zelf de Hollandsche taal niet voldoende kennen om hunne kinderen daarin te onderwijzen. Vele ouders spreken met hunne kinderen of Zeeuwsch of Groningsch of Friesch, maar geen Hollandsch. Daarmede kunnen onze kinderen in het maatschappelijke en kerkelijke leven in Amerika totaal niets doen. Kennis van het Hollandsch hebben onze kinderen noodig. En als zij het Hollandsch niet voldoende verstaan dan verliezen zij hunne sympathie voor de catechisatie en de prediking in de Hollandsche taal, en dit is niet zelden de aanleiding, dat zij ook de waardeering van de gereformeerde waarheid verliezen, of dat zij zelfs niet eens in staat zijn om haar te kunnen waardeeren. Een beetje gebroken Hollandsch te kunnen spreken is nog niet genoeg om een degelijke catechisatie en prediking in 't Hollandsch goed te kunnen verstaan. Daarom is het noodig, dat de ouders zich er met allen ernst op toeleggen om hunne kinderen de Hollandsche taal te onderwijzen. Achten zij zich zelve daartoe niet voldoende bekwaam, laten ze dan toch gebruik maken van de hulpmiddelen die hun aangeboden worden. Als zulk een hulpmiddel bevelen wij de bovengenoemde boekjes van Mr. Bremer met vrijmoedigheid aan. De boekjes zijn aangelegd op de behoeften van de ouders en de kinderen beide.

F. M. Ten Hoor

(Uit: *De Gereformeerde Amerikaan,* april 1910)

'In Mei leggen alle vogels een ei,' zegt Hein. Hij ziet een vogeltje op een krom boompje. Het beestje wil juist in zijn nest springen, boven op 't rechte boompje. Er ligt al een ei in, maar het wil er nog

ei ij

een ei bij leggen. 't Zingt er vroolijk op los, want 't is blij.
Wat verder zijn nog 2 boompjes met nesten er op. In elk nest ligt een *ei*. Als we nu dat vogeltje zien, dat in zijn nestje wil springen om een *ei* te leggen, dan zeggen we *ei*. Als we die 2 boompjes zien met een *ei* er op, dan zeggen we ook *ij*.
Bedenk nu woordjes met ei (ij).

Men spreke nog niet over de *ie* ter vergelijking. Laat eerst de kinderen goed opnemen, dat dit vogeltje in zijn nestje springt om een *ei* te leggen.

Leesoefeningen.

(De middelste letters weer geel.)

I.

ei	**lei**	**hein**
rei	**rein**	**heil**
zei	**reis**	**geit**
mei	**zeis**	**meis-je**

II.

mij	**mijn**	**vijl**
zij	**zijn**	**mijl**
gij	**fijn**	**nijl**
hij	**vijf**	**lijf**

Bij 't dicteeren zegge men telkens of 't woord met een lange ij of met een korte ei geschreven moet worden.
ei. Dit vogeltje springt in zijn nest en legt een *ei*.
ie. Dit vogeltje sprong uit zijn nest en piept bang: 'ie, ie!'
Op deze manier moeten beide letters onderscheiden worden. Bij vergissingen make men de kinderen daar opmerkzaam op. (Bij *ei* kijkt de vogel naar zijn nest, bij *ie* staat hij er met zijn rug naar toe).

III.

lei - lief	**riet - reis**
giet - geit	**zeil - ziel**
mei - mie	**hein - hier**
zien - zijn	**vijl - viel**

ei. Dit vogeltje springt in zijn nest en legt een *ei*.

oe

Waarlijk alweer een vogel. Kijk goed naar hem. 't Is een koekoek. Al heel in de verte kun je hem hooren roepen: 'oe...oe! oe...oe!'
Zie je dat gat in dien boom? Daar kwam hij uit. Hij heeft daar zijn eitje gelegd. Vroolijk roept hij nu: 'oe!'

I.

moe	**roep**	**zoet**
moet	**roet**	**roet**
moes	**roer**	**voet**

II.

rijp	**roet**	**zien**	**veel**
riep	**rat**	**zin**	**viel**
roep	**rijt**	**zoen**	**vil**
raap	**riet**	**zoon**	**vijl**
reep	**rit**	**zijn**	**voel**

Men ga niet te vluchtig over deze oefeningen heen. Lees nu les 16, 17 en 18.

Het Hollandse en het Amerikaanse volkstype vergeleken

Wat wij nu als Hollanders in onze eigenaardigheden en wezenlijke kenmerken zijn, dat mogen wij bij onze amerikanisatie niet verliezen, maar *dat* juist moet geamerikaniseerd worden. Ook Amerika heeft hare karakteristieke eigenschappen en deze

moeten in ons overgaan en met onze Hollandsche eigenaardigheden tot een geheel samengroeien.
Wij hebben sommige goede eigenschappen, doch wij hebben ook eigenaardige zwakheden en gebreken. Evenzoo is het met de Amerikaansche volkstype. Wanneer men deze beide volkstypen met elkander vergelijkt, moet het ons wel treffen, dat de goede eigenschappen die bij ons sterk ontwikkeld zijn, juist noodig zijn om de zwakheden van de Amerikaansche type te versterken. En omgekeerd zijn de karaktertrekken, die in de Amerikaansche type op den voorgrond zijn getreden, juist geschikt om onze zwakheden aan te vullen en ons van eenzijdigheid te verlossen.
Wij willen dit wat nader omschrijven door kortelijk op enkele punten de aandacht te vestigen. Wij vestigen eerst ons oog op het Hollandsche volk, en denken daarbij niet aan bizondere personen die uitzonderingen zijn maar aan het geheel en aan degenen, die als vertegenwoordigers van onze nationale type kunnen beschouwd worden. De eigenschappen onzer natie zijn onder meer kalmte, degelijkheid en belijndheid. De nationale type van een volk hangt samen met zijn oorsprong, geschiedenis, de aard en gesteldheid van zijn bodem, de atmospheer enz. enz. Zooals de wordingsgeschiedenis van de Nederlandsche natie niet snel, maar langzaam ging, is ook de oppervlakte van haar land rustig en effen. Er is weinig afwisseling van hoog en laag; het is overal vlak en gelijkmatig. Zoo is het ook met het weder; het is er zelden vreselijk koud of brandend heet; er is geen snelle afwisseling in het weder zooals hier, en de overgangen van het eene jaargetijde in het andere zijn langzaam en geleidelijk. Zoo is het ook met het volk; het is kalm en gelijkmatig, niet overhhaastig en niet spoedig opgewonden. Ook kan men niet gemakkelijk van het eene naar het andere verhuizen. Waar men is moet men wel blijven; wat men heeft moet men behouden.
Verder lette men er op, dat het land zeer klein is, en dat het dus in kleine stukjes onder de inwoners verdeeld is. De landbouwers hebben elk slechts een betrekkelijk klein stukje, en de huizen in de steden staan op een klein plekje. Dit leidt er toe, dat men er alles uithaalt wat er in zit, en dat men alle krachten inspant om van alles, ook van het kleinste, voordeel te hebben. Zoo heeft ook het volk de eigenaardigheid om met ernst op de bizonderheden in te gaan, alles in de onderdeelen te onderzoeken en in te denken. Op kerkelijk, wetenschappelijk en politiek gebied blijft men niet bij algemeenheden, of practische belangen of bijzaken staan, maar men dringt tot de bizonderheden, tot de beginselen door. Daar is degelijkheid en diepte van opvatting.
Eindelijk lette men er op, dat de grenzen bij het Nederlandsche volk veel betekenis hebben. Hoe kleiner een land is, hoe meer aandacht gewijd wordt aan de grenzen. Dit geldt van Nederland in zijn geheel, en ook van elks eigendom in het bizonder. Daar het land in kleine stukjes verdeeld is, stuit men overal op grenzen, en wordt er veel acht op gegeven of de grens juist is. Alles is daar nauwkeurig begrensd en juist afgeperkt. Zoo is 't ook bij dit volk in het denkende leven. Men is geneigd om overal de juiste lijnen op te sporen. Zoo kenmerkt deze natie zich door kalmte, degelijkheid en belijndheid. De overdrijving van deze deugden leiden tot langzaamheid en stijve vasthoudendheid (conservatisme), tot bekrompenheid, door te veel op een enkel punt de nadruk te leggen, en tot theoretiseeren en afgetrokkene leerstelligheid (intellectualisme) door eenzijdig over de grenzen, lijnen en beginselen te redeneeren en te twisten en de practijk des levens te vergeten.
Letten wij nu op het Amerikaansche volk, dan merken wij spoedig, dat Amerika juist sterk is op de punten, waar wij zwak zijn in de eenzijdigheid van onze deugden. Wij noemen slechts enkele van de kenmerken. Amerika is vlug, breed en practisch. Ook hier is weer overeenstemming tusschen den bodem, de atmospheer enz. en het volk.
De bodem is hier niet vlak en effen, maar over 't algemeen een onophoudelijke afwisseling van hoog en laag. Ook in de soort van den grond is een groote verscheidenheid, en dikwijls vindt men goed en slecht land naast elkander. Evenzoo afwisselend is het weder in vele Staten. Langzame overgangen zijn meestal nauwelijks te merken. Het gaat snel van het eene in het andere over. Het regent en droogt, het vriest en dooit, het groeit en rijpt, het leeft en sterft hier over het algemeen veel harder dan in Nederland. Zoo is het ook met alle werkzaamheden. In welk een korten tijd bouwt men hier een huis en een stad; hoe spoedig heeft men 't land bezaaid en de vrucht geoogst! Op maatschappelijk gebied gaat alles snel en vlug; en zoo is het ook op godsdienstig, kerkelijk en wetenschappelijk terrein: 't Gaat alles hurry up. Snel moet de onkundige geleerd, en de zondaar bekeerd worden, en in een oogenblik klaar voor den hemel. De Methodistische revivalmeetings vallen dan ook nergens meer algemeen en nergens beter in den smaak dan in Amerika. Welk een groote schaduwzijde er ook aan is, toch moet erkend worden, dat die vlugheid van werken en snelheid van handelen een bewonderenswaardig kenmerk van Amerika is.
Hiermede staat een tweede eigenschap in nauw verband. Amerika kenmerkt zich niet door diepte, maar door breedte. Veel in getal, staat meer op den voorgrond dan veel in inhoud. Men telt meer dan men weegt. Breed en ruim is het land; groot zijn de eigendommen en boerderijen; ruim zijn de bouwterreinen. Men behoeft hier geen diepe fondamenten te leggen; men bouwt niet in, maar op den grond, en men maakt zich ruime woningen. Men is hier niet beperkt tot eene plaats, men klemt zich niet vast aan een klein stukje grond. Er is ruimte. Men is niet gedwongen om op het kleine bizondere aandacht te vestigen, om er uit te halen wat er in zit. Kost het te veel moeite om op het eene stuk grond een bestaan te vinden, dan gaat men naar een ander. Wil de eene zaak niet, bevalt het eene huis niet, dan maar een ander. Omdat er zoo veel ruimte is, wordt men niet gedrongen tot volharding in een zaak, en men komt er niet toe om er alles uit

te halen.
Zoo is men ook op godsdienstig, kerkelijk en wetenschappelijk terrein ruim en breed, maar niet zoo degelijk en diep. Zoo is het ook met het publiek onderwijs; veel in omvang; maar niet zoo veel in degelijkheid; veel in het geheugen opnemen, weinig oordeelkundig doordenken. Zoo ruim en breed als het land is, zoo ruim wil men ook het terrein van den godsdienst hebben. Indien dit nu maar toegepast wordt op het ware christendom volgens de H. Schrift, en men wilde dit zoo ruim en zoo breed mogelijk ontwikkelen en in de practijk toepassen dan is het een hoog te waardeeren kenmerk, doch de zucht naar breedte en ruimte en het flauwe grensbewustzijn leidt er licht toe, dat men ook in den godsdienst wel vele dingen heeft, maar niet veel degelijks.

In de derde plaats wijzen wij er op, dat het Amerikaansche volk bizonder practisch is. Het nieuwe van deze wereld drong in vele opzichten tot een nieuwe wijze van handelen. De moeilijkheden der ontginning van de woeste streken, de verre afstanden, het kleine kapitaal, groote boerderijen, hooge werkloonen enz. dwongen er toe om zooveel mogelijk zichzelf te redden. Dit drong er toe om op alle mogelijke wijzen uit te vinden hoe men het vele en moeilijke werk het gemakkelijkst en in den kortsten tijd zou kunnen doen. Dit maakte het volk zeer practisch en vernuftig. Daarbij kwam de invloed van geheel de natuur en de atmospheer waarin men leeft. Zooals wij boven reeds aanduidden: alles gaat hier in de natuur snel. Amerika moest wel het land der machines worden. Hierbij komt nog iets anders. De ruimte van het land, en de snelle ontwikkeling gaven gelegenheid om veel te verdienen. Dit prikkelde zoo sterk, dat een Amerikaan bij alles vraagt: 'Betaalt het goed?' Dit is de maatstaf, waarnaar alles beoordeeld wordt. Betaalt het goed, dan is het all right, zoo niet, dan wil men er niets mede te doen hebben. Dit leidt er toe, dat men alles beoordeelt naar den maatstaf van het voordeel, en niet naar de beginselen van waarheid en recht. In dit opzicht heeft men iets van onze beginselvastheid en belijndheid noodig.

Hebben wij dus iets, dat voor Amerika noodig is, omgekeerd heeft Amerika iets, dat onze zwakheden en leemten aanvullen kan en waardoor wij juist goede Amerikanen kunnen worden. Onze kalmte verloopt dikwijls in langzaamheid en gebrek aan activiteit en vaardigheid. De Amerikaansche vlugheid kan ons daarvan genezen. De overdrijving van onze degelijkheid leidt ons soms tot stijve vasthoudendheid en kleinzielige bekrompenheid door heel wat beteekenis te hechten aan nietigheden, die dikwijls niets anders zijn dan menschelijke overleveringen, gewoonten en meeningen. De Amerikaansche breedte van opvattting zal ons in dit opzicht veel goed kunnen doen. De overdrijving van onze belijndheid en het nadruk-leggen óp de beginselen verleidt ons soms tot veel redeneeren en theoretiseeren en tot doode leerstelligheid, zoodat wij wel veel weten en veel kunnen bespreken, zonder veel te genieten en te doen. Ook in dit opzicht hebben wij, ook in toepassing op ons geloofsleven, den invloed van de practische levensrichting van Amerika noodig, en moeten wij meer bij elke waarheid, die

wij belijden, vragen: Wat baat het u, dat gij dit gelooft?
In een volgend artikel hopen wij dit D.V. breeder uit te werken.

F. M. Ten Hoor

(Uit: *De Gereformeerde Amerikaan,* mei 1898)

Hollandse en Amerikaanse huisvrouwen, een vergelijking

...De gelijkenis tusschen eene deugdelijke huisvrouw, in het Spreukenboek van Salomo cap. 31 geschetst, en zulk een (pronkzuchtige) huisvrouw bestaat dan hierin, dat beiden tapijtsieraden en fijne kleeding hebben; maar zij verschillen doordat de eerste het door handenarbeid heeft verkregen en de laatste onder belofte van betaling. Sommige huishoudsters schijnen maar niet te begrijpen, dat men, om gezellig te wonen, nog iets anders noodig heeft dan kostbare meubelen. Er is takt en zorg noodig om het gevoel van gezelligheid te kweeken, op te wekken en te bevredigen, dat aan eigen huis en haard verbindt. Het gemis daarvan is een der oorzaken van uithuizigheid, waaraan in onzen tijd zoo veel wordt geleden. Toch is er grooter kwaad. Eene pronkzuchtige vrouw zal althans haar kostbaar huissieraad nog trachten te beschermen tegen allerlei vuil en schendige kinderhanden; maar eene slordige huismoeder bekommert er zich niet om. Bij de laatste vindt men dan ook doorgaans de grootste achteloosheid omtrent alles wat aan hare zorg behoort en waarin een vrouw zoo zeer de vreugd van het huislijk leven kan bevorderen. Het moet elk die zijn afkomst in eere wenscht te houden weldadig aandoen te kunnen zegggen, dat vuile en slordige huisvrouwen slechts bij hooge uitzondering onder de Hollanders worden gevonden. Zoo ver het ons mogelijk is op de Amerikaansche staalkaart der natiën eene vergelijking te maken tusschen afstammelingen van ons eigen volk en die uit andere oorden valt die vergelijking bevredigend uit; maar wij mogen de gevaren niet uit het oog verliezen waaraan wij blootgesteld zijn.

(Uit: 'Het Huislijk- en Familieleven der Hollanders in Amerika,' *De Gereformeerde Amerikaan,* mei 1898)

Koffie-visites onder het genot van een pijp

Wanneer wij ons verplaatsen met onze herinnering in de woning van onze ouders en grootouders bemerken wij tusschen het toen en thans een groot verschil. Als vader van den arbeid uitrustte en zijn pijpje rookte, moeder de kousen stopte die door de kinderen stuk geloopen waren, of een of ander handwerk verrichtte om niet met de handen in den schoot te zitten, een van de kinderen eens een stukje las, of allen te zamen een psalm of lied zongen, gezeten om een helder brandend vuurtje, dan vonden wij het zoo recht gezellig. Nu zou het wel dwaas zijn zoo gehecht te zijn aan het oude, dat men alles op denzelfden voet zocht in te richten als het voor een halve eeuw was. Wij mogen ons verblijden in vele dingen, die het genot vermeerderen; maar het is toch niet kwaad wanneer men eens terug blikt met de vraag in het hart, of wij met het achterlaten van verouderde gebruiken ook iets hebben verloren dat bewaard diende te blijven. De veranderingen zijn zoo groot en hebben zulk een snel verloop, vooral voor ons die van het Oostelijk naar het Westelijk halfrond zijn verhuisd. Wij vinden hier eene geheel andere omgeving en ten opzichte van het huislijk verkeer andere gebruiken dan daar. Vaders pijp en moeders theepot waren voor het huislijk leven schier onmisbaar. Niet rooken was in een huisgezin eene zeldzaamheid, en wanneer niet tusschen den tijd van morgen-, middag- en avondeten een kop thee of koffie werd gebruikt was de huishouding niet op streek. Onder de Amerikaansche bevolking is voor een pijp moeilijk een plaats te vinden. Onbewust zijn zelfs vele van de vroegere Hollandsche 'settlers' onder den invloed van het Methodisme met haat tegen tabak en sigaren vervuld; en vele vrouwen meenen dat de huiskamer oneer wordt aangedaan, wanneer er de lucht van tabaksrook in verspreid wordt. Hiermede is niet bedoeld, dat alle anti-rookers en niet-rookers Methodistisch zijn. Zij waren in Nederland toen wij daar waren en zijn ook hier die, om verschillende redenen, zich van tabak en sigaren onthouden. Wanneer men het echter als een kenmerk van lichtzinnigheid, wereldsgezindheid en onbekeerlijkheid aanziet als iemand rookt, dan is er althans, meer van Methodisme dan van Gereformeerd denken merkbaar.

In Nederland waar sigaren rooken minder kostbaar is dan hier gaat het natuurlijk gemakkelijk, maar men kan in plaats van de sigaar een pijp gebruiken, al is het dan geen 'Gouwenaar'. Ter eere van de meeste huisvrouwen, die het huislijk leven in Nederland hebben leeren kennen mag gezegd worden dat zij het rooken niet tegen gaan. Wat Cohen Stuart zeide tijdens zijn reis door de Vereenigde Staten van Amerika gevonden te hebben 'op echt Hollandsche manier koffie drinken,' mag gerust aangevuld worden met de toevoeging 'en gezellig een pijpje rooken.' Wenschelijk zou het zijn dat ook onze *young ladies* allen begrepen dat afkeer van rooken te hebben niet tot de noodzakelijke geboden van een gezond Amerikaansch volksleven behoort; deels omdat wij zoo gaarne de gezelligheid en huislijkheid van het Oud-Hollandsche volksleven op Amerikaanschen bodem zagen overgeplant, en deels om aan de wereld rondom ons te doen zien dat men oprecht en vroom en God vreezende kan zijn al houdt men de thee en koffie-visites onder het genot van een pijp tabak in eere. Gehechtheid aan het huis behoort er te zijn en wij moeten doen wat wij kunnen om dat te bevorderen. Ons huis behoort mede tot onze geschiedenis. Wie de hand Gods erkent in wat hem wedervaart en in zijne gemeenschap den band der vereeniging vindt waardoor hij aan de medeleden des gezins zich verbonden gevoelt, zal daarin tegelijk verkleefdheid aan zijne woning gevoelen. Waar het zoo is wordt uithuizigheid vermeden, die, hetzij zij bij den man of bij de vrouw wordt gevonden, met recht onder de kwalen en krankheden van onzen tijd mag worden gerekend.

(Uit: 'Het Huiselijk- en Familieleven der Hollanders in Amerika,' *De Gereformeerde Amerikaan,* mei 1898)

Huiselijk Genot en de Verhuizingszucht

Nog een ander kwaad is er dat het huislijk genot verstoort. Er zijn mannen (en misschien nog meer vrouwen) die nooit naar hun zin wonen. Slechts enkele dagen, of hoogstens eenige weken houden zij het in een huis vol, en dan bevalt het hun niet meer. Er zijn die vier, vijf of meer woningen hebben in een jaar. Men huurt bij de maand en is dus telkens in de gelegenheid om te veranderen. Wanneer men een huis betrekt schijnt alles zeer goed. O, die nieuwe woning is veel beter dan die men verlaten heeft. Daar waren allerlei gebreken in die men nu niet terug vindt. Nu schijnt men het plekje gevonden te hebben waar men zich eens rustig zal neerzetten. Slechts enkele dagen, en het huis is weer leeg. De eigenaar wacht nog op de huurpenningen van de laatste maand, en de voorbijgangers vragen elkander met het oog op het ledige huis: 'Waar zou die familie nu weer gebleven zijn?' De verhuizingszucht werkt finantieel schadelijk, wijl aan dat heen en weder trekken telkens onkosten zijn verbonden; maar grooter nog is de geestelijke schade die er uit voortvloeit. De lust om eens alles voor zijn gemak en genoegen in te richten moet natuurlijk ontbreken, als men altijd weder aan verhuizen denkt. Hierdoor blijft achterwege wat voor gezellig samenleven onontbeerlijk is. Men snijdt daarenboven den draad der geschiedenis van 'Huislijk- en Familieleven' telkens weer af en doodt bij zichzelven en bij de kinderen des gezins de piëteit, die edele trek waardoor het familieleven van het verleden en van het heden zich aan elkander verbindt. De geschiedenis drukt niet alleen op het leven der volken een eigenaardig stempel, maar ook op het leven der familiën. Op de leidingen Gods acht te geven is des Christens roeping. Zij zijn ons een roepstem tot erkentenis zijner goedertierenheden en groote daden. Die te vergeten of door ons eigen doen onkenbaar te maken is zonde.

Naarmate men minder in verstrooiing zijn genot zoekt en meer aan eigen huis en haard gehecht is, wordt de geschiedenis van het familieleven rijker en krijgt de familie meerdere vastheid, terwijl zij aan beteekenis in het volksleven wint. Huislijk te zijn was de roem van het voorgeslacht. Het huis was hun meer dan slechts een woning. Het had een bepaald karakter. Het stempel der familie was er op gedrukt. In Nederland en Duitschland droegen niet zelden de huizen familienamen, waardoor zij jaren, somtijds eeuwen terug riepen voor de herinnering, hetzij dan van de leden der familie of van hen die zulk eene familie kenden. Opschriften somtijds van godsdienstigen, of ook dikwijls van geschiedkundigen of slechts humoristischen aard waren als zoovele gedenkteekenen die aan reeds lang gestorven personen herinnerden. Het huis was hun de koesterende haard der openbare zeden en van nationale kracht. In huis niet *te huis* te zijn is een schadelijk iets en moet zeer onaangenaam zijn ook.

(Uit: *De Gereformeerde Amerikaan,* mei 1898)

De vrouw en huiselijkheid

En nu is het wel allereerst de taak der vrouw aan al de huisgenooten een genotvol zijn rondom zich te bereiden, zooveel in haar vermogen is; maar zij moet hierin door allen gesteund worden. Liefde moet er zijn van den een tot den ander. Waar deze heerscht is men gaarne in elkanders tegenwoordigheid. Daar gaat men met voorzichtigheid te werk om niet door spreken of zwijgen elkander het leven onaangenaam te maken. De liefde is vindingrijk. Zij weet beide doen en laten zoo in te richten dat men anderen aan zich verbindt, wijl men zichzelf verbonden gevoelt. Stormt het dan al eens daar buiten, men wordt in huis niet verhinderd om te zingen:

Ai! ziet hoe goed hoe lieflijk is 't dat zonen,
Van 't zelfde huis als broeders samen wonen.

Men wordt er verkwikt en verfrischt en met nieuwen moed vervuld om telkens weder den arbeid te hervatten. En het voornaamste is dat des Heeren oog met welgevallen op zulk een samenleven rust.

Waar liefde woont gebiedt de Heer den zegen;
Daar woont Hij zelf, daar wordt zijn heil verkregen,
En 't leven tot in eeuwigheid!

H. van Hoogen

(Uit: *De Gereformeerde Amerikaan,* mei 1898)

De Nederlandsche Stam en Taal in Noord-Amerika

Nederlandsch blijven in den vollen zin des woords *kunnen* we niet. De stroom is te overweldigend in andere richting.
En we *willen* ook niet Nederlandsch blijven of Nederlanders. Niet uit onliefde tot onzen stam. Maar omdat we er van overtuigd zijn, dat Gods eene natie wil formeeren, waarin we een *bestanddeel* vormen.
Maar wat we wel willen, dit aangaande, is, onze *traditie* bewaren: 't edele, glorierijke van onzen

stam. En de *deugden* onzes volks wenschen we te kweeken: Hollandsche degelijkheid, spaarzaamheid, trouw, vrijheidsliefde. En alles wat liefelijk is in karakter en practijk onzer Vaderen willen we trachten te kweeken en onder ons Amerikaansch volk beoefening te doen erlangen.

En de *taal* dan? zoo hooren wij u wederom vragen. Wij komen er ronduit voor uit, dat we het Nederlandsch niet wenschen te bewaren als de gewone, meest gangbare taal. Dat is onmogelijk. Reeds overlang werd het beslist, dat niet het Hollandsch, noch het Duitsch, noch het Fransch, maar het Engelsch de spraak van Noord-Amerika zal zijn!

En we *willen* dit ook niet.

Het zou ons hinderen in onzen vooruitgang op sociaal gebied. Hinderen om tot zegen te wezen voor ons Amerikaansch volk, gelijk we behooren te zijn.

Maar wat dan? Geheel onze schoone voorvaderlijke taal verliezen? Neen. Neen! Ons voornemen is het Nederlandsch op te houden, tot in de komende geslachten, als het kan.

Doch – als *tweede* taal, als bijtaal zoo ge wilt.

Naast – neen, verre boven het Duitsch en Fransch, dat onze kinderen aanleeren. Als taal, die boven alle buitenlandsche taal de liefde, de voorliefde bezit der harten waar 't oude Hollandsche bloed doorstroomt.

Die schoone taal onzer Vaderen willen we behouden om daardoor als voertuig te beter onze traditiën te bewaren.

Om den band, den eenen band des bloeds met u te blijven gevoelen, en om enigszins voeling te houden met uw hart en hoofd, en alles wat er leeft en bloeit onder u, onze stamgenooten!

Om telkens nieuwe, frissche stroomen van gezonde Nederlandsche denkkracht en Nederlandsche inspiratie te verlangen.

Eene moeilijke taak zal dit zijn – we ontveinzen dit niet, vooral omdat velen onzes volks zoo weinig oog en hart en gevoel hebben voor het heerlijke onzer traditiën, afkomst, historie, en zoo weinig besef van het schoone, kleurige, geurige der Nederlandsche taal.

Maar toch – we hopen – het zal ons niet gansch mislukken. We stellen vertrouwen in ons Hollandsch volk in Amerika, dat het goede van ons streven wil, gaarne wil, zoo slechts oog en hart er voor open gaan.

Helpt gij ons daarin, stamgenooten, door 't schrijven van goede boeken, door 't beoefenen van oude Nederlandsche deugden en het afleggen van al wat onharmonisch is in 't Hollandsch karakter.

En zoudt gij onze taal eenigszins kunnen vereenvoudigen in spelling en buiging, het zou ons ten hoogste aangenaam zijn, en het aanleeren ervan voor onze nageslachten vergemakkelijken.

Dat onze stam groei en bloei! Dat we gezegend mogen worden om zelf ten zegen te zijn! Dat geve ons de God der volkeren, die ook de God onzer Vaderen was.

Henry Beets

(Uit: *De Gereformeerde Amerikaan,* september 1905)

De Christelijke school

Hope College, Anker der Hope, band der koloniën

En dan waren zij leiders op *intellectueel* gebied. Zoo openbaart zich het waar Calvinistisch beginsel altijd en overal. *De Kerk en de School* worden steeds naast elkaar gebouwd, waar dat beginsel heerscht. Zoo ging het Calvijn te Geneva, zoo ging het John Knox in Schotland, zoo ging het onze Gereformeerde vaderen in Nederland – denk slechts aan de Universiteit van Leyden, na het vreeselijk Spaansch beleg.
Zoo ging het den Puriteinen in New England, zoo ging het onzen leiders hier.
Denk er eens aan! In 1850, drie jaren nadat de eerste boom geveld was, waren midden in den doodelijken strijd om het bestaan, reeds de grondslagen gelegd van onze hooge school. Voor *Hope College* leefde en zwoegde en pleitte en offerde Van Raalte ten einde toe. En wie zal ons zeggen wat die School betekend heeft voor de ontwikkeling van ons volksleven hier?
Menigeen onder ons leerde verstaan dat akkers en huizen en schatten gelds ondergeschikt waren aan de hoogere... belangen des geestes.
Aldus vielen de vruchten van dat streven tot zelfs in verre heidenlanden toe, en werd het voorbeeld onzer leiders de spoorslag, waardoor zelfs de broederen die van ons uitgingen, met alle kracht zich geworpen hebben op de taak der hoogere kweeking.
De band van die School bond al de kolonien saam, en was geheel en al het 'Anker der Hope' van onzen grooten leider. En Van der Meulen en Bolks stonden hem, in dit pogen, trouw terzijde.
Ja, zoo diep zat dat er bij hen in, dat, toen Van Raalte met stervende hand nog trachtte een kolonie te stichten in Virginia, bijna de eerste taak waaraan gedacht werd, de oprichting was van een instituut voor hoogere kweeking te Amelia Courthouse. En Bolks had niet zoodra de volksplanting te Orange City op de voeten gezet of een Academie werd gesticht, ten bate der kinderen der nederzetting.
Dus werd ons volk bewaard voor stofvergoding en geleid op betere paden. Dus leerden zij de hoogere kweeking waardeeren en er voor bidden...

Laat ons God danken voor onze leiders!
In den bangen strijd der ziele hebben zij dikwijls uitgeroepen: 'Zoo ik niet had geloofd dat in dit leven' enz. Maar zij hielden vol en worstelden door en hebben overwonnen, en wij zijn tot hunne erfenis ingegaan. En in het volle besef daarvan dank ik God dat het mij vergund werd, op dit zestigjarig feest, een bloemkrans te leggen op de graven onzer leiders.

Henry E. Dosker

(Uit: *De Hope, Weekblad in het Belang van Maatschappij, School en Kerk,* 27 augustus 1907)

De eerste gebouwen van het Hope College op het landgoed van Dr. Albertus C. van Raalte. Rechts de Van Vleck Hall, gebouwd in 1857 en links het Oggel House, 1860-1941.

De Schoolschuld betaald (Wijze: De Zilvervloot)

Heb je 't wel gehoord, dat heugelijk woord,
Dat woord, dat ons verheugde:
De tijding: 'De schuld op de school is betaald'?
Vervult 't ons niet met vreugde?

Koor:
Hoe klein w'ook zijn, 't was God, Die bijstand bood!
Gods daden zijn zoo groot, Gods daden zijn zoo groot!
Hij heeft geholpen ons uit den nood!

Vele jaren werd bepaald: zoo veel int'rest moet betaald,
en men bleef maar steeds aan 't geven;
Maar daarmee werd onze schuld niet gedelgd,
Al betaalde men ook heel zijn leven!
(*Koor*)

Onze mannen schreven neer en ze schreven nog eens weer.
Ze brachten 't tot vijftienhonderd!
En daarmee was onze Schoolschuld gedelgd,
We waren ten hoogste verwonderd!
(*Koor*)

Is de school dan nu gered? Neen, ze wacht op ons gebed,
Ons gebed om 's Heren zegen!
Dien hebben we altijd en op onze bee.
Uit vrije gunst verkregen.
(*Koor*)

Ja, dan krijgen wij stof, om den Heere te lof,
Onzen dank aan Hem te geven.
En we kunnen dan zingen, niet alleen in deez' stond,
Maar ook in ons volgend leven:
Hoe klein w' ook zijn, 't was God, die bijstand bood!
Gods daden zijn zoo groot, Gods daden zijn zoo groot,
Hij heeft geholpen ons uit den nood!

(13 Feb. 1919)

(Uit: T. van der Ark, *Iets over mijn leven in Amerika,* MS berustende te Calvinn College, Grand Rapids, Michigan)

Bij het sluiten der lessen aan de Christelijke Hollandsche School te Graafschap

Den 7den sept. 1883, waar Bertha Kuiper 16 weken Hollandsch onderwijs had gegeven

Door R. T. Kuiper

Wij hebben dus stof om met stemmen en klanken
Den Heer onzen God in dit uur weer te danken
Voor het heil onze jeugd door de school hier bereid;
Niet slechts in de kunst om het Hollandsch te lezen,
Maar ook hoe de jeugd reeds den Heer dient te vreezen
En hoe er de weg naar het hemelrijk leidt.

Heb ook onzen dank gij weldenkende ouders,
Die 't onderwijs hier hebt geschraagd met uw schouders,
Door 't kroost dat gij zondt, door het geld dat gij gaaft;
Gaat voort met uw kinderen dus Christelijk te kweeken,
Leert 't Hollandsch zoowel als het Engelsch hen spreken,
Zoo wordt uw belijd'nis door daden gestaafd.

Straks gaat gij nu weer naar de Engelsche scholen,
Welnu, wees ook daar aan den Heere bevolen
En allen uw dure verplichting bewust;
Bewijs daar uw teachers steeds liefde en achting,
Beantwoord ook daar aan hun goede verwachting;
Wees immer gehoorzaam en leer er met lust.

Wil niet door uw traagheid uw teachers beschamen,
Maar laat uwe schooltaak altijd naar betamen,
Gewillig met orde en vlijt zijn gedaan;
Leer 't Engelsch zoo goed als het Hollandsch te spreken,
En 't Hollandsch als 't Engelsch, zelfs zonder gebreken,
Leer beide die talen goed grondig verstaan.

Lees dan menigmalen
In beide die talen
Het woord van Uw God;
Maar wil bij uw leeren,
Zijn zegen begeeren
Naar Jezus gebod.

(Uit: *Jaarboekje voor de Hollandsch Christelijk Gereformeerde Kerk in Noord Amerika voor het Jaar 1884)*

De Christelijke School: 'The Dutch School'?

Met een Christelijke school bedoelen wij dan niet (zooals men soms meent) een inrichting, die het wetenschappelijke verwaarloost, er zich met een vroom praatje vanaf maakt of bloot de bijbelles als vak mede opneemt zonder zich verder met den godsdienst in te laten, maar wel een school, die in al het onderwijs, in geheel de opvoeding Gods Woord gebruikt als de bril waardoor alles wordt bezien en ons alles tracht te laten zien, zooals God wil, dat wij het zien zullen. Uit hetgeen wij behandelen is ons nu gebleken:
a. Dat de school is om te onderwijzen en door het onderwijzen op te voeden.
b. Dat zij beoogt de vorming voor onze levenstaak op deze wereld.
c. Dat waar onze levenstaak moet wezen tot de verheerlijking Gods, de school niet neutraal zijn kan, maar moet staan op den bodem van Gods Woord.

Handelende over de taak der school moeten wij ook wel, al is het kort, de vraag beantwoorden: In welke vakken moet de lagere school onderwijzen? Wij antwoorden:
a. In lezen en schrijven, die onmisbare en gezegende middelen, waardoor wij in correspondentie treden met geheel de wereld, het verledene en het tegenwoordige, en vooral om Gods Woord te kunnen onderzoeken.
b. In *rekenkunde,* niet alleen om onze denkkracht te ontwikkelen en om te kunnen meedoen in ons levendig handelsverkeer, maar ook om eerlijk ons te kunnen gedragen jegens onzen naaste.
c. In *geschiedenis,* omdat alle gezonde ontwikkeling geschieden moet op den bodem der historie, opdat wij de wijze leiding Gods in de geschiedenis zouden opmerken en zij tevens voor ons als een baken op de zee onzes levens zou verstrekken.
d. In de *aardrijkskunde* om te kennen den bewonderenswaardigen kosmos, waarin onze Schepper ons plaatste.
e. In de *kunst,* opdat het door God ons ingeschapen schoonheidsgevoel tot ontwikkeling kome en wij alzoo den Heere beter kunnen grootmaken.
f. In de *staatkunde,* om waardige burgers te worden en te leeren dat alle gezag van God komt en onder zijn wet staat.
g. Onze jeugd moet gevormd worden voor het gezellig verkeer en daarom leeren *orde, tucht, etiquette* om zich menschwaardig overal te kunnen openbaren als beelddrager Gods.
h. Maar vooral moet worden ingeprent, dat wij zedelijke, verantwoordelijke schepselen zijn en wij God moeten liefhebben boven alles en onzen naaste als ons zelven.
i. Ook mag *taalstudie* niet worden gemist. Op dit punt moeten wij wat meer specifiek ingaan; omdat daar voor ons een bijzondere kwestie aan verbonden is, n.l. deze: welke taal moet op onze Christelijke school den voorrang bekleeden, het Hollandsch of het Engelsch?
Sommigen, bezield met een sterk gevoel van nationale voorliefde, hebben geantwoord: Hollandsch uitsluitend of ten minste voor het grootste deel, terwijl anderen, zich min of meer schamende voor hun afkomst, een afkeer van onze Christelijke school hadden, omdat er ook Hollandsch werd onderwezen en op verachtelijke wijze haar noemden 'The Dutch School'. Zoodanige beweringen geven een geheel verkeerden indruk. Het voornaamste, het Christelijk beginsel vergeet men dan geheel te noemen en voor de bizondere school zou alleen plaats zijn, zoolang de Hollandsche taal door ons nog wordt gebruikt, en onze Engelsch sprekende gemeenten zouden in het Christelijk onderwijs niet kunnen meedoen, wat hun zeker zeer tot droefheid zou verstrekken. Zal onze bizondere, vrije school eene blijvende plaats en beteekenis hebben dan moet zij niet alleen positief Christelijk zijn, maar ook moet de Engelsche taal een van de voornaamste vakken in het onderwijs zijn.
Toch bedoelen wij hier volstrekt niet mede, dat ook het Hollandsch als leervak niet een voorname plaats innemen moet. Nog langen tijd moet die taal op onze school worden onderwezen, en wel om de volgende redenen:
a. Het Hollandsch is onze moedertaal, die onze ouders en voorouders gesproken hebben, en heeft daarom voor ons veel aantrekkelijks.
b. Vele boeken, voor ons gereformeerden van groote waarde, zijn alleen in die taal geschreven. Nederland toch is de plaats, waar de Calvinistische godgeleerdheid weleer heerlijk bloeide en waar zij thans wederom merkbaar begon te ontwaken. Met die kostelijke beginselen moet onze jeugd zoo noodig worden bekend gemaakt en er voor bewaard blijven. Maar dan is ook zoo noodig dat zij die taal kenne.
c. Wij hebben die taal nog vele jaren noodig voor onzen openbaren godsdienst. In enkele van de grootere steden, waar velen van ons Hollandsch volk zijn, kan men spoedig komen tot de stichting van Engelsch sprekende kerken voor ons jonge volk. Maar op kleinere plaatsen, waar ons getal kleiner is en de emigratie nog leden in de gemeente brengt, die de taal dezes lands niet verstaan, zal een deel van het jeugdig geslacht zich een geruimen tijd moeten schikken naar de ouderen en met de ouders opgaan onder de prediking in de Hollandsche taal. Indien wij nu echter het onderwijs in die taal verwaarloozen, dan zal er een onaangename scheiding op godsdienstig gebied komen tusschen ouden en jongen, ouders en kinderen en velen zullen voor de

De 'campus' van het Hope College gedurende de eerste jaren.

beproefde leer onzer vaderen verloren gaan.
d. In taalstudie ligt karaktervorming en doet ons het karakter van een volk zien. Daarom zal de studie van onze fijne, woordenrijke en krachtige Hollandsche taal een zekere fierheid van inborst en juistheid in de uitdrukking der gedachten onder ons opkomend geslacht levendig houden.
Zij dit genoeg over de taalkwestie. Vergun ons slechts nog een paar korte opmerkingen:
a. Laat ons het onderwijs in de Hollandsche taal niet beperken tot de lagere klassen, maar haar als vak ophouden door geheel de school heen; anders geven wij den indruk aan de kinderen, dat het een vak van minder beteekenis is.
b. Men bedenke wel, dat een school nooit een taal kan levendig houden, wanneer die niet bestendig wordt gebruikt in de huisgezinnen. Laat ons dan die taal spreken in huis met onze kinderen; niet een verbasterd provintialisme, geen mengelmoes van alles, maar zoo zuiver mogelijk.

(Uit: J. Groen, *Onze Lagere School.* Rede, gehouden op de Vergadering van Voorstanders van Christelijk Onderwijs te Muskegon, Mich., nov. 1903 door Rev. J. Groen van Grand Rapids, Michigan (Holland, Mich.: H. Holkeboer, z.j.)

Een Christelijke vakbeweging

Lied voor de Chr. Labor Unions — Wijze: America

Komt, broeders, 't hoofd omhoog,
Onze oude vane omhoog,
De zielen hoog!
't Verleden leeft in ons,
Het Heden hoopt op ons,
De Toekomst straalt voor ons;
God is met ons.

Komt, broeders, 't zaad gestrooid,
Uw vaandel fier ontplooid,
Niet laf vergooid;
Het Woord, waaruit ge leeft,
Waarvoor gij beeft en streeft,
Als 't moet, gewillig sneeft,
Uw leven geeft.

28th Street, augustus 1903, Grand Rapids, Michigan.

Sluit de geleedren vast,
Al naar de vijand bast,
De stormvloed wast.
Wij zijn van God's geslacht,
Zijn Eere- en Ordewacht,
Bij Hem is macht en kracht
Zelfs in den nacht.

Ons heldental zij kleen,
De Kerk niet onzer één,
Toch met gebeen
En 't wapen van God's Woord
Gaan wij gemoedigd voort,
Tot Hij, Die ons verhoort,
Haar rust verstoort.

Komt, broeders, 't hoofd omhoog,
Onze oude vane omhoog,
De zielen hoog!
't Verleden leeft in ons,
Het Heden hoopt op ons,
De Toekomst straalt voor ons:
God is met ons!

(Uit: *De Calvinist,* 3 februari 1917)

D. Veltman

De Christelijke Werklieden Vereeniging

Grand Rapids is de stad, 't Jerusalem beneden,
het Jericho van oud, het Jericho van 't heden,
beroemd om hare school, beroemd om 't kerkal-
taar,
beroemd om haar profeet en om haar priester-
schaar.
De profeten van de stad, ge-eerd in 't intellect,
al wand'len door het veld gekroond met mensch-
respect.
Zij wekken allen op, de timmerman en smid
te krengen sterk ineen in 't werelds strijdmanslid.
De wereld is zoo goed, zoo luid hun *nieuw geloof,*
maar, toch ook Goddeloos, verblind en stom en
doof,

en daarom moeten wij met christelijke vlijt
de wereld betren gaan in onzen boozen tijd.

KOM: MANNENBROEDERS: KOM; vlecht u te saam ineen,
en neem die wereld op en breng die vaardig heen
naar Gods hemelberg alwaar de beker vloeit
van olie en van wijn, opdat het BUDGET bloeit.
KOM: CHRISTENMANNEN, KOM: KNOOP U maar vlug te saam
en spreek de KOOPMAN aan in Christus grooten naam.
Trek uit zijn zak de duit. Spreek hem maar driestig aan
opdat hij wel BETAALD voor wat ge hebt gedaan.
KOM: CHRISTENMANNEN, KOM: de wereld zinkt in 't gruis,
Spreek maar van COMMON GRACE in de chaos van haar huis.
Zing op haar doodenspond een loflied en een koor,
haar hare centen in DAT beterd haar in 't spoor.
NEEN, CHRISTEN; NEEN: NEEN PROFETEN van de stad,
DAT zijn de LESSEN niet die Christus voor U had.
Hij sprak U aan. HIJ wees U 't wereldrond
voor U als veld als BOODSCHAP van Zijn MOND.
En waarom dan profeten; profeten van het land
het volk geleerd een weg die vast loopt in het zand?
Waarom O PRIESTERSCHAAR: WAAROM GODS PROFEET
het volk dan niet geleid zoo als uw HEILAND deed?

Hans Hansen

(Uit: *Het Oosten,* 4 oktober 1934)

3. *Immigranten-poëzie*

In alle dingen ligt een Lied

Opmerkelijk is dat we onder de immigranten ook besprekingen vinden van de Nederlandse literatuur. Deze zijn voor het begrijpen van de immigranten-poëzie wel belangrijk. Een goed voorbeeld van zo'n bespreking is te vinden bij Ds. D. Veltman, van wie bijna wekelijks een of meer gedichten verschenen in *De Calvinist.* In de rubriek *Literarisch* maakt Veltman de veelzeggende opmerking: ...'me ontspannen willende, grijp ik nog altijd naar Nederlandsche literatuur'. In dit artikel geeft Veltman duidelijk blijk van zijn begrip van de literaire stromingen en de geestelijke achtergronden van de 19e eeuwse poëzie in Nederland.
Bilderdijk, zegt hij, brak ...'met het Jan Klaassenspel der dichtgenootschappen'. De grote Bilderdijk was niet populair want... 'hij ging het volk der lage landen, dat den huislijken Poot en Cats aanbad, te hoog'. De dichters Bilderdijk en Da Costa, zegt Veltman terecht, moet men in hun eigen tijd zien en plaatsen. De criticus Veltman is scherp in zijn commentaar op de Nederlandse schrijvers:

[Bij Bilderdijk] ...het trekken der lijnen naar Calvinistisch beginsel, in een tijd, waarin men dweepte met God, deugd, onsterfelijkheid en patriotisme, met zijn godsdienstig-waterigen Van Alphen, en zijn sentimenteelen Feith, en zijn ruggegraatloozen Van der Palm, gevoegd bij den onnederlandschen karaktertrek van hartstocht en scherpheid van Bilderdijk, daarbenevens zijn hoekige subjectiviteit, en het behoeft niemand te verwonderen dat het Nederlandsche volk hem eerst doodwenschte en toen dat niet hielp, hem doodzweeg. De schare kon dien kreupelen, mageren dwarskijker niet verdragen.'

(Uit: *De Calvinist,* 20 januari 1917)

Ook interessant is het verdere commentaar van Veltman:

Da Costa had Bilderdijk als baanbreker. Ging bij Bilderdijk de dichter vaak onder in den denker, Da Costa was de gevoelvolle poëet. Hij was geen zoon der lauwe Westerstranden. Semiet was hij met al de hartstocht van Oosterschen gloed. En juist dat stond Da Costa weer in den weg om op de populaire vleugelen op te stijgen. Want hier kwam hij weer in botsing met den Hollandschen landaard: het effene, de Rip-Van-Winkle natuur; die graag wat doordommelt.*

En dan citeert Veltman met goedkeuring Allard Pierson die de Nederlandse poëzie ook hekelt:

Men was zoo genoeglijk bijeen in zijn knollentuin. Wat behoefde me deze of gene zich excentriek aan te stellen en over den muur te klimmen! Dat staat hem lelijk!... Het rustelooze der hongerigen naar beter en hooger, in elk geval naar iets anders, is blijkbaar overdrijving, te ver gegaan.

Veltman beëindigt zijn bespreking met een vraag die veelbetekenend is voor ons verstaan van de immigrantenpoëzie: 'Hebben wij, met ons voorstaan-van-heele-of-halve Amerikanen te zijn, dezen karaktertrek, zoo Hollandsch, verloochend?' Het antwoord moge blijken uit deze bloemlezing waarin naast het alledaagse ook voorbeelden zijn te vinden van hartstocht en gloed, het 'over den muur klimmen', en ook wel van 'het rustelooze der hongerigen naar beter en hooger'.

Tot dat alledaagse behoort allereerst het gelegenheidsvers, als gedicht volstrekt onbelangrijk, maar als cultureel verschijnsel in de geschiedenis van het immigrantenleven wél belangrijk, omdat juist hier telkens weer hoogte- of dieptepunten in het leven van de immigrantengemeenschap of in dat van het individu verwoord wordt in een soort berijmd proza. Het aantal gelegenheidsverzen dat in kranten en tijdschriften verscheen is overstelpend. Ze gaan over alle aspecten van het leven: het afscheidnemen van een geliefde dominee of van een overledene, het

* In het verhaal 'Rip van Winkle' heeft de Amerikaanse schrijver Washington Irving een karikatuur getekend van de Nederlander als een slome dommelaar. Rip maakt een wandeling, valt in slaap tegen een boom geleund, en wordt pas twintig jaar later wakker, zijn ogen uitwrijvend in een voor hem onbekende wereld. De gemoedelijke sul is een vreemdeling geworden in een dynamisch veranderende Amerikaanse samenleving die de slaperige Hollander heeft achtergelaten. Deze humoristische voorstelling van de legendarische Rip van Winkle, toegevoegd aan het voor de Amerikaan niet zo verkwikkelijk verhaal van Pieter Stuyvesant met zijn houten been in Nieuw Amsterdam, en het verhaal van de jongen die een dijkbreuk voorkomt door zijn vinger in de dijk te steken, heeft de 'Dutchman' in de ogen van generaties van Amerikanen in een niet bepaald gunstig licht voorgesteld!

Franklin Campus, Administratiegebouw, Calvin College, Grand Rapids, Michigan.

in gebruiknemen van een nieuwe pastorie, het aflossen van de hypotheek op de christelijke school, de beschrijving van een zondagschoolpicnic (feestje) of een Classisbeurt, het in gebruik nemen van een liefdadigheidsinstelling b.v. een ziekenhuis voor t.b.c.-patiënten, de herdenking van het 25-jarig bestaan van 'onze school', het Calvin College en Seminarie, het vieren van de Amerikaanse Dankdag of de vaderlandse Oudejaarsavond, tot zelfs een Nieuwjaarspreek op rijm! Een rijke verscheidenheid is het zeker, waarvan wij slechts enkele voorbeelden, meestal uittreksels, geven.

Gelegenheidsgedichten

Aan onzen geliefden en geachten leeraar

J. Noordewier, op ZEw's verjaardag,
27 December 1873

Zie ons hier, deels nog jonge spruiten
Vol blijdschap om u heen geschaard
Die heden u hun zegen uiten,
Dewijl gij door Gods gunst verjaart.

Gewigtig is voor ons uw leven;
Gewigtig is ons uw naarstigheid;
Gij zijt ons van den Heer gegeven,
Ter kweeking voor de eeuwigheid.

Door daden wenschen wij te spreken:
Hoe 't jeugdig zaad u mint en acht,
Zie dit geschenk dan als een teeken
Van harte-dank, u toegebragt.

De Catechisanten

(Uit: *De Wachter,* december 1873)

In Memoriam

Rust zacht mijn vriend, rust zacht in 's aardrijks schoot
Voor u is 't graf geheiligd; was de sombre dood
Niets dan een trouwe boô, die uit deez' aardsche kluis
Uw ziel ter ruste voerde in 't eeuwig Vaderhuis!
Rust zacht, mijn broeder, rust totdat aan 't eind der dagen
Bij 't klinken der bazuin, een schooner morgen rijst;
En ook uw lichaam, nu in 't stof des doods begraven,
Met uw ziel hereend, den Heer eeuwig prijst.

Professor L. Berkhof

(Ter herinnering aan het overlijden van M. Postmus, 10 mei 1898)

Bij de opening van 'Bethesda', 20 Dec. 1898

Een lied van hoop en 't gezucht van rouw

Zie God schiep een land met poorten
Uitgehouwen in den rots
Van de bergen, opwaarts steigrend
Als gekroonde dienaars Gods.
Landen schiep Hij ter behoud'nis
Gansch beschut door 't berggevaart.
Waar de slaande engel zelden
Neerdaalt met zijn dorstig zwaard.
En Hij gaf daar in die oorden
't Huis ook van barmhartigheid,
Liefde tot den zwaarbezochte
Heeft het fundament geleid.
Liefde tot den zwaarbezochte
Droeg de steenen blijde aan.
Wilt dan half ter dood gegreep'nen
Biddend thans daar binnengaan.
Liefde tot den zwaarbezochte
Spreidt daar 't leger wonder zacht
En ontsteekt het licht der hope
In den donk'ren winternacht.
Liefde tot den zwaarbezochte
Liefde door God zelf gewekt
Is wellicht 't geboden middel
Dat uw levensdagen rekt.

Ds. I. van Dellen

(Uit: *De Gereformeerde Amerikaan,* januari 1899)

Oudejaarsavond

Uren, dagen, maanden, jaren
Vliegen als een schaduw heen,
Met hun zorgen en gevaren,
Droefheid, treuren en geween.

Ook dit jaar is weer verleden,
Als een nachtwaak, als een droom;
In de zee der eeuwigheden,
Stortte zich der tijden stroom.

Met den blik teruggeslagen
Op de afgelegde baan,
Op de snel vervlogen dagen,
Prijze men Gods grooten Naam.

't Was erbarming, 't was genade,
't Was ontferming, goedheid, heil,
Enkel liefde, vroeg en spade
Gunst en vrede, zonder peil.

U zij lof en prijs en eere;
't was uw gave, al genâ.
Uwen Naam zij dank, o Heere;
Soli Deo Gloria!

Ds. P. Jonker

(Uit: *De Gereformeerde Amerikaan,* december 1909)

Nieuwjaarspreek

Inleiding

Zijt welkom gemeente op den dag van Uw Heer!
Deze eerst'ling des jaars zij gewijd aan zijn eer.
Hij heeft door zijn komen in der menschen natuur,
Zichzelf onderworpen aan de vormen van duur.
Die van eeuwigheid was, werd een kind in den tijd,
En heeft daardoor voor ons hare wiss'ling gewijd.
't Getuig'nis der jaren zou tegen ons wezen,
Was Hij niet gestorven en daarna verrezen.
't Verleden verzoenend', heeft Hij voor de zijnen
De toekomst verhelderd, de schuld doen verdwijnen.

Tekst: 2 Kor. 4:7. Want wij wandelen door geloof en niet door aanschouwen.
De tekst bevat een tusschenzin, zij sluit het doen en niet doen in van 's Christens aardsche leven.

Ds. H. van Hoogen

(Uit: *Nieuwjaars-Preek: Uitgesproken op Zondagavond 1 januari, 1905 in de Gemeente Prospect Park,* New Jersey, 1905)

Onze Theologische School
Bij haar Vijf-en-Twintigjarig Bestaan
A.D. 1876-1901

Gegroet, Profetenschool, gegroet, o Alma Mater
Aan de oevers van de Grand Rivier;
Trek nu uw feestkleed aan, omkrans thans uwe slapen
Want uw kwart-eeuw feest is thans hier!

Alle eer aan de Vaad'ren
Die in hun vergaad'ren
En midden in 't kampen
Geteisterd door rampen,
Besprongen, belogen
Geschokt en bewogen
Van binnen en buiten
Toch durfden besluiten:
'Een School van Profeten is eisch van 't bestaan,
Dies laat ons de hand aan den arbeid slaan!'

(Ds. H. Beets, uit *Jaarboekje,* 1901)

Op de Classis van juli 1863 te Zeeland gehouden besloot men de opleiding van het predikambt ter

Bethesda, *een instelling voor t.b.c.-patiënten, was gelegen in de bergen bij Denver, Colorado*

De Theologische School van het Calvin College, Grand Rapids, Michigan.

hand te nemen. Docent werd Ds. D.J. van der Werp, die de lessen aanvankelijk in eigen woning gaf. Hieruit is gegroeid: Calvin College & Seminary van de Christian Reformed Church.

Mijn eerste Classisbeurt in 't Noordwesten

De twee volgende gelegenheidsverzen 'Mijn Eerste Classisbeurt in het Noordwesten' en 'De Zondagschool Picnic' zijn helemaal geen gedichten, maar verhalen op rijm gezet. Ze staan hier integraal afgedrukt, en wel omdat deze verhalen interessante aspecten van het immigrantenleven belichten. In het westen van Amerika lagen de gereformeerde kerkjes op grote afstanden van elkaar, en de leden reisden vaak 50 mijl heen en 50 mijl terug om de diensten bij te wonen. Als een dominee een preekbeurt in een andere kerk had of naar een classikale vergadering ging, dan moest hij wel hele lange reizen maken, vroeger per trein, later met de auto. Ds. T. van der Ark, die meermalen zulke lange tochten met de trein maakte, had de gewoonte om op de terugreis zijn belevenissen in een berijmd verhaal op te schrijven. Zo vertelt hij van zo'n reis om een preekbeurt waar te nemen in een 'naburige kerk', een reis die hij met de trein moest maken, die zo vertraagd aankwam, dat de gemeenteleden die al lang op de dominee gewacht hadden meenden dat hij verstek liet gaan en maar naar huis waren gegaan. Toen de dominee aankwam stond hij voor een lege kerk, en kon met de volgende trein de terugreis aanvaarden, en weer een verhaal schrijven! Zo'n verhaal, maar heel wat avontuurlijker, geeft Ds. T. van der Ark ons in 'Mijn Eerste Classisbeurt'.

Ik geef in rijm hier iets ten beste
Van 'n Classisbeurt in 't verr' Noordwesten.
Men moet zich daarbij veel getroosten
Waarvan de leeraars in het Oosten
Zich heel geen denkbeeld kunnen vormen;
Want 't kan in 't Westen vrees'lijk stormen.
En dan de lange 'trips'; de koude,
De late treinen, – maar ik zoude
Daarvan zooveel kunnen vertellen,
Dat 'k wel een boekdeel saam kon stellen...

'k Was pas vier maanden in Manhattan,
Toen moest ik naar Columbus heen.
't Was twee en twintig Mei en 't scheen
Dus, dat ditmaal de koude
Mij niet bijzonder hind'ren zoude.
Mijn pelsjas kon 'k wel achterlaten,
Zoo meende ik; 'n dikke zware jas
Kon mij al bitter weinig baten,
Daar 't immers bijna zomer was!

't Leek alles gunstig en schoon de streek
Waar 'k heen moest, mij niet was bekend,
Had 'n zeer gedienstig landagent
Mij, voor 'k vertrok een goede week
't Aanbod gedaan, om mij ten tijde
Dat 'k te Columbus arriveerde,
Per auto gratis heen te rijden
Ter plaatse, waar ons volk verkeerde. –

't Scheen alles goed en 'k voelde blij;
Maar wat ontgoochling wachtte mij!
Want des namiddags, kwart voor drie
Straks te Columbus aangekomen,
Verdwenen ras mijn zoete dromen...
Wie zag 'k daar tot mij komen, wie?
Was het mijn autodrijver, die
In snelle vaart mij heen zou voeren
Naar 't doel der reis: het land der boeren?
Ach neen! daar viel een koude regen
Of natte sneeuw, die al de wegen
Schier onberijdbaar had gemaakt,

En – d' auto zou zijn vastgeraakt...
Ik zag twee mannen tot mij komen,
Die samen hadden ondernomen
Mij ter bestemder plaats te voeren.
Mij naderend, vroeg een der boeren,
Of ik de dominee soms was.
Ik zeide 'ja'; hij nam mijn tasch,
Toen ik hem op mijn beurt ging vragen,
Of 'k met hem mee moest op zijn wagen;
En 'k vroeg meteen: 'hoe ver is de reis?'
En 'k raakte bijna van de wijs
Toen 't antwoord kwam; had 'k goed gehoord?
Ja; 'achtien mijlen' was 't antwoord!
Dat had ik waarlijk niet gedacht;
Zoo ver, dat had ik niet verwacht.

Ach! achttien mijl! 'k keek naar de lucht,
Dacht aan mijn jas en – loosde een zucht...
De broeders gingen mij geleiden
Naar d' open 'buggy', die ter zijde
Van 't station te wachten stond.
Ik zag de paardjes en ik vond,
Dat 'n span van zulke arme knollen
Met ons niet zouden gaan aan 't hollen...
Toch waren z' waarlijk eerst vol ijver.
Ik nam mijn zitplaats naast den drijver,
En, daar een andere ontbrak,
Zat d' andere broeder in de bak.

We hadden nog niet lang gereden
Of 'k bibberde over al mijn leden.
Een natte sneeuwjacht woei ons tegen.
Wat was 't? was 't sneeuw of was 't regen?
'k Was koud; men kon het aan mij zien;
Ik voelde 't, ik kreeg natte knie-en,
En 'k dacht – was 't wonder? – aan mijn jas...
Toch, schoon de weg ook modd'rig was,
't Ging op een sukkeldrafje voort,
Totdat, na ongeveer tien mijl
W' een berg beklommen, soms zeer steil.
't Was voor de paardjes schier en moord;

't Was glad en glibb'rig tot den top.
Ik dacht: hoe komen w' er boven op!?
't Gelukte ons; maar o nieuwe wee,
Dat ons opnieuw haast sidd'ren dee':
Een vlakte lag daar uitgestrekt
Met ongeveer 'n voet sneeuw bedekt!
Zoo'n sneeuw als daar dien tijd toch lei,
Want 't was toch twee en twintig Mei! –
Stapvoets ging 't voort; wie durfde hopen
Dat onze paardjes, moe van 't loopen
Hun sukkeldraf vol zouden houden?
't Verveelde mij, want o, die koude!

'k Voelde niet meer, dat 'k voeten had;
En daarom, 't rijden lang reeds zat,
Liet ik mij van de buggy glijden
En liet mijn beide broeders rijden.
Zij gingen, dacht ik, niet op hol. –
Maar 'k hield het op den duur niet vol
Door diepe natte sneeuw te waden
En – 'k ging de buggy weer beladen. –
Langzaam ging 't verder; 't sneed er door,
Want nergens zagen wij een spoor;
En, 't was ook moeilijk het te vinden,
Daar sneeuwjacht schier 't gezicht verblindde.

't Was door een nieuw bezette streek,
Waar 't zoo gewoonlijk is gelegen:
Men heeft in zulk een oord geen wegen
Als elders, naamlijk: afgepaald;
't Gevaar bedreigt U daar (en 't bleek
Dat 't waarlijk niet denkbeeldig was;
We merkten zulks, helaas, zeer ras!)
Dat men in zulk een streek verdwaalt.

Want ja, 't werd spoedig werk'lijkheid,
Ontzettende realiteit;
'k Vernam het uit der broed'ren spreken:
We waren van de weg geweken!
't Bleek waar te zijn, wat werd gevreesd,
Want een der paardjes ('t arme beest!)
Was eensklaps in een gat gevallen;

En 't scheen van plan, dit merkten w' allen,
Om niet heel spoedig op te staan.

De broeders moesten 't helpen gaan.
De eene ging aan zijnen kop,
De and're aan zijn staart aan 't rukken,
En.. 't mocht den broederen gelukken.
Schoon uitgeput, het beest stond op;
't Kwam op vier pooten weer terecht!

En nu werd verder overlegd
Hoe op den rechten weg te komen.
't Gelukte ons en ik ging weer droomen
Van spoedig onder dak te wezen;
Maar andere bezwaren rezen
Toen w' eind'lijk mochten arriveeren
Op 't land van hem, hij wien verwacht
Werd, dat 'k den naasten nacht
(Reeds naakte die!) zou gaan logeeren.
We kwamen op zijn 'sectie' land;
Maar hoe we ook naar elken kant
Onze begeerige blikken wendden. –
Er was, zoo waar, geen huis te vinden!
Die nieuwe ervaring deed ons schokken;
De sneeuw viel neer in dikke vlokken;
De dag reeds grootendeels gedaald, –
En wij, nu andermaal verdwaald!
Zoo dicht bij huis en toch aan 't dwalen!
't Was vreemd voorwaar en toch was 't feit:
De boer kon met geen moog'lijkheid
De richting van zijn huis bepalen! –

Het schemerde over heel wat veld,
Maar – 't was met ons ook zoo gesteld...
We reisden met bezwaarde harten;
We wisten niet waarheen; we tartten
Natheid en kou en ongeduld.
We reden voort, we stonden weer; –
Wij luisterden en keer op keer
Werd 't hart met hope weer vervuld:
Niemand zou helpen dan de Heer'! –

Wij schreeuwden, – niemand scheen te hooren
't Botste over 't land en door de voren;
Wij reden dwars, dan weer rechtuit;
Dan ging het daaz' dan dien weg uit;
We reden en we draaiden rond;
We knielden samen op den grond,
Of niet een spoor was te ontdekken
Dat ons tot richting kon verstrekken; –
Vergeefs! en 't ging weer verder tot
Het and're paardje deelde in 't lot
Dat straks zijn makker was beschoren:
Het viel; het tuig brak en verloren
Scheen ons de tijd om 't nu te gaan
Herstellen; er was geen denken aan

– De paarden werden uitgespand
En wij, wij klotsten over 't land.
De paarden volgend, ging het verder;
– Twee boeren en een zieleherder;
Broers in verdrukking, met ons drie-en
De sneeuw door wadend tot de kniee-en!
Verloren had 'k een overschoen,
Moest het nu met een minder doen....
Nu loopend en dus niet meer rijdend
Bleek ras voor een van ons te zwaar.
't Was d' oudste broeder; hij was lijdend
Aan 't hart en voelde pijn reeds daar.
Hij ging daarom maar resolveeren
Weer buggywaarts terug te keeren.
Dat zou hem tot een rustplaats strekken;
Met dekens zou hij zich gaan dekken;
Desnoods daar ook gaan overnachten,
Maar toch intusschen hoopvol wachten
Tot wij 't huis mochten vinden, dat
Bij hem toch ook de voorkeur had!
En na dat nu gemaakt besluit
Gaan wij weer op verkenning uit.

Nu met ons beiden verder loopend,
Wel moe en koud, maar toch nog hopend, –
Wat komt daar eensklaps ons verrassen?
Is 't waar? ja, 't was het luide bassen
Des honds van mijnen reisgenoot!
Dat was, wat ons de richting bood
Werwaarts ons nu te moeten wenden
Om ons tehuis te kunnen vinden.
Een meisje kwam met een lantaren
Om ons den weg wat op te klaren.

– En na ruim zes of zeven uren
Op reis van 't station naar hier
Geweest te zijn; na het verduren
Van kou en moeheid, – was 't plezier
Ja waarlijk een zeer groot genot
Een huis weer in te mogen keeren.
Maar niet aan ons hiervoor de eere;
We voelden dit en dankten God!

De broeder, die als 'k zei zoo even,
Op gindsche buggy was gebleven,
Werd nu ook spoedig thuisgebracht.
We baden, dankten, aten, dronken
En straks in rustigen slaap gezonken,
Verzamelden we in den nacht
Voor 't werk des Zondags nieuwe kracht

Den dag daarop was 't Heeren dag
Waarop 'k 't gemeentje samen zag.
In 't huis van d' oudsten reisgenoot
Verkondigden we saam Zijn dood;
En staande achter 'n naaimachine
Mocht ik daar 's Heeren Woord bedienen.
Dat was het doel van mijnen tocht;
En nu 'k dat doel bereiken mocht,
Vergat ik spoedig de bezwaren,
Die m' op mijn reis moesten weerwaren.

En daarom heb 'k die Classisbeurt
Wel vaak herdacht, maar nooit betreurd.
Maar een ding weet ik taam'lijk wel:
Mijn pelsjas blijft mijn reisgezel;
Montana met zijn zonneschijn
Kan soms verbazend grillig zijn!

250 W. Main St., Zeeland, Mich.

De Zondagschool Picnic

Het berijmd verhaal over de Zondagschool Picnic is ook interessant omdat er duidelijk uit blijkt hoe in sommige opzichten de immigranten zich snel aanpasten aan een typisch Amerikaanse vorm van gezelligheidsleven. Op zo'n Picnic ga je samen als gezin uit, of met vrienden en kennissen, naar een park om daar in de natuur met eten en drinken en spel de dag door te brengen. Dikwijls komt dat voor op een nationale feestdag, maar het kan ook zijn een familie-reünie, of ook een kerkfeestje. Typisch daarbij is vaak de 'potlock dinner', een maaltijd waarvoor iedere moeder iets lekkers klaarmaakt en die op een picnic tafel uitgestald wordt. Uit de grote verscheidenheid aan lekkere hapjes mag ieder zichzelf bedienen. Zo'n picnic behoort ook tot de feesten van het kerkelijk jaar; de hele gemeente komt elk jaar een dag samen voor de Zondagschool Picnic of ook wel de Kerk Picnic. Dat is dan gezellig en stichtelijk in de natuur eten en praten, zingen en een toespraakje van de dominee beluisteren, en vooral deelnemen aan de vele spelletjes en wedstrijden voor jong en oud, zoals zakkenlopen, waarbij de lachspieren ook nog eens in werking kunnen komen. Zo'n gezellige dag van kerkmensen ontspant en sticht tevens, zoals blijkt uit het gedicht 'De Zondagschool Picnic':

Terug weer tot het daaglijksch werk,
De Heere ons met krachten sterk;
Wij onzen God in dank gedenken,
Voor wat Hij ons deez' dag wou schenken!

Kom, oud en jong en middelsoort,
En spoedt u naar dat lieflijk oord
En picnic dan eens flink, vandaag:
Want, oud en jong, die doen dat graag.

Doet vleesch en eiers in de mand,
Een pakje toothpicks voor den tand,
En boterhammen en biscuit,
Nu voorwaarts, vlug, met dezen buit.

De oude Ford is ingespannen,
Vol vrouwen, meisjes, jonge mannen,
De zuigeling met fleschje melk,
De plaats voor iedereen en elk.

Wij zijn gereed, wij gaan op reis:
Gemengde schaar van dom en wijs
En loopen door elkaar op 't strand,
Met voedsel in gevulde mand.

De jongen trekt zijn zwem-suit aan
Wil springend in het water gaan;
En d' oude baas verwonderd zeer:
Hoe jongens ooit het zwemmen leer'.

De kinders met een schopje klaar,
Maakt heuvels of een gat aldaar,
En schelpjes zoeken aan het strand,
Het is vandaag luilekkerland.

En twaalf uur als de klok dan slaat,
De maag voor eten opengaat,
Dan flopt een ieder zich ter neer:
Het middagmaal voor vrouw en heer.

Als Leeraar een gebed opzond
Een zegen vraagt, uit Zijnen mond,
Dan wordt het haantje opgemaald
Dat in de mande was gehaald.

De jonge haantjes smaken goed;
Op picnic men ze hebben moet,
En hammen van het jonge zwijn
Zal bij deez' maaltijd welkom zijn.

En spek en boonen, heerlijk bruin.
De jongen kijkt een beetje schuin
En ziet er heen met ongeduld,
Totdat zijn maagje is gevuld.

De koffie en de chocolade
Zijn lekker heet voor man en gade,
Terwijl een ijscream coontje koud
Geschikt meer is voor jong, dan oud.

Men zit te keuvelen op den grond
En stopt het haantje in den mond,
Die gister, door den bijl gehakt,
Zijn kop verloor en neder snakt.

De schoone natuur van onzen God
Biedt voor een Christen veel genot;
Waar wij Zijn macht en schoonheid prijzen
Voor veel, ontelbre gunstbewijzen.

Als kind'ren dan van eenen Vader
Zijn wij te zaam alhier vergader';
Wij zien hier water, berg en dal,
En God, den Schepper van 't heelal.

Wat is die Schepper wonder groot,
Die wolken schildert in het rood,
De aarde kleurt met prachtig groen,
Zooals geen artist het kan doen.

Die 't water verft met grijs en grauw,
Den hemel met doorluchtig blauw.
Waar sneeuw den bergtop altijd dekt
Zoover de sneeuwlijn zich maar strekt.

Fonteinen uit den berg onspringen,
In 't lomm'rig woud de vogels zingen,
En alles wat op aarde leeft,
Ontvangt wat God de Heere geeft.

De dag komt spoedig weer ten einde,
Vertrekken moet men, ver en heinde.
De oude Ford weer ingespannen,
Gevuld met oud' en jonge mannen.

Terug weer tot het daaglijksch werk,
De Heere ons met krachten sterk;
Wij onzen God in dank gedenken,
Voor wat Hij ons deez' dag wou schenken!

(Uit: *De Bereer,* september 1929)

Om te reciteren

Een bijzonder soort gelegenheidsvers is de recitatie of voordracht, in immigrantenkring zeer geliefd. Bij feestelijke gelegenheden moest er altijd een stuk worden voorgedragen, meestal in rijm, vaak humoristisch maar ook wel eens ernstig, maar altijd leerzaam! Ds. T. van der Ark beschrijft zelfs een reciteerclub 'Advendo' in Manhattan, Montana en stelt de vraag:

Wat is een club voor reciteeren?
Dat is een club van zeek're heeren,
Die samen gaan associeeren
Om door voortdurend exerceeren,
Het spreken in 't publiek te leeren

Ook doen ze hier aan critiseeren;
Want 't is voor allen eerst: probeeren.
En, hoe men ook moog' redeneeren
Men moet vaak rectificeeren;
Want aan wien zal niet wat mankeeren?

Men gaat een feest dan organiseeren;
De sprekers gaan zich dan eerst scheren;
Zich tooien in hun beste kleeren
Vooraf laat men 't dan annonceeren,
En men gaat and'ren inviteeren,
Met hun bezoek 't feest te vereeren
Zich met de club te amuseeren....

Men zou haast kunnen spreken van een Rederijkerskamer in Amerika! In de Amerikaanse school werd, en wordt veel aandacht besteed aan het spreken in het openbaar, in voordrachten en in debatten. Het reciteren was een zeer practische en tevens gezellige aangelegenheid en vooral nuttig voor toekomstige dominees. Dat er wel behoefte aan recitaties was voor gezellige en feestelijke bijeenkomsten blijkt uit een aantal boekjes van en voor immigranten. Ds. H. van der Werp schreef: *Lentebloemen voor de Huiskamer en het Reciteervertrek* dat, let wel, in 1886 in Kampen (Nederland) werd uitgegeven. De bekende uitgever, W. B. Eerdmans, was de samensteller van *Mijn Recitatieboek: Ernst en Luim* (z.j.), waarin zowel stukjes van Nederlandse schrijvers als immigranten werden opgenomen. Uit dit boekje ontleenden wij 'De Historie van Twee Proponenten,' door G. K. Hemkes, een dominee die veel voor de jeugd schreef. Een ander stuk, 'Een wedding speech' van John Lieuwen, is geschreven in de mengtaal *Yankee Dutch.* Dit verbasterd Nederlands wordt besproken in het hoofdstuk 'N FONNIE BISNIS.

De historie van twee proponenten
(door G. K. Hemkes)

Proponenten gingen preeken,
Twee, in 't oude Nederland;
d' Eéne zou des morgens spreken,
d' Ander in den middagstond.

Beiden moesten zij logeeren
Bij een Ouderling der kerk.
d' Eerste kwam vroeg uit de veeren
En ging ijverig te werk,

Om zijn preek te declameeren,
Lezend wat hij preeken zou;
't Geheel ging hij memoriseeren
Zeer nauwkeurig en getrouw.

d' Andre werd door 't lezen wakker,
Slechts een dun schot scheidde hen.
En hij dacht: o, Arme stakker,
Arme sukkel, die ik ben!

Wis, is zijne preek veel beter
Dan ik straks een leev'ren kan!
En hij dacht zich telkens heeter:
Och, dat toch die goede man

Nog weer eens ging repeteeren,
Dan schreef ik het woord'lijk op;
Ik kon dan memoriseeren,
En kreeg zoo zijn preek in top.

Want z' is beter dan de mijne,
En hij krijgt de roeping wis!
'k Draag dan woord'lijk voor de zijne,
Wat voor mij nog 't beste is.

'k Kan dat als snelschrijven schikken,
En mijn buurman weet dat niet.
'k Wacht nu enkele oogenblikken,
Tot hetgeen ik hoop geschiedt.

Hij neemt daarop schrijfgereedschap;
Hoort gelukkig weer de preek.
Woord voor woord schrijft hij met blijdschap
Laat er niets van in den steek.

Nu ging hij memoriseeren
Van 't begin tot aan het end!
Houdt steeds aan met repeteeren
Totdat hij haar woord'lijk kent.

En zijn kameraad ging preeken
Kost'lijk in den morgenstond.
't Kerkvolk zei: Die man kan spreken!
En zijn preek kwam in elks mond.

Wis, hem moeten wij beroepen:
't Is de beste, dien men hoort.
Zoo nu zeiden zij bij groepen,
Elk bevestigde dat woord.

d' Andre ging des middags preeken,
Sprak bezielend en met gloed.
'Vrienden, zei hij 't is gebleken
Dat mijn broeders preek voldoet.

Wat niet waar is moet gezwegen,
Dit is reeds van ouds gezegd;
Niemand heeft daar iets op tegen;
Want dit is voor allen recht.

Maar wat waar is moet men zeggen,
Soms wel voor een tweeden keer.
'k Wensch die waarheid uit te leggen,
'k Neem dienzelfden tekst eens weer.'

En hij sprak dezelfde woorden,
Die men hoord' in 't morgenuur.
Blijde werden die hem hoorden:
Want hij sprak met kracht en vuur.

Wel verbaasd, die man kan preeken!
Eénmaal heeft hij 't slechts gehoord,
En nu kan hij alles spreken,
Heel de preek van woord tot woord!

Zoo een zou nog beter passen,
En het volk won dat hij kwam.
Het beroep kwam hem verrassen,
En hij nam die roeping an.

(Uit: *Mijn Recitatieboek, Ernst en Luim*
verzameld door W. B. Eerdmans.
Deel I, Grand Rapids, Mich.:
Eerdmans-Sevensma, z.j.)

Een wedding speech

De Mrs. said last week to me
'Je moet een stukje leeren
En start maar rightaway er mee
Als je het moet prepararen'.

I said, 'Wat voor, je weet toch wel
Dat ik niet run voor deacon
En dat ik niet ben opge-mixed
Met war of polletieken'.

She says, 'I know, maar listen here
En do not get exited
Maar next week is de wedding
En we have been invited'.

'Dat's right', I said, 'I just about
Forgot about dat deal
En I am sure dat dey expect
Dat I should make een speal.

I wish, dat ik was smart genoeg
To make een recitacy
Maar t'is een job, t'moet niet te vroom
En ook niet al te crazy'.

De Mrs. says, 'Je kent het wel
You know your Yankee-Dutch
Besides dey know, you are not smart
So dey expect not much.

En if you want to make een hit
Dan zet je het op rhyme
We hebben nog een week to go
So you got lotsa time'.

Well, I fixed op een little piece
Ik zal het maar gaan lezen
Ik kan het ook wel out mijn head
Maar ik wil wat safer wezen.

Ja, – en – dit is de day
Dat you folks worden EEN
In Nederland dey sometimes say
You get een block aan t'been.

Het is al quite een while ago
Dat wij zijn nu getrouwd
Maar I can tell you folks right now
Het heeft ons nooit berouwd.

I know, op onze levenszee
Was het ook soms stormy wedder
Maar instead of pulling us apart
Het bracht ons close togedder.

We wish you folks much happiness
In jullie married leven
En know dat – van now on
Wel gas en oil kan saven.

I know myself dat courting time
Put mileage op de car
From now aan zijn you folks of course
Wat closer by elkaar.

Dey say, dat in America
Two live as cheap as one
Maar ik was daar wel leery van
En zag niet hoe dat kon.

Maar anyhow, you are tied op
En moet het maar gaan tryin
– van now on wil pay de bills
En – will do de buyin.

Now when you get een argument
En – dit moet je weten
De Mrs. heeft het laatste woord
So start niet met debaten.

En dit is alles wat ik here
Op rhyme heb neergeschreven
So let me close met deze wish
Een happy married leven.

(Uit: John Lieuwen, *Sweat en Tears)*

Studentengeschriften

Niet alleen dominees, maar ook theologische studenten hebben poëzie en proza in het Nederlands geschreven. Die studenten moesten in het Nederlands kunnen preken, en moesten dus ook een degelijke kennis van de Nederlandse taal en letteren hebben. Die opleiding kregen ze aan het Calvin College. In het studentenblad, *Chimes,* verschenen tot kort voor de eerste Wereldoorlog gedichten, verhalen, en zelfs moppen in het Nederlands zowel als in het Engels. De studentengeschriften die wij hebben opgenomen getuigen van taalbeheersing en talent. In het gedicht 'Winst door Verlies' herkennen we de latere dominee-dichter G. H. Hemkes die veel in het Nederlands schreef. Het verhaal 'Kamerdroomen' behoort stellig tot de beste stukken in het studentenblad gedrukt. Met fijne humor vraagt de schrijver zich af hoe de nadruk op de fijne grammatische distincties in de bekende grammatika van Terwey is te rijmen met het doel van de Neerlandicus om bij de studenten 'liefde in te boezemen voor onze schoone Nederlandsche taal.'
Ook het fragment uit het toneelstuk 'Dominee Kouwenaar of het Zedelijk Dualisme', dat in de reclame op naam van Ds. H. Hoeksema staat, werd geschreven toen deze nog student was. En dat heeft de nodige moeilijkheden opgeleverd voor de jonge, pas beroepen dominee. Ds. Kouwenaar is schuldig aan zedelijk dualisme, hij heeft een eenvoudig, deugdzaam meisje eerst verleid, en toen zij zwanger werd, verlaten. Het thema doet denken aan het bekende verhaal van Nathaniel Hawthorne, *The Scarlet Letter.* Ook hier is sprake van een dominee die zich terdege bewust is van zijn schuld maar zijn zonde geheim wil houden, zelfs als hij en het meisje er aan te gronde gaan:

...nooit mag de wereld weten
Als zou nog grooter schuld bezoedelen mijn geweten
Als zou de echtverbreker ook nog moord'naar zijn
Al zou 'k verduren al de helsche pijn.

Ook wanneer het geweten knaagt, bekeert de dominee zich niet, en het einde is tragisch. De dominee is schuldig aan zedelijk dualisme, hij is de schijnheilige. Het is stellig geen opwekkend beeld van de dominee dat hier wordt getekend, al is het literair gezien nog zo consequent. Dominee Hoeksema heeft er dan toch spijt van gehad dat hij het toneelstuk had geschreven en uitgegeven, en stelde pogingen in het werk om het boek uit de handel te nemen. Daarin is de eerwaarde niet helemaal geslaagd, getuige het fragment dat we hier geven, het hoogtepunt van het stuk, de ontknoping van het drama in de ontmoeting tussen de eerwaarde dominee en de zwangere Sophia, uit het, voor zo ver mij bekend, enige toneelstuk in Gereformeerde kring althans geschreven.

Winst door verlies

De Roomsche Keizer Hadriaan
Zei spottend tot een tal van Joden:
Voorwaar, uw God heeft zelf gedaan
Wat Hij aan menschen heeft verboden!

School voor voorbereidend onderwijs van het Calvin College, Grand Rapids, Michigan.

Wat meent Gij? Vroeg een Rabbi toen.
Wel, Hij heeft in Zijn wet bevolen,
Dat niemand als een dief mag doen,
En – Zelf heeft Hij een rib gestolen!

Een rib van Adam toen hij sliep;
En dat moet waarlijk diefstal heeten.
Dat deed Hij toen Hij menschen schiep,
En gij als Rabbi zult dat weten!

Des Rabbi's dochter stond er bij. –
Zij riep – zoo schijnbaar half verlegen:
Help mij, o Keizer! help toch mij,
Mijn nood mag niet voor U verzwegen.

Wat is U dan? vroeg Hadriaan.
Zij zei: Een snoode wetverbreker
Sloop in ons huis. Daar zag hij staan
In onze kast een zilvren beker.

Hij nam dien zilvren beker mee;
Maar voordeel kon hem zulks niet geven:
Hij liet een gouden in de stee. –
En heeft hij nu geen kwaad bedreven?

Wel neen, riep toen de groote heer;
Laat elken nacht zoo'n dief maar komen:
Het zilver nam hij, gaf goud weer,
Dàt wordt door niemand kwaad genomen!

Maar heer, sprak nu het meisje koen:
Was onze God dan wetverkrachter?
Hij nam een rib van Adam toen,
Maar – liet een dierbre Eva achter!

G. K. H.

(Uit: *Calvin College Chimes,* mei 1907)

Kamer Droomen

't Was een snikheete dag geweest. De Septemberzon, die zich zoo lang verborgen had gehouden, tot men er aan begon te twijfelen, of ze nog wel steeds haar dagelijkschen omgang maakte, was reeds vroeg in den morgen te voorschijn gekomen. Als om ons te tuchtigen voor ons weifelend geloof aan haar heerschappij, had zij met verdubbelde felheid haar brandende stralen naar omlaag geschoten. Haar vurige pijlen weerkaatsten op de straatsteenen, die heet werden, gloeiend heet, zoodat de voetganger, naar adem snakkend, snel zijn woning zocht te bereiken. Ze brandden op de daken der huizen, totdat het ook daar binnen bijna niet meer was om uit te houden. In een woord, de geheele stad scheen in een oven herschapen.
Was het wonder, dat iedereen, en daaronder ook uw onderdanige dienaar, met verlangen den avond tegemoet zag? Die toch zou verademing brengen. Dan zou er een zacht koeltje ruischen door het

gebladerte van de boomen langs de straat. Dan zou 't moegesufte menschdom verkwikt worden en zich te goed doen na een dag van ongewone hitte.
De avond was gekomen. Ook ik had met blijdschap 'de koningin des daags' vaarwel gezegd en bereidde me nu voor, om me na den eten te verdiepen in de boeken. Gedurende den namiddag waren al mijn goede plannen om ijverig te studeeren in het water gevallen. Studeeren! Wie is er toe in staat, wanneer de benauwde klacht: 'Foei, wat is 't heet!' u ieder oogenblik naar 't met zweet bepareld voorhoofd wordt geslingerd? Wanneer de zweetdruppels eerst in beekjes zich garend, dan zich vereenigend tot stroomen, eindelijk in woeste vaart van kin, neus en andere hoeken van uw gelaat ter neder ploffen, Niagara's in miniatuur? Wanneer het ijzig lot van den Laplander, begraven onder sneeuw en rijm, u onbeschrijfelijk gelukkig toeschijnt? Waarlijk, 't eischt dapperder held dan ik me durf beroemen te zijn.
De avond was dan gekomen. Maar hij had teleurstelling meegebracht. Wel vuurde de zon niet langer op ons wereldhalfrond, maar de atmospheer was nog steeds benauwend heet. De causa had opgehouden te bestaan, maar het effectum duurde voort. En bijna geen zuchtje ruischte er door het gebladerte van de boomen langs de straat.
'k Zat in mijn heiligdom, omgeven door boeken. Behalve een paar nijdige vliegen, die elkander het leven veraangenaamden, maar mij het lastig maakten, was ik geheel alleen. Buiten waren er nog meer (ik bedoel vliegen) maar dat hinderde mij niet. Wat me echter wel hinderde was een temperatuur van bij de 85 graden, die nog steeds in mijn kamer heerschte. 'k Zat voor een geopend raam, waarvoor gaas gespannen was, dat wel de vliegen, maar niet de warmte kon buitensluiten. Met mijn voeten rustend op de tafel voor me had ik me behaaglijk neergevlijd in een gemakkelijken leuningstoel. Op mijn knieën, ongeveer horizontaal met mijn gelaat, lag Terwey's Handleiding tot grammatisch geluk. In dat boek tuurden mijn oogen.
Mijn goede mater familias had me zoo juist een glas limonade gebracht. Zij, de goede, trouwe ziel, die zoo moederlijk voor me zorgt, had het zeer wel begrepen, hoe hoogst welkom op een avond als deze zulk een verkoelende drank is voor den armen student, verdwaald als hij is op de doolpaden van Terwey's beroemde (beter: beruchte) Spraakkunst.
Nu ben ik gewoonlijk kalm van aard en gewend me in het onvermijdelijke te schikken. Ware dat zoo niet, ik had op bedoelden avond bedoeld boek met al zijn wetenswaardige (?) bijzonderheden, reeds lang in een hoek gesmeten. Dit deed ik echter niet, maar nu had het tegenovergestelde plaats. In plaats van mij op te winden en in spijt van het medicinale drankje mijner zorgvuldige hospita, begonnen mijn oogleden zwaar te worden en de sluimering werd mij zoet. Langzaamerhand dommelde ik in. En al dommelende, droomde ik ook. Dat doe ik anders nooit, maar 'k kon het toch voor ditmaal waarlijk niet helpen. En 't was een droom van beteekenis ook welks uitlegging niet ver was te zoeken. Daarom ga ik hem hier vertellen.
't Was eerst alles een chaotische massa. Niets had vorm of gestalte. De woorden en letters, die ik juist had gelezen, maar die hun beteekenis voor mij al lang verloren hadden, werden tot vreemde, wanstaltige gedachten vervormd en sprongen in wilden dans door elkander heen. Een vaag, onbestemd gevoel scheen me (natuurlijk in mijn droom) te bekruipen, dat al dit geharrewar wel terdege een bestemd doel had. 't Scheen mij toe, alsof die woorden, die me in mijn wakende uren zooveel hoofdbrekens gekost hadden, er naar streefden, om zich volkomen op te lossen en een nieuw geheel te vormen. Wat dit nieuwe geheel zou worden, liet zich vooreerst nog niet gissen. En hoe lang deze babylonische verwarring aanhield, durf ik niet zeggen. Zeker niet heel lang; in een droom gaat alles zoo onbegrijpelijk vlug.
Langzamerhand begon er een nieuwe orde van zaken. Eerst een vormloozen klomp gelijk, verscheen er in het midden der dansende en slingerende tooverwoorden een gedaante, die iets op een mensch begon te gelijken. Enkele zwermen behekste letters roezemoesden nog om hem heen. Ook deze plakten zich aan de verschijning vast, vulden de ontbrekende gedeelten aan, en ziedaar, mijn studieboek herschapen in een menschelijk wezen!
Verwacht niet, dat ik zal trachten, u hem in al zijn omvang uit te schilderen. 't Zou te veel tijd nemen, en bovendien heb ik, zeker door verbazing en schrik, ook alle kleinigheden niet kunnen opmerken. Zooveel herinner ik me nog, dat hij er recht geleerd uitzag. En geen wonder! Was hij niet de personificatie van dat geleerde boek, dat zooeven daarvoor me op mijn knieën lag?
Zijn geheele voorkomen deed me denken aan enkele caricaturen van een zekeren beroemden (?) Dr. Ossler, die ik onlangs in een onzer couranten vond. Zonder indecent te worden, bekeek ik (altijd in mijn droom) mijn bezoeker dan ook eens van alle kanten en jawel – daar achter aan de slip van zijn jas prijkte het bekende papiertje, dat ons (in wakenden toestand) naam en ambtsbezigheid van dergelijke courantenfiguren doet leeren kennen. Ik keek nog eens wat nauwer, en – mirabile dictu – daar las ik: 'Terwey, L.L.D. etc., uitvinder van logische distincties; specialist in het afstompen van jeugdige hersenen.' De rest was onleesbaar. Maar ik wist genoeg. En blijde was ik, dat hij zich niet te dicht bij me terneer zette, maar op een stoel aan den anderen kant der tafel plaats nam.
Mijn vriend Hannes, die beweert hem vroeger ook al eens gezien te hebben, zegt dat er op zijn hoofd elf haartjes stonden, recht op, en dat een pet, à la slaapmutsen mode, meer tegen het achtergebergte van zijn hoofd bengelende dan er boven op rustende, niet bij machte scheen, dezen weelderigen haargroei behoorlijk terneer te houden. 'k Beken, het niet opgemerkt te hebben; mijn geest was te zeer overstelpt. 'k Zie nu echter in, dat deze elf haartjes de elf klassen van bijwoordelijke zinnen representeeren. Wel ontdekte ik de elf rimpels op zijn stroef voorhoofd. Ook al weer symbolisch. 't Zijn de elf

klassen van sterke werkwoorden.
'Zeg eens, ventje,' dus ving mijn ongewenschte bezoeker het gesprek aan, 'vertel mij nu eens rechtuit en openhartig, wie je bent en hoe het komt, dat je met mijn interessant boek voor je, toch in deszelfs inhoud in 't geheel geen behagen schijnt te scheppen?'
Hij sprak met een air van veinzende, trotsche beleefdheid, maar zijn houding was uitdagend en de blik uit zijn oogen trachtte tot in het diepste van mijn ziel te dringen.
Ik sidderde.
'Welnu, heb je mij niet verstaan? Waarom zwijg je? Wie ben je?' vervolgde hij, zeer uit de hoogte.
Ik stotterde zoo iets van mijn naam, en voegde er aan toe, dat ik een nederig pelgrim was op den grooten grammatischen heirweg tot logisch geluk in het causaal verband.
Natuurlijk dacht ik, dat als 'k in zijn gezelschap juiste verheven taal wist te gebruiken, hij een beteren indruk van mij zou verkrijgen. Maar ik had misrekend. 't Scheen dat ik den een of anderen kleinen misslag beging in mijn antwoord, want het vuur zijner oogen schitterde onheilspellender dan ooit.
'Dus je studeert grammatica, niet waar?' verlangde hij opnieuw. 'En je zoekt naar logische distincties?'
Ik knikte van ja, want spreken durfde 'k haast niet meer.
'Je kunt ze vinden in mijn boek,' verzekerde mijn kwelgeest, 'maar ik betwijfel het ten zeerste, of je ze wel ooit vindt. Je ziet er in 't geheel niet naar uit, gansch niet student-achtig.'
Hij monsterde me van kop tot teen en voegde er bij: 'Om een ding te noemen je hebt te veel haar op je hersenpan. Als je mijn boek waarlijk goed bestudeerde, zou het er uitvallen. 't Moest er uit vliegen, bij het napeinzen van mijn gedachten.'
'Ben je al eens gedropen?' vroeg hij plotseling.
Ik antwoordde, dat ik de eer niet had.
Een meewarig lachje rimpelde zich op zijn stuursch gelaat. Eerst scheen hij me niet te kunnen gelooven, maar mijn rondborstig voorkomen overtuigde hem, dat ik de waarheid sprak.
'Hoe is het mogelijk?' sprak hij als tot zichzelf. 'Zijn mijn fijne distincties dan nog niet fijn genoeg geweest, om dezen armen sukkel door de korf te laten zakken?'
Zich wederom tot mij richtende, vervolgde hij: 'Hoe lang moet je nog in mijn boek studeeren? En hoeveel jaren van dergelijke studie heb je al achter den rug?'
'k Vertelde hem, dat ik aan het einde van mijn cursus zoo ongeveer vijf jaren in de studie der Nederlandsche grammatica zou doorgebracht hebben. 'k Meende, dit zou hem wat gunstiger van mij doen denken. Maar 't was weer mis. Dit merkte ik uit zijn opgewondenheid, die hij nu niet langer kon inhouden.
'Geen wonder,' barste hij uit, 'dat er zulk een waas van goedige domheid op je gelaat verspreid ligt. Vijf jaren slechts om al die fijne, driewerf fijne grammatische distincties, waar ik zoovele tientallen van jaren aan besteed heb, in je hoofd te prenten! Minstens tien jaren behoorde je mijn gedachten, in dat boek vervat, na te pluizen! Dat boek heb ik geschreven, om je liefde in te boezemen voor onze schoone Nederlandsche taal! Wie tweemaal bij het examen door de korf gaat, en dan nog eenige malen op het kantje af juist de korf mist, gloeit van hartstochtelijke bewondering voor een taal, die zooveel schoons biedt. Daarvoor heb ik het geschreven! Versta je?'
'k Begreep het maar al te goed. Hij vervolgde met heftige bewegingen: 'Daarom ook heb ik al die classificaties tot in het oneindige te boek gesteld. Daarom geef ik zoovele nietigheden, gansche reeksen, waarvan ik de logica na jaren zwoegens niet heb kunnen ontdekken. Practisch nut zal je er niet van hebben, maar je moet je hersens er mee opvullen. En eindelijk: niet alleen staat er veel in dat boek, maar hoe oneindig veel meer is er niet, dat er niet in staat, en dat je er bij moet leeren denken. Zeg, heb je al tusschen de regels leeren lezen?'
Mijn bezoeker werd me hoe langer hoe onaangenamer. 'k Werd werkelijk bang voor hem. Steeds dreigender werd zijn blik en zijn laatste vraag liet hij met zulk een harden slag op de tafel vergezeld gaan, dat ik met schrik ontwaakte.
De lamp was uitgegaan en 't was dus donker in mijn kamer. Het boek was van mijn knieën gegleden en op den vloer gevallen. 'k Zocht het weer op en studeerde – zonder licht!

Siesta

(Uit: *Calvin College Chimes,* december 1907)

Dominee Kouwenaar of Zedelijk
Dualisme

Hoe vreemd bonst mij het hart...
(Opent de deur)
Sophia:
Gij, Door?.... vergeef me.... Kouwenaar?
Gij hier?.... ik ben versteld... bedaar....

Kouwenaar:
In naam van al wat heilig placht
Te wezen tusschen ons, spreekt zacht!
'k Ben heimlijk hier gekomen.

Sophia:
O, Theodoor!....

Kouwenaar:
Sst! noem mijn naam niet....

Sophia:
Maar zeg mij dan, wat dreef u hier?

Kouwenaar:
Sophie, 'k wou u een voorslag doen.

Sophia:
Kom in dan, zoo ge wilt, de nacht
Is koud, de wind schijnt al zijn kracht
Te spannen, kom....
(Beiden gaan naar binnen. Kouwenaar laat zich op een stoel vallen, en zit met beide handen voor 't gelaat.)

Sophia: (Overmeesterd door plotselinge herinneringen)
O, God hoe wreed, hoe tergend wreed
Is 't levenslot, voor ons beschoren!
Hoe is ons aardsch geluk verloren!
Door eene zond'; een veege stond,
Waarin de wellust ons verslond –
En weg is al de levensvreugd,
Weg zoet genot, weg zielsgeneugt,
Weg vrede, vroomheid, eer en deugd,
Weg reine liefde.... o! het heugt
Mij alles nog zoo scherp.... Eén uur
Verteerd door 't helsche wellustvuur,
En weg, voor eeuwig weg, is alles....
(Dan kalmer na een wijle....)
Doch gelijk de stroomen
Niet opwaarts wederkomen
Langs d' eigen zoomen,
Die hen betoomen;
En gelijk de tijd in 't klokketikken
Nooit terugroepen kan de oogenblikken,
Die in 't grijzende verleden zweven,
Maar onverbiddelijk voorwaarts wordt gedreven –
Zoo ook onze daden,
Met zonde beladen;
Eenmaal bedreven,
Verwoesten z' ons leven.

Kouwenaar:
En toch, schoon de tijd nooit wederkeert,
Nooit uitdelgen kan, 't geen was verkeerd,
Toch kunnen en mogen w' ons wachten voor schand,
En moeten w' elkaar bieden behulpzame hand.

Sophia:
't Is waar, gij hoeft niet te deelen in de schand,
Schoon ook gij deelt in zonde, heiligen band
Verbrekend; gij kunt nooit te wisschen smaad
Ontkomen, zoo slechts niet het zondig smaad,
In zond' ontvangen, straks tot 's werelds hoon
Geboren, al te sprekend beeltenis vertoon
Van hem, die 't genereerde....

Kouwenaar:
Sophie, houdt op! nooit mag de wereld 't weten.
Als zou nog grooter schuld bezoedlen mijn geweten,
Als zou de echtverbreker ook nog moord'naar zijn.
Als zou 'k verduren al de helsche zielepijn....
(Zich bedwingend)
Doch neen, 'k vergat mijzelf in d' angst voor smaad,
Maar toch, Sophie, zoo nog uw liefde brandt,
Bewaar gij mij voor gruwelijker daad.
Zoo g' in uw hart nog voelt de oude band,
Wijs dan niet af 't verzoek, waarom ik hier kwam.
Verlaat deez plaats, vertrek naar Amsterdam.

Sophia:
'k Zal u bewaren, en Gods koningrijk,
Ontrust u niet, voor 't vuile schandeslijk,
Geloof mij; en zoolang uw eigen naam
Nog met den naam der kerk genoemd wordt saam,
Zal 'k daarvan zorgvol weren allen blaam.
Doch zelf te vluchten
En zelf te duchten
Voor smaad en spot,
Verhoede God.
'k Zal, zij 't met zuchten,
De bittere vruchten
Der zondeplant
Deemoedig plukken,
Mij niet ontrukken,
Aan straffend' hand.
'k Zal, God ten offer, boete doen,
Dat Hij om Christus wil verzoen
Deez vuile zonde.
Mocht Hij vergeven u en mij
Den wellust en de snoodaardij
Dier eene stonde....
Neen, spreek niet meer, niets zal mij nopen,
Om smaad en schande te ontloopen
Der zonde, die 'k bedreef.
'k Wil liever al mijn levensdagen
In ootmoed, vol de straffe dragen,
Opdat mij God vergeef.

Kouwenaar:
Het zij zoo dan; zij dit ons laatste woord!
Gij kent de pijne niet, die mij de ziel vermoordt:
't Verwijt van heime zond' terwijl ik andren wijs
Op zonde's schendend' aard, op zonde's bittren prijs.
O, kon ik slechts genoegzaam strijden,
Om mijne zonde te belijden!
Kon ik slechts mijn ziele beuren
Tot zulk een hoogte, dat 'k verscheuren
Dorst het masker, 't waar gelaat
Dekkend.... bange vrees voor smaad
Weerhoudt mij;.... 't blijv' dan zoo; mij
Zal scherp de wroeging tergen, gij
Zult in het open dragen smart,
Maar vrede hebben voor uw hart.
(Exit Kouwenaar)

Vierde Tooneel
(Kouwenaar, buiten gekomen ontmoet daar den voddenraper, die grijnslachend en zonder hem aan te zien luidsprekend voorbijgaat.)

De Voddenraper:
Een slang kwam bij een duifken,
Te strijken 't zachte kuifken;
Doch 't duifken, wars van zulk gevlei,
Ontvloog die huichlarij.

Kouwenaar: (Verschrikt zich omkerend)
Wat, Krelis, zeg mij, raadselt gij?

De Voddenraper: (Uit de verte)
Ha, ha, ha!
(Exit Voddenraper)

Kouwenaar:
Wat is het, dat in 't nachtelijk uur,
Zoo koud en guur,
Mij bang doet zweeten?....
Een gloênde keten als van vuur,
In eeuwigen duur
Brandt mijn geweten.
Amelia, Sophie, publieke eer....
O, God, 't is mij een last, dien ik niet meer

(Uit: H. Hoeksema, *Dominee Kouwenaar of Zedelijk Dualisme,* Grand Rapids, Mich. Wm. B. Eerdmans, 1919)

Kindergedichten van Ds. H. van der Werp

Een zeer bijzondere plaats in de immigrantenpoëzie wordt ingenomen door het geestelijk lied, oorspronkelijk en vertaald. Drie dichters vooral verdienen onze aandacht: Ds. H. Van der Werp, Ds. B.D. Dijkstra, en Dewey Westra. De meest oorspronkelijke dichter is wel Ds. Van der Werp, die een gedichtenbundel voor kinderen, *De kleine Samuel,* uitgaf en een bundel geestelijke liederen *Cardiphonia.* Uit het voorwoord tot deze bundel citeren wij enkele passages:
Het gunstig onthaal, aan mijn Kleinen Samuel – een bundeltje Gebeden, Dankzeggingen en Liederen voor kleine kinderen – ten deel gevallen, gaf mij vrijmoedigheid een zangbundel saam te stellen, welke in wijder kring zou kunnen dienen.
Cardiphonia wil zeggen: Stemmen des harten. Mijn doel is uit het hart tot het hart te spreken. De grondtoon dezer geestelijke liederen is vervat in de eerste regels van het eerste lied:

Ik zing de deugden van mijn God,
En Zijn veelvouden lof.

Mijn doel is, gelijk de inhoud uitwijst, en ik mijn

De kleuterklas van de Christelijke school in Holland, Michigan rond 1910.

roeping acht: te stichten, te vermanen en te vertroosten. In hoeverre ik dit doel bereiken moge, laat ik gaarne anderen beoordeelen. De voornaamste afdeelingen van het veld der christelijke ervaring en werkzaamheid meen ik betreden te hebben. De liederen zijn oorspronkelijk, vertaald of – slechts enkele – overgenomen. De eerstgenoemde zijn in de inhoudsopgave met O geteekend. De vertaling moest, naar omstandigheden, nu eens streng, dan weer vrij, ook wel gewijzigd zijn.

Morgenbede en Dank (Wijze Ps. 134)

o God, ik dank U dat de nacht
Een zoete rust mij heeft gebracht,
En dat dit nieuwe morgenlicht
Mij toont uw vriendelijk aangezicht.

Verzorg, behoed, geleid mij, Heer,
Opdat ik leve tot uw eer.
En wasch in Jezus' bloed mij rein,
Zoo zal mijn eind eens zalig zijn.

Avondbede

Och, lieve Heer,
Ik bid U zeer,
Eer ik ga slapen,
Hou Gij van nacht
Bij mij de wacht,
En al uw schapen;
Maar 'k heb, hoe klein,
Een hart onrein,
En moet mij schamen:
Vergeef, o Heer,
Uw Naam ter eer,
Mijn zonden, Amen.

(Uit: H. Van Der Werp, *De kleine Samuel: Bede, Dank en Lof uit Kindermonden, Een Boekje voor het Christelijk Huisgezin,* 3e druk, Grand Rapids, Mich. B. Seversma, 1908)

De Tien geboden

De Tien Geboden werden iedere zondag in de gereformeerde kerken gelezen. Reeds eeuwenlang hebben Nederlandse schoolkinderen in het *A. B. C. of Haneboek* o.a. enkele gebeden en de Tien Geboden van Mozes moeten leren lezen en uit het hoofd leren. Men vraagt zich af of Ds. H. Van der Werp soms dit boekje voor ogen heeft gehad toen hij een morgen- en avondbede alsmede De Tien Geboden èn De Tien Plagen op rijm zette voor de kinderen om deze in het geheugen te prenten.

De Tien Geboden
(Ex. 20. Deut. 5)

God heeft op Horeb deze Wet
Voor alle menschen ingezet:
1. Dient éénen God en anders geen;
2. Buigt voor geen beeld van hout of steen;
3. Gebruikt Gods naam met diep ontzag;
4. Gedenkt en heiligt 's Heeren dag;
5. Ziet toe dat gij uw ouders eert;
6. Dat gij niet doodt of iemand deert;
7. Breekt nooit den eens gesloten echt;
8. Steelt niet: 't is beter arm dan slecht;
9. Spreekt nooit een valsch getuigenis;
10. Begeert niet wat uws naasten is.

Och of wij uw geboôn volbrachten
Gena, o hoogste majesteit!
Gun door geloof in Christus krachten
Om die te doen uit dankbaarheid.

't Eerste gedeelte, de Tien Geboden, kan gezongen wijze Ps. 127 (De inleiding er bij te nemen)

De Tien plagen

Toen trotsche Faro Jacob's zaad
Verdrukte tot den bloede.
Deed God, die machtig is van daad,
Tien teeknen, hen ten goede.

Bloed, vorschen, luizen, ongediert
Met *pest* en booze *zweren,*
Zond God, die alle ding bestiert.
Om Faro te verneêren.

Toen dit niet hielp bezocht Hij 't land
Met *hagel* en *sprinkhanen,*
Om door zijn telkens strengre hand
Zijn volk een weg te banen.

God zond, toen Faro weerstand bood,
Stikduisternis drie dagen;
En sloeg *al de eerstgeboornen* dood;
De vreeslijkste aller plagen!

Ras liet nu Faro Isrel gaan
Naar 't land van zijn begeeren;
Dit heeft Gods sterke hand gedaan:
Lof zij den Heer der Heeren!

(Uit: H. Van Der Werp, *De kleine Samuel: Bede, Dank en Lof uit Kindermonden)*

Geestelijke liederen

Oorspronkelijk geestelijke liederen van Ds. H. van der Werp

Miserere Domine, Ontferm U, Heer
(Wijze Ev. Gez. 232)

Ontferm U Heer, en toon Uw aangezicht
Aan wie geknield op Uwen drempel ligt,
Gebukt door schuld, het oog op U gericht,
Vol boetetranen.
O Gij, die zelf den weg des heils woudt banen,
Hoor mijn gebed, wil naar mijn smeeking hooren,
Delg uit mijn schuld, Gij, 's Vader's Eengeboren,
Heer Jezus, red!
Erbarming voor het afgedwaalde kind,
Dat met berouw zich aan Uw voeten vindt,
Tot uwen wil, o Heer, oprecht gezind,
Met kindervreeze;
Och of Uw liefde mij genâ beweze,
Barmhartigheid wou tegen 't oordeel roemen,
Dan zou mijn hart U zijn Verlosser noemen,
In eeuwigheid!

Pinksterzang
(Wijze, Ps. 138)

Kom, Geest des Vaders, Heilige Geest!
Die 't hart geneest,
Bevlekt met zonden –
Kom, Wasch uit louter zondaarsmin,
Mijn ziel en zin
In Jezus wonden;
Ontwaak, doorwaai mijn dorren hof,
Leer me, U ten lof,
Toch vast gelooven:
Zoo zal mijn leven hier altijd
U zijn gewijd,
En eens Hierboven!

(Uit: H. Van Der Werp, *Cardhiphonia: Geestelijke Liederen voor Christelijke Gezinnen en Vereenigingen*, Holland, Mich.: De Grondwet Drukkerij, 1894)

Geestelijke liederen, uit het Engels vertaald

Kom, Hemelduive, Heil'ge Geest
(G. H. 412 – G. H. 5 – 207)

Kom, Hemelduive, Heil'ge Geest.
Gij trooster aller smart,
Bereid een heilig liefdefeest.
In dit ons koude hart.

Heb meêlij met ons beuz'len. Heer,
Ons wroeten in het stof,
Ons hart heeft geen gebeden meer,
En onze mond geen lof.

Al zingen wij een vormlijk lied.
't Is minder nog dan 't schijnt:
Helaas, hosanna's zijn er niet
Wijl onze godsvrucht kwijnt.

Zulk leven doet de ziele pijn,
't Is erger dan de dood;
Zoo zwak zal onze liefde zijn,
En de uwe, Heer, zoo groot!

Kom, Hemelduive, Heil'ge Geest,
Gij Trooster aller smart.
Uw liefde die de ziel geneest
Ontvonke opnieuw ons hart!

(Uit: H. Van Der Werp, *Lentebloemen voor de Huiskamer en het Reciteervertrek*, Kampen: G. Ph. Zalsman, 1896)

Blijf bij ons
Luk. 24 : 29
(G. H. 5 – 51)

O, blijf bij mij, vast nadert de avondstond,
De schaduw daalt, die mij den nacht verkondt;
Als alle troost in 's levens woestenij
En hulp me ontvalt: Heer Jezus, blijf mij bij.

Mijn levenszon zinkt neder aan den trans;
Mijn vreugd verdwijnt met 's levens ijd'len glans;
Mijn kracht vergaat, ik zie mijn eind nabij:
o Gij, die nooit verandert, blijf mij bij.

Als 'k eenzaam was, benauwd en droef van geest,
Zijt Gij altoos mijn God, mijn goed geweest;
Dies klimt mijn beê, hoe bang de vreeze zij,
In nood of dood: Mijn Heiland blijf mij bij!

Mijn laatste blik zal breken op uw Kruis;
Mijn laatste zucht zij: haal mij spoedig thuis;
Mijn laatste toon – mijn eerste aan de overzij:
Ik ben verlost, mijn Jezus blijft mij bij!

(Uit: H. Van Der Werp, *Lentebloemen voor de Huiskamer en het Reciteervertrek)*

De oude koloniale kerk, ook wel de Van Raaltekerk in Holland, Michigan, 1906.

Ter vergelijking nog een vertaling:

Blijf met mij, Heer! (Abide with me)

Blijf met mij, Heer! want de nacht is nabij
De kille mist komt op, ja blijf met mij;
Nu alles mij ontbreekt, alles mij ontvliedt,
Ontvouwer van Gods Woord, verlaat mij niet.

Blijf met mij Heer, want bijna is het nacht,
En de storm nadert ons met groote macht.
't Is buiten reeds donker – van licht geen schijn
Niemand dan Gij kan mijn vertrooster zijn.

Blijf met ons, Heer! In den hopen-nacht
Verstaan wij, Heer, wat Gij van ons verwacht!
Maak ons werk zegenrijker, meer en meer,
Opdat het verhaaste Uw komst, O Heer!

John G. Breman

(Uit: *De Bereer)*

Stichtelijke liederen van Ds. B. D. Dijkstra

De inleiding van Ds. Dijkstra tot zijn bundel *Stichtelijke Liederen* is belangrijk omdat de schrijver uiteenzet waarom hij liederen uit het Engels in het Nederlands vertaalde. Daar zegt hij:

Er zijn nog meer dan we meenen die gaarne een Hollandsch lied hooren. Ons statig psalm gezang moeten we blijven waardeeren. Maar daar is toch behoefte aan echte geestelijke liederen. Jammer genoeg, dat we deze niet onder onze jeugdigen gebruiken. Hebben we ons zelve in den waan gebracht dat liederen niet mogen gezongen worden in eene vergadering? Dan is het treurig genoeg en hoog tijd dat we elkander daaruit verlossen. De Engelsche diensten trekken meer aan door het welluidend gezang. Met dezelfde geoorloofde vrijheid klinkt het Nederlandsch nog schooner. Deze taal toch heeft volle klinkers gelijk het Italiaansch. Amen klinkt in 't Engelsch maar saai. We vragen daarom, waarom er geen royaal gebruik gemaakt wordt van werkelijke liederen, en bieden meteen eene bescheidene proeve aan.
Het doel van dit bundeltje is om tegen geringen prijs iets beschikbaar te stellen. Een paar psalmen werden uit het Hebreeuwsch rechtstreeks over gebracht en naar bekende wijze. Dit is wel gelukt. Van gewenschte Gospel Hymns geven we onze versche vertaling. Deze geschiedde terwijl de echte melodie in de ooren ruischte. Ze werden streng getoestst. De wijzen zal men in de gangbare muziek

bundels kunnen vinden. De bewerking was aangename vertroosting op eenzame tochten en door uren wachtens. We zingen de liederen gaarne in eigen huiselijke kring en hopen dat ze in de woningen van ons volk alzoo een plaatsje mogen vinden. De volgende bundels zullen wel al de zangwijzen bevatten: Gospel Hymns, Church Hymnary, Pentecostal.

Orange City, Iowa. B. D. Dykstra

(Uit: B. D. Dijkstra, *Stichtelijke Liederen,*
Orange City, Iowa: B. D. Dijkstra en Zoons, z.j.)

Psalm drie-en-twintig
wijze: He leadeth me

1
Mijn goede Herder is de Heer,
Zoodat ik nimmer iets ontbeer;
In groene weiden rust ik zacht,
Aan stillen stroom is hij mijn wacht.
Hij schenkt verkwikking van 't gemoed,
Hij leidt mij en bestuurt mijn voet
In sporen der gerechtigheen,
Om zijnen naam en Wil alleen.

2
Al moet ik gaan door 't donkre dal
Der schaduwen des Doods, ik zal
Niet vreezen want Gij blijft nabij;
Uw stok en staf vertroosten mij.
Mijn tafel dekt Ge, al haat mij elk;
Gij zalft mijn hoofd en vult mijn kelk;
Genade en 't goede volgt gewis
Wien steeds Gods huis tot woning is.

(Uit: B. D. Dijkstra, *Stichtelijke Liederen)*

Lieflijk stadje Bethlehem
Little town of Bethlehem

1
O lieflijk stadje Bethlehem,
Hoe rustig sluimert gij!
Hoog boven uwen diepen slaap,
Gaan sterren stil voorbij.
Doch in uw duistre straten
Straalt heden 't eeuwig licht;
De hoop, de vrees, al d' eeuwen door,
Is thans naar u gericht.

2
Maria baarde Jezus.
Daar boven in dien nacht,
Als sterv'ling slaapt, houdt 't englenheir
In wondre liefde wacht.
Vermeldt dit Kind, o sterren,
Dat heilig werd gebaard;
En zingt aan God den Koning lof,
En vree den mensch op aard.

3
Hoe stil daalt toch, hoe zachtkens.
Die wondre gave neer,
Zoo stil schenkt God in 's menschen hart
Des Hemels zegen weer.
Geen oor hoort hoe Hij nadert,
Maar bij al 's werelds leed,
Is 't nog de dierbre Christus die
In 't needrig harte treedt.

4
O heilig Kind van Bethlehem!
Daal tot ons in den Geest,
Werp zonde uit en wordt in ons
Herboren op dit feest.
Zoo vaak bij 't Kerstfeest d' Engel
Het groot blij heil vertell',
O kom tot ons en blijf bij ons,
Gij God, Immanuel!

(Uit: B. D. Dijkstra, *Stichtelijke Liederen)*

Het Dwalend Schaap
I was a wandering sheep

1
Ik was een dwalend schaap;
De kudde minde ik niet,
Ik hoorde niet mijns Herders stem,
Wiens tucht ik trots verliet.
Ik was 't weerspanning kind,
Ik was niet gaarne thuis.
Ik minde niet mijns Vaders stem
Ik zwierf liefst ver van huis.

2
't Is Jezus die mij hoedt;
Hij heeft mijn ziel bemind.
Hij reinigde mij in Zijn bloed,
Waar ik genezing vond.
't Verloorne zocht Hij op;
Het dwalend schaap vond hij,
Hij bracht mij tot Zijn kudde weer;
En steeds beschermt Hij mij.

3
Ik was een dwalend schaap.
'k Verdroeg de tucht niet meer,
Nu hoor ik liefst mijns Herders stem,
Ik min de kudde teer,
Ik was 't weerspannig kind,
Ik zwierf liefst ver van huis,
Nu hoor ik liefst mijn Vaders stem;
Ik ben maar liever thuis.

(Uit: B. D. Dijkstra, *Stichtelijke Liederen)*

Psalmberijming van Dewey (Douwe) Westra

De onderwijzer Dewey Westra is vooral bekend als lieddichter die de Engelse berijming heeft gemaakt

De eerste 'Christian Reformed Church' te Roseland, Illinois.

van ongeveer 50 Nederlandse berijmingen van psalmen uit de Psalter van Geneve. Een aantal daarvan staan in *Psalter Hymnal,* het psalm- en liedboek van de Christian Reformed Church. Bij zijn overlijden in 1980 bleek de nalatenschap nog veel andere vertalingen van Engelse, Nederlandse en Friese dichters, en ook nieuwe psalmberijmen en gedichten in het Nederlands te bevatten. Westra was niet gelukkig met de psalmberijming van het *Nieuwe Liedboek.* Daarom heeft hij zelf een nieuwe berijming van de Nederlandse psalmen ondernomen. Hiervan geven we enkele verzen uit Psalm 65 en Psalm 42.

Psalm 65
Een loflied op Gods wonderbaar bestel

De stille geur in Zions zalen
Gaat tot U op, O Heer.
Daar zal men U de lof betalen,
Uw trouw beloovde eer.
Tot U zal alle vlees optreden
Want U verhoord gebed.
Van alles dat we eer misdeden
Worden wij daar gered.

Hoe zalig die U hebt verkoren
Te treden tot Uw huis,
Te proeven als de ingeborenen
De rust van Uw paleis.
U zult ons wonderlijke dingen
Daar in gerechtigheid
Vertonen als we tot U dringen,
Tot Uwe dienst bereid.

U drenkt de toebewerkte aarde.
Het glijd de voren in.
Uw donderbuien druipen waarde
En schragen het begin.
De middagzon ontzet de knopen
Naar eeuwenoud gedrag.
De spruiten komen in het open
En tieren dag aan dag.

Uw zegen past de jaargetijden.
Uw treden druipen vet.
Ze laven zelfs de kale weiden
Van de woestijn temet.
De heuvels van extasie walzen;
De weiden wit van vee,
En dalen vol van tarwe galmen.
Ze juichen blijde mee.

D. Westra 8/69

Psalm 42
Een lied van verlangen naar God

Heer, zoals het hert, ontkomen
Tot de hoogten, hijgt alsnu
Naar lands frisse waterstromen,
Alzo snakt mijn ziel naar U.
Tot U zucht ik keer op keer:
God des leves, Ai!, wanneer
Mag Uw dienstknecht wederkeren
Naar Uw poort Uw trouw te eren?

O mijn ziel, wat buigt U neder?
Waarom toch zo droef in mij?
Rust op Gods getrouwheid weder,
Wie is meer gestand dan Hij.
Hij verheugd U op Zijn tijd
Door de gunst voor U bereid
Want ge zult straks wederkeren
Naar het heilsgebied des Heren.

O mijn ziel, wat buigt U neder?
Waarom toch zo droef in mij?
Rust op Gods getrouwheid weder,
Dan vereer ik Hem weer vrij
Want Hij is het levenslicht
Van mijn hoop en aangezicht
Wiens getrouwheid ik zal loven
Zelfs weer in Zijn tempelhoven.

D. Westra 7/69

Hoe groot zijt Gij!
(How Great Thou Art!)

O Heer, mijn God, als ik Uw doen bewonder
En 't werk herdenk dat Uwe hand bekroont,
Het sterrenheir en 't blauw azuur daaronder
En Uwe macht in 't breed heelal vertoont,

Koor:
Dan zingt mijn ziel, O Heiland, tot Uw eer:
Hoe groot zijt Gij! Hoe groot zijt Gij!
Dan zingt mijn ziel, O Heiland, tot Uw eer:
Hoe groot zijt Gij! Hoe groot zijt Gij!

En als ik wandel door de groene zalen
Van bos en woud waar 't vogellied weergalmt,
Wanneer ik zee en bergen zie en dalen,
Waar boven loof en land Uw zonlicht talmt,

Als ik bedenk hoe Gij Uzelf niet spaarde,
Maar voor ons leed ver boven ons verstaan,
Toen Gij voor ons gekruisigd werd op aarde
En daar voor ons de dood zijt doorgegaan,

Als ik bepeins hoe ons na volle redding
Een wonder wacht in 't nieuwe Paradijs,
Dan buig ik weer in dankende aanbidding
En juicht mijn hart weer tot Uw eerbewijs.

En Klimt mijn hart omhoog tot Uwe prijs.
(optional line)

Tr. Dewey Westra

Didactische en polemische verzen

Heel zelden wordt er in de immigranten-poëzie iets kort en kernachtig gezegd. Dat is bij wijze van uitzondering en komt dan meestal voor in een didactische spreuk of polemisch vers. Voorbeelden van zulke kernachtige spreuken kwamen voor in *De Volksvriend* van 1886. In *De Hollandsche Farmer* van juni 1915 (het weekblad verscheen in Grand Rapids, Michigan) staat 'Goede Raad' voor de *farmer* (boer). Het Nederlands is hier niet zo zuiver meer, en men vraagt zich af of de redacteur wel besefte dat de goede raad om hooi te maken terwijl de zon schijnt een Engels gezegde is: Make hay while the sun shines. De schrijver B.A. Hendriksen, die in zijn stichtelijke verzen heel erg langdradig kan zijn, verrast de lezer in zijn polemische verzen juist door de scherpe toon van zijn kernachtig uitgesproken kritiek op kerkelijke wantoestanden en in zijn hekeldichten op de valse leer. Een andere kritische geest is Jacob H. Hoekstra, die geregeld onder de schuilnaam Hans Hansen voor het belangrijke blad *Het Oosten* schreef en zijn mening stellig niet onder stoelen of banken stak. Opvallend is ook dat die stukjes, waarvan we voorbeelden geven, op proza lijken maar wanneer men ze hardop leest blijkt de tekst berijmd te zijn! In het stukje 'De Kerk' staat:

De kerk is thans niet meer de plaats der *vromen* maar van de vrome lui die vroom zich zelven *droomen.*

Dit 'verborgen' rijmen is typisch voor deze schrijver.
De dichter van Antithesis, ds. B.D. Dijkstra keerde zich fel tegen alles wat 'onnatuurlijk' was, dus ook het sigaretten roken. Dit vers komt uit de bundel *Korte Gedichten* en werd door de dominee op zijn eigen drukpers met de hulp van zijn zoons in eigen woning gedrukt. Op de fiets, toen hij met emeritaat was, ging de dominee dit en andere van zijn geschriften aan de man brengen. Typisch staat boven de gedichten in deze bundel een bijbeltekst en een titel in de een of andere vreemde taal, met vertaling. De geleerde dominee kende veel talen, stichtte in eigen woning een academie (het eerste college werd volgens horen zeggen in het latijn gehouden), en was enkele jaren redacteur van het invloedrijke blad: *De Volksvriend* dat te Orange City, Iowa werd uitgegeven.

Boerderij in Orange City, Iowa.

Spreekwoorden

De mensch is op deez' aard gezet
Om God te eeren naar Zijn wet.

De dwaas bemerkt het niet
Dat God in 't duister ziet.

Gaan uwe zaken naar uw wenschen,
Dank God, maar poch niet bij de menschen.

Elk plante, die te planten heeft,
't Is God alleen, die wasdom geeft.

Het minste kruidje in den hof,
Vermeldt Gods eer, vertelt zijn lof.

Gelukkig is de mensch, die als hij gaat te bed,
Zijn rekening met God gedurig effen zet.

(Uit: *De Volksvriend,* 11 maart 1886)

Een Goeden Raad

Doe met de zon de rondte; dan zijt ge zeker dat ge nooit als een slaapmuts bekend zult zijn.

Een goede gewoonte is het Zaterdag de zon te laten doorgaan en zelf wat vroeger op te houden, ter voorbereiding voor den Zondag

Maak hooi terwijl de zon schijnt.

Wees opgewekt al regent het zeven dagen achtereen in uw hooi; een vroolijk hart is voor uw huisgenooten een gedurige maaltijd.

Vergeet niet dat uw knecht ook 'mensch' is; dat ook wil zeggen dat sommige farmers vergeten dat ze zelf mensch zijn ten opzichte van te ingespannen arbeid. Als baas lijdt men lichter dan als knecht.

Bewaar uw voet als ge ten huize uws Gods ingaat. Dan laat alles op zijn plaats. 't Vee op de stal; vruchten op het land; mammon in de brandkast, als ge er een hebt. Wat niet thuis behoort is knecht of meid. En dan schik u om uw God te ontmoeten.

(Uit: *De Hollandsche Farmer,* juni 1915)

Over Leraars en Kerken

Als de Leeraar iets te lang preekt
Voor hij 't plechtig 'Amen,' uitspreekt,
Kan men aan de hoorders merken,
Of zij AL – dan NIET, graag kerken.

Wilt gij Zondags, in de kerk,
Goede Predikanten hooren, –
Wil hen Vrijdags, in hun werk
En ook Zaterdags – niet storen.

De fraaiste Bijbels vindt men meest
Daar, waar men 's Heeren Woord niet leest,
Doch wie ontdekt is aan zijn zonden,
Door dien wordt vaak dat Boek geschonden.

Die altijd preekt, en nimmer kerkt –
Die altijd bidt, en nimmer werkt,
Den naasten sticht, doch steeds van huis is, –
'k Vrees, dat hij voor zijn huis 'een Kruis' is.

Als d' oude paarden zijn versleten
Dan zijn hun diensten dra vergeten. –
Doch Leeraars, die hun beste krachten
Tot heil van Gods gemeente, brachten,
Hun wordt – vaak, EER zij zijn versleten
..........Met 'd oude paarden-maat gemeten!

(Uit: B. A. Hendriksen, *Uit het hart tot het hart* Kalamazoo, Michigan, 1916)

Het geven aan de kerk

Voorheen een muts, bij 't Godsaltaar, aan eenen stok geregen, gleed zachtkens langs de vrome schaar en gaarde knoop en zegen. Geen ouderling, diaken-ziel, geen koster, leek in eere; wist wat uit Janes mouwen viel, dan Janes en den Heere.... Maar thans hoort men het: kling, kling, kling, op mooie offerschalen. En Jochum zag het witte ding dat ook de Heer ziet pralen. De ouderling, (een geest'lijk) man in 't 'stoffelijk' permantig; weet nu precies wat ieder kan, voor 't kerkje zoo charmantig. Een weduwe, die heel haar schat geeft bij haar vrome bede: (maar dat maar een arm duitje vat;) telt ook nu weer niet mede.... Maar hij die 'plunk' bij 'plunken' pompt in 't schaaltje rond en aardig; wordt als een vrome uitgetrompt het voorgestoelte waardig.... Hoe nu die man die 'plunken' plukt, door een te korte mate; of dat hij stil de werkman drukt, of scheert zijn knecht of state: Dat heeft nog nooit de rug gekromd der god van 't vrome kerkje. Zoo lang die man zijn plunken pompt krijgt hij een prachtig merkje.... Als hij dan straks 't tooneel verlaat krijgt hij een heerlijk plekje van 't kerkje in de hemelstaat. 'Zoo God niet staat bij 't hekje.'

(Uit: Jacob H. Hoekstra, *Hans Hansen)*

Antithesis

Waarom weegt gijlieden geld uit voor hetgeen geen brood is? Jes. 55:2

Kerstmiszegels*, sigaretten
Kosten elk een cent.
In ons sparen en spandeeren
Zijn wij konsequent.

Sigaretten: doodkistnagels:
Eertijds dus genoemd:
Thans in groote krantenkoppen
Rein gezond geroemd.

Eerst de longen vol gerookt van
Wat vergiftig gas,
Komen straks die teringzegels
Prachtig toch van pas!

O, verschoon 't dat ik weemoedig
Zulks soms gadesla:
In hun streven, kom 'k oprechten
Nimmer graag te na.

Maar ik vrees, de hospitalen
Worden vaak gevuld
Met de krankheen en de kwalen
Van der menschen schuld.

Kleine deugden, kleine zonden
Worden rond gevent;
Wij verzoeken en verzeeg'len
't Zaakje voor een cent.

Gaar maar billioenen centen,
Schaadlijk nu besteed,
Christelijk voor de teringlijders
In hun hoopvol leed.

(Uit: B. D. Dijkstra, *Korte Gedichten* (Orange City, Iowa: B. D. Dijkstra en Zonen 1935)

to plunk: *klinkend neerploffen, hier van munten in een waarschijnlijk metalen offerschaal*

Antithesis: *tegenstelling*

*Bijzondere zegels, geen postzegels, tegen de kerstdagen uitgezonden door liefdadigheidsinstellingen, vroeger b.v. voor t.b.-patiënten, om contributies te solliciteren. De zegels worden meestal op de achterkant van de brief geplakt.

Stichtelijke verzen

Slechte tijden

Naast de vele gelegenheidsverzen vinden we in de immigrantenpoëzie ook veel stichtelijke en didactische verzen, ook wel eens spreekwoordelijke gezegden. Een veel kleinere groep vormt de natuur-poëzie, die toch ook meestal een stichtelijk karakter heeft. Van liefdespoëzie zijn slechts enkele voorbeelden te vinden.
De oudere stichtelijke verzen zijn, evenals de gelegenheidsgedichten vaak heel erg lang en heel erg retorisch. Vooral uit die oudere gedichten hebben we vaak slechts enkele verzen gelicht waarin de dichter zich op gevoelige wijze uitdrukt. Dat moet men wel bedenken bij het lezen van een aantal uittreksels zoals bijvoorbeeld 'Enige Dicht-Regels van Wijlen Evert Eilander, den Blinde' en 'De Heiland aan het Kruis'.
Zoals uit de bronnenvermelding blijkt, verscheen de immigranten-poëzie voornamelijk in kranten en kerkbladen of bleef in een enkel geval slechts als manuscript bewaard. Dit paste immers bij het stichtelijk, didactisch karakter van deze poëzie. Een gedicht was een kleine tijdverpozing, zelfs de reclame werd soms in verzen geschreven. Een gedicht las je één keer, zo tussen een nieuwsartikel of overdenking door. Bij wijze van uitzondering werden er gedichtenbundels uitgegeven, de stichtelijke gedichten (of liederen) van dominees A. Zwemer, H. van der Werp, en B.D. Dijkstra, de Nieuwjaarspreek van Ds. H. van Hoogen, het niet zo stichtelijk toneelstuk van Candidaat H. Hoeksema, en de didactisch, stichtelijke verzen van de door velen gewaardeerde leek B. H. Hendriksen. In de meeste gevallen waren de stichtelijke verzen reeds eerder in kranten en kerkbladen verschenen.

In de twintigste eeuw merken we een verschuiving, een tweede generatie heeft hoger onderwijs genoten. Het gedicht gaat minder op een kleine preek lijken, een stichtelijk woord op rijm. De poëzie is minder retorisch emotioneel, en zelfs wanneer die stichtelijk is, toch minder didactisch. Er komen gedichten voor waarin het diep innerlijk beleefde individuele expressie krijgt. Er komt beperking en concentratie in het gedicht, het gevoelen wordt door een vergelijkenis (metafoor) uitgedrukt, een enkeling schrijft zelfs een sonnet. Het gedicht is niet meer een uitboezeming, maar wel een *lied,* het voorwerp van verlangen, zoals G. Vos het uitdrukt:

Schoon simpel hun gemoed, 't zijn toch mijn eigen zangen
Een lied is als een kind gezien door moederoog,
Getroeteld in een droom van dat het werd ontvangen,
En trots de smartgeboort, een voorwerp van verlangen.

Gerhardus Vos, die professor in de theologie werd aan de Princeton Universiteit, is stellig een van de meest begaafde onder deze dichters. Van hem verschenen niet minder dan vier bundels gedichten.
Opmerkelijk is ook dat er gedichten van vrouwen gedrukt worden, dichters die zich verschuilen achter hun voornamen: Donna en Lydia, en Nellie. Deze Nellie, soms staat haar achternaam Van Kol er bij, spreekt ook van het gedicht als een *lied* dat tot de diepten der dingen doordringt:

In alle dingen ligt een lied;
Maar 't lied ligt in de ziel der dingen,
En diep moet gij daarinne dringen
Of 't liedeke en vindt gij niet.

Hier volgt dan een kleine bloemlezing van wat zeker tot het beste mag worden gerekend van de Nederlandse emigranten-poëzie voor de Eerste Wereldoorlog geschreven.

Eenige Dicht-Regels van Wijlen Everert Eijlander, den Blinde

O Goddelijk Alvermogen!
Ach! waarom toondet Gij
Uw licht aan zooveel oogen,
En hieldt het weg voor mij?
Omdat ik slechts *een* zintuig mis,
Is alles voor mij duisternis.

Wie kan Uw liefde peilen?
Uw wijsheid, eenig God,
Kan nooit en nergens feilen;
Gij regelt steeds mijn lot!
O neen! hoe groot mijn onheil schijn,
Eens blijkt het mijn geluk te zijn.

Eens schijnt die schoone morgen,
Die nimmer ondergaat,
Die alles, hoe verborgen,
Ook mij aanschouwen laat;
Dan ziet mijn helder oog een licht,
Waarvoor de pracht der wereld zwicht.

En daarom lof gesproken.
Laat ons geen klachten voe'n;
Die 't oog ons heeft gesloten,
Zal 't ook weer opendoen.
Laat enkel godsvrucht zonder schijn,
Hier 't voorwerp onzer zorgen zijn.

(Uit: *Jaarboekje voor de Hollandsch Christel. Geref. Kerk in Noord-Amerika voor het Jaar 1887)*

De Heiland aan het Kruis

Heilige woorden,
Zoete accoorden,
Van des Heeren Woord en Werk!
Ziet, dat heilig Liefdeleven
Wilde Hij als losprijs geven
Voor Zijn Kerk.

In de sombere Lijdensweken
Peinzen we op dien Man der Smart,
Die voor tranen, vreugdebeken
Deed ontspringen, die Zijn smeeken
Opzond tot Gods Vaderhart.

Ach, de zon verbergt haar stralen
Voor dat schrikkelijk schouwtooneel.
Als een beeld van zooveel dwalen
Komt de duisternis dalen
En bedekt de aard' geheel.
In dat naar en akelig duister,
Dat de rouw der schepping duidt,
Roept de Heer – ontdaan van luister –
't Hartverscheurend: 'Eli, Eli
Lama Sabachtani' uit.

Ach, mijn Jezus, uwe liefde
Is verplettereend voor 't gemoed;
Welk een zee van angst U griefde,
Alles overwon Uw liefde,
Zielen reinigend door Uw bloed.

Kon ik duizendmalen leven
Zeventig of tachtig jaar.
Al die levens zou 'k u geven;
Zoo voelt zich de keus van 't leven
Eens verlost van 't helsch gevaar.

O, dat wonder van bevrijding
Nog gepreekt van Golgotha,
Worde u de blijde tijding
Van het Pascha der bevrijding
Van vergeving en gena.

G. Hemkes

(Uit: *Jaarboekje ten dienste der Hollandsch Christelijk Gereformeerde Kerk in Noord-Amerika voor het jaar 1897)*

Sabbatmorgen

Rustdag hierbeneden,
Vol aanminnigheden,
Lieflijk zijt gij mij;
Beeld van beter ruste,
Aan de hemelkuste,
Maakt uw zoetheid hier reeds zorgenvrij.

Vriendlijk doet ge uw stralen
Op deze aarde dalen,
Milde Sabbatzon;
Eens hebt ge uitgeschenen,
Licht gij aan niet éénen
Is de Heiland licht- en levensbron.

Op dien Sabbatmorgen
Hebben 's levens zorgen
Eens voor immer uit,
Zullen wij Hem prijzen
Eeuwig eer bewijzen
Die den zijnen 't Vaderhart ontsluit.

H. Van Der Werp

(Uit: *Jaarboekje ten Dienste der Hollandsch Christelijk Gereformeerde Kerk in Noord-Amerika voor het Jaar 1912)*

Wintermorgen

Zoo stil,
Na dagenlange storm, ligt nu natuur
Ze wil,
Dat in dit kalme morgenuur
Geen dof geluid haar stilte breke,
Maar stille wacht ze als in pijn, –
Tot door de grauwe regenluchten
Haar zeegnen komt de zonneschijn.

Een klacht
Van winter, met haar mooie krankheid teer
Ruischt zacht
En vraagt naar zoeler luchten weer;
En in het morgenuur, zoo stille,
Ruischt door de winterlucht de klacht
En smeekt om lichte zomervreugde,
Om zegenende lentepracht.

M'n hart,
Door twijf'lingsstorm zoo wreed vaneengescheurd,
Vol smart,
Heeft in de eenzaamheid getreurd;
En 'k smeekte om lichte zonnestralen,
Om balsem voor m'n zielepijn,
Om meer geluk en vreugd in 't leven,
Om lentelicht en zonneschijn.

Maar toch, schoon 't leed mij nederdrukt,
Schoon 't kruis te zwaar schijnt om te dragen,
'k Zal, als een stil, vertrouwend kind,
Aan 's Vaders borst m'n nooden klagen.

Want Hij kan troosten; aan Zijn borst
Vond 'k al m'n idealen weder
En als ik moe van 't dragen ben
Steunt Hij mij zachtekens en teeder.

Het leed heeft wreed m'n droom verscheurd.
Geen luchtkasteelen kan 'k meer bouwen.
Maar schoon m'n ziel schreit van pijn,
Toch blijf ik U, m'n God vertrouwen.

Lydia

(Uit: *Christian Journal,* 15 maart, 1919)

De kerk van Ds. Wijckoff aan de Beaver Street, Albany, New York.

De zwarte plek

En moet dat nu altoos zoo blijven, Heer,
Tot aan mijner dagen end, –
Die zwarte plek, diep in mijn hart,
Die Gij, en Gij alleene kent?

Mijn leven lijkt zoo vlekkeloos
Naar d' uiterlijken schijn: –
Maar diep daarbinnen, daar is het boos
En van nature onrein.

Wel gaf ik dat heele hart aan U
En keerdet Gij het om, –
Maar diep daarbinnen – die zwarte plek
Bezoedelt mijn heiligdom.

Ik wil het wel niet, neen ik wil het niet, –
En ik denk en ik doe het toch!
Was dan mijn bekeering tot U, o Heer,
Slechts ijdel zelfbedrog?

Maar ook anderen klagen, beetren dan ik,
Van dat diep verholen zeer....
O, die zwarte plek, o die zwarte plek
In Uw heiligste dienaren, Heer! –

'T Is een doorn in ons vleesch, een steeds open
wond,
Een verdriet, een smaad, een schand,
En wij weten door haar hoe dicht wij nog staan
Aan des afgronds glibbrigen rand.

Want de Satan juicht om die zwarte plek,
Waar hij vat heeft op onze ziel;
En wie die er nóóit weer – hoe kort dan ook –
Terug in zijn strikken viel?

Maar dan zijt Gij daar, met Uw woord met Uw wil
Te bezweren der zonde macht;
En hoe dikwijls reeds hebt Gij, op hun gebed,
Uw kind'ren hulp gebracht!

En die zwarte plek – o, ze zal er zijn
Tot de Dood zegt: 'Makker kom!'
Maar dan delgt Gij ze uit, en met U, rein,
Gaan we in tot Uw heiligdom!

Nellie Van Kol

(Uit: *De Wachter,* 3 november 1926)

Aan U de Glorie

Waartoe besta ik?
Leef en verga ik?
Het is mij raadsel,
Mysterie, Heer!
Maar op U bouw ik,
Op U vertrouw ik,
En kniel aanbiddend
In 't stof ter neer.

Aan U de wijsheid,
Aan U het weten,
Aan U 't mysterie
Van alle zijn.
Aan ons 't gelóóven,
Totdat van Boven
Ons niet-en-weten,
Uw licht beschijn!

Aan ons het wachten
En 't stil betrachten
Van uw genade
En liefdewet.
Aan U de glorie
Van onz' victorie,
Aan U de wierook
Van ons gebed!

Nellie

(Uit: *De Wachter,* 22 september 1926)

Ikabod

God heeft haar naam niet aan ons doorgegeven
omdat Hij dat niet nodig heeft geacht;
haar korte leven staat maar kort beschreven,
als van een kaars die uitgaat in de nacht.

Ze moest haar man met hopen vrouwen delen,
ginds in Gods voorhof. Zij, in 't achterhuis
kon dan wel met haar kleine jongen spelen
en onder 't lachen schreien om dat kruis.

Doch toen de maat over begon te lopen
heeft God aan alles kort een eind gemaakt.
Heel dicht is zij toen bij Jahweh gekropen,
en stervend heeft ze nog een naam geslaakt.

Wat 't zwaarste was was haar het zwaarst gaan
wegen:
niet eigen eer, maar die van Jakobs God.
En zo heeft 't weeskind toen een naam gekregen:
Weg is de eer uit Isrel – Ikabod!

Cornelius Lambregtse

Rust

In uwen wil berust ik Heer,
O moog die zegen meer en meer
Mij dagelijks verrijken
Zoodat het ware Christus beeld
Door uwen Heiligen Geest vereeld
Steeds klaar in mij mag blijken:

Dan vind ik mij aldoor gewend
In U te rusten als een kind
Naar 's Vaders welbehagen,
Dan wordt in kruis en druk mijn last
Verlicht, en mijne ziel vergast
Met rust instee van klagen.

Ds. H. Van der Ploeg

(Uit: *De Volksvriend,* 30 november 1950)

Lyrische gedichten

Het Lied

In alle dingen ligt een lied;
Maar 't lied ligt in de ziel der dingen,
En diep moet gij daarinne dringen
Of 't liedeke en vindt gij niet.

In alle dingen ligt een lied;
Maar 't liedeke laat zich niet dwingen:
't Wil weten of gij 't ook kunt zingen, –
Of 't liedeke en krijgt gij niet.

In alle dingen ligt een lied;
Maar slechts de reine, schoone dingen
Zijn waard dat gij hun lied zoudt zingen, –
Dus: luister naar de slechte niet!

Nellie

(Uit: *De Wachter,* 1926, p. 374)

Praeludium

Schoon simpel hun gemoed, 't zijn toch mijn eigen zangen;
Een lied is als een kind gezien door moederoog,
Getroeteld in een droom van dat het werd ontvangen,
En, trots de smartgeboort, een voorwerp van verlangen,
Gesierd met eenigst schoon, wat feil het hebben moog.
Ik had u even lief, zoet maatgespeel van klanken,
Bleeft gij bij mij tehuis, gespeend aan prijs of praal;
'K hoef voor mijn zingensvreugd de waereld niet te danken;
Muziek is mij uw stem, al spreekt gij kindertaal.

(Uit: Geerhardus Vos, *Spiegel der Natuur,* Princeton, N.J., 1927)

Christus Mysticus

Met armen van verlangen
Wil U mijn ziel omvangen,
En houden vast omkneld.
Nu ik U heb gevonden,
Is al mijn leed verslonden,
En al mijn vreugd hersteld.
Wil Zelf een plaats versieren
Waar Gij kunt trekkend in,
Uw nachtmaal met mij vieren,
O Koning mijner min!

(Uit: Geerhardus Vos, *Spiegel der Natuur)*

Ontkleeding

Dit is het huis der dooden;
Houdt poort en vensters dicht!
Niemand zijn hier van nooden
Gehoor, gevoel, gezicht.

Wordt een er ingedragen,
En aan de rij gezet,
De plaats blijft doof voor klagen
En doover voor gebed.

Er is geen draad van duren,
Geen klok geeft tik of slag;
Er wassen nergens uren
Tot groei van nacht of dag.

Trots luchtige pilaren
Met wijdschen bogenspan,
De ruimte is uitgevaren
Als door een tooverban.

(Uit: Geerhardus Vos, *Spiegel des Doods,* Grand Rapids, Mich.: Wm. B. Eerdmans, 1932)

Dulcia Non Redeunt

De wonde duif wil rijzen
Zij weet niet Oost of West.
Wat baat den weg haar wijzen
Terug naar 't leege nest?
Geen wind uit dorre hoven
Brengt gloed en geuren weer
Der passie-bloem verstoven;
De plaats kent haar niet meer

(Uit: Geerhardus Vos, *Spiegel der Natuur)*

Sublimia Maris

Aanbiddelijke zee! Hoe kan van schoonheid stralen
Uw wijdgestrekte lijf op zijn onmeetlijk bed;
De borst die rijst en daalt in rhythmisch ademhalen,
Ten beeld van 't kalm getij der eeuwigheid gezet!

Beeld van der tijden kamp, als, grimmig uitgevaren,
Zijn schuimbemaand gespan de orkaan de teugels viert,
Drijvend de troggen in, de kammen op der baren,
Doller met iedre vlaag die voor hem henen giert.

(Uit: Geerhardus Vos, *Spiegel der Natuur)*

Absentis Imago

Haar lijf was lelieblank, en op haar leden
Lag als een godenkleed de schoonheid uitgespreid.
Haar stem klonk als muziek uit heilige gebeden,
En wien haar groeten gold die was gebenedijd.

Zij ging op verre reis; toch blijft ze mij omzweven;
Door ieder visioen dat ziel of zinnen streelt
Is als een hooger schoon haar lieflijkheid geweven;
Al mijn genieten is herinring aan haar beeld.

(Uit: Geerhardus Vos, *Spiegel der Natuur*)

Zelfverraad

Ik ben tot u in uwen hof gekomen,
Toefluisterend u menig dierbaar ding;
Met kalmte hebt gij alles opgenomen,
Een scherts, waar niets aan hing.

Maar, toen gij, stilstaand bij het perk der rozen,
Mij docht onnoodig lang, er neigen bleeft,
Toen heb ik van terzij uw wang zien blozen;
Ook heeft de lip gebeefd.

(Uit: Geerhardus Vos, *Spiegel der Natuur*)

Doods-Verliefdheid
(Middeleeuwsch)

Laat mij niet langer blijven
O Heer, in dezen nood;
Hoe dorst mij heen te drijven
Op wieken van den dood!

Soms raakt zijn vleugel-kleppen
Mijn leger van terzij;
Doch, wil de ziel zich reppen,
Dan is hij reeds voorbij.

Hij weigert in te keeren
Tot mijn verdriet en leed;
Maar wie hem minst begeeren,
Voor die staat hij gereed.

Mijn vroegere beminden,
De weelde en de lust,
Die lieten gaarn zich vinden,
En werden graag gekust.

Maar deez' mijn uitverkoren,
En laatst geliefde vrind,
Wil naar geen smeeking hooren,
Slaat zuchten in den wind.

Is hij zoo schoon van leden,
Zoo minlijk van gelaat,
Dat hij de lieflijkheden
Van mijn zoet lijf versmaadt?

Ik ken er in het ronde,
Die de bezinning vlood,
Als hij heur op de sponde
Ten bruidegom zich bood.

Maar, mocht schrikwekkend wezen,
Zijn aanblik tienmaal meer,
Bij mij is al het vreezen
Verslonden in begeer.

Wat baten medicijnen?
Heer, ik ben minnekrank.
Meng uit uw schat van wijnen
Mij eenen tooverdrank,

Zoo zoet dat, als begeerig,
Ik strek mij naar hem uit,
Mindronken, wederkeerig
Hij mij in de armen sluit.

Eéns oogenbliks bekoren,
Eén kus die wellust gaf,
Werkt trouw en toebehooren,
Niet tot, maar in het graf.

(Uit: Geerhardus Vos, *Spiegel der Natuur*)

Natuurgedichten

Winternacht

Brier Hills Ohio

De wind huilt klagend om het huis
't Is buiten koud en guur.
En somber stemt het boomgeruisch
In 't midder-nacht'lijk uur.

Zangen van vervlogen dagen,
Liefdelied'ren, zoet en teer,
Stormgedreven, droef doorvaren
Nu mijn lijdend harte weer

't Lied der jeugd en liefdetonen
Overstemt het stormwindkoor;
En zijn woeste klanken hoonen
Mijn verlangend luist'rend oor.

Vol weemoedige gedachten
Bij die klanken, zoet en teer,
Doen der boomen windeklachten
Mijn gevoelig harte zeer.

De wind huilt klagend om het huis...
'k Werd oud, alleen — alleen —
Zoo droevig klinkt het windgeruisch
Door 't kaal geboomte heen.

(Uit: Wybe J. Van Der Meer, *Yn 'E Frjemdte,* Ljouwert: W.A. Eisma, 1929)

Winternacht op de prairie in N.-Amerika

't Is bitter koud, en 't witte kleed
Van pas gevallen sneeuw ligt zacht,
In teere golving, wijd en breed,
Te glinst'ren in den stillen nacht.

't Is eenzaam hier en stil, zoo stil,
Nu alles met berusting beidt,
Naar wetten van een Hooger wil,
Den langen kouden wintertijd.

Heel d'aarde is als een schoone tempel;
De maan verspreidt zacht licht rondom,
't Is mij als sta ik op den drempel
Van Gods verheven heiligdom.

De velden droomen, stergekust,
In 't heimvol stille van den nacht.
't Is alles vrede, diepe rust,
In ongelijkb're winterpracht.

(Uit: Wybe J. Van Der Meer, *Yn 'E Frjemdte*)

Zomeravond

De zomerzon staat op den wereldrand.
In zee van goud ontvangt het land
Gods benedictie voor den nacht,
In wonderkleur van vrome avondpracht.

In stil gebed langzaam de dag verstomt;
Tot vrede na de benedictie komt.
Als in betoov'ring, diepe wijding, ligt
Het eenzaam land, als in een droomgedicht.

Een symphonie van zoete kleur-akkoorden,
Zingt, met onhoorb're, stille woorden,
Bij stervend goud, van zonneschijn
Van hooger leven en van eeuwig zijn.

Tot alles nu in meditatie rust,
En bleeke nacht de slapende aarde kust.

(Uit: Wybe J. Van Der Meer, *Yn 'E Frjemdte*)

Met Distel en Mistel

Als bloesems botten aan mijn levensboom,
Dan zingt een zee van blijde zang in mij
En 'k waan, mijn Vader gaat me alleen voorbij,
Wen 'k 't leven leef als in een zoeten droom.

Maar misteltak kruipt gluiprig aan zijn zij,
De levenssappen klimmen op zoo loom
En 't lied van jubel wordt een zang vol schroom,
Wen 't distelkruid verstikt de blijde rei.

O, zend Uw zee van licht met dageraad
En spreek Uw woord van troost, zoo zoet, zoo zacht,
En zend berusting in Uw' heil'gen raad.
En regen neer Uw zegen in den nacht!
Dat 't distelkruid mijn levensboom niet schaad',
Opdat ik meer aanschouwe Zions' pracht!

D.V.

(Uit: *De Calvinist*)

4. 'n fonnie bisnis: geschriften in Yankee- en New Jersey Dutch

De verbastering van de taal bij immigranten

Amerikanisatie, we zagen het reeds, was doel van de Gereformeerde Amerikanen, maar veroorzaakte ook veel spanningen in het immigrantenleven, vooral op het gebied van de taal. Een tweede generatie, in Amerika geboren, leerde het Engels als moedertaal op school en op straat, het Nederlands hoorde men thuis en in de kerk. Het Nederlands werd tot in de jaren twintig van deze eeuw gehandhaafd op de catechisatie en in de preek. Dat heeft op den duur geleid tot allerlei wantoestanden op de catechisatie en zelfs tijdens de godsdienstoefening. Het Nederlands werd hoe langer hoe meer voor de jongeren immers een vreemde taal, de taal van ouderwetse ouders uit 'the old country'. De taalkwestie gaf dus de nodige spanningen, ook in huis. Prachtige voorbeelden daarvan geeft de meester van het schrijven in het verbasterde Nederlands-Engels, Dirk Nieland. Men leze zijn gedicht 'Zwaantje spreekt geen Hollands meer', en ook de schets 'Dutchiness' uit zijn boek *Yankee-Dutch*. Niettegenstaande alle pogingen tot behoud van het Nederlands, de lessen in het Nederlands op de christelijke school b.v., het lukte niet, de taal verbasterde steeds meer tot een mengtaal van Nederlands en Engels.
Ook in de Nederlandse kranten loopt het steeds achteruit. J. van Hinte zegt dan ook:

In de meeste koloniale bladen zoals in *De Grondwet* en hoewel in mindere mate toch ook in *Pella's Weekblad*, wordt onze taal meer en meer tot een caricatuur.
II, 473

De grote leider in de strijd om het behoud van de Nederlandse taal om de eeuwwending was de eerwaarde Dr. Henry Beets. Op de algemene vergadering van het Algemeen Nederlandsch Verbond hield de dominee op 19 juli 1900 te Holland Michigan een toespraak: 'Een stervende taal' waarin de oorzaken van deze achteruitgang van de taal worden blootgelegd. Er zijn vier dolken die de taal de dood toebrengen en wel:

1. 'de zucht om den Amerikaan uit te hangen, om Yankee te spelen',
2. 'slordigheid in het spreken',
3. 'slordig geschrijf', en
4. 'onkunde aangaande het schoone, krachtige, kernachtige, heerlijke onzer Nederlandsche taal'.

Deze toespraak, een prachtig voorbeeld van het retorisch proza van deze tijd, is om zijn belang in zijn geheel opgenomen.

In een artikel 'De Nederlandsche Stam en Taal in Noord-Amerika' geeft Beets antwoord op de vraag: 'Maar de taal, zooals gij die daar spreekt in Noord-Amerika?':

Helaas, waarde stamgenooten, hoewel onze taal nog *leeft* onder ons, zooals het u reeds bewezen werd, leeft die taal onder ons niet zoo, dat we trotsch kunnen zijn op haar gebruik.
Wij doorspekken onze gesprekken in 't Nederlandsch met allerlei Engelsche woorden en spreekwijzen. Daarenboven *groeit* onze taal niet gelijk die onder u groeit. Wij spreken min of meer het Nederlandsch, dat onze Vaderen overbrachten, gevormd wel eens naar de taal onzer godsdienstige litteratuur. Een jammerlijke ontaarding, die hand over hand toeneemt.

Ter verduidelijking geven we enkele voorbeelden, eerst een van taalvermenging, ontleend aan een voordracht gehouden door J. Keizer voor het Nederlandsch Verbond te Pella, Iowa in 1900, en dat onder de titel: 'De Nederlandsche taal in N. Amerika' in de *Gereformeerde Amerikaan* verscheen:

Ziet gij gindsche kerk? Laat ons den 'janitor' vragen wanneer er 'service' is. De 'seats' zijn 'nice' en 'comfortable'. De 'ceiling' lijk ik niet, het 'basement' zal je bevallen; hoe vond je de preek? 'delicate'. Die 'teacher? very smart.' De 'scholars? naughty.' De 'S.S.* papers? awful nice.' 'Pulpit en platform? all right.'

Wilt ge ook nog de 'public school' bezoeken? Wat is daar te zien? 'Teachers, maps, scholars, slates, pencils, readers' enz. enz. Wat is dat? een 'barbershop.' Ik bedoel dit gebouw? O dat is de 'post office!' wilt ge een 'letter mailen?' neen, ik zal een 'postal droppen. That's right.' Hier is de 'postmaster', daar loopt de 'mail-carrier', ginds staat een 'police-man' met zijn 'club', om naar de 'street car' uit te zien, enz.

We hebben genoeg van de stad en keeren per rijtuig (liever carriage) terug. De 'country' is prachtig, de 'cornfields' belooven veel, de 'pastures' zijn voor-

* S.S. Sunday School: Zondagschool

zien van overvloedig 'grass', hier en daar loopt een 'creek', ginder is een zeer schoone 'farm' met ruime 'barn-sheds, corn-cribs' enz. Honderden van 'pigs' loopen rond; 'colts, heifers, mules, turkies en ducks' ontbreken niet.
Aan 'tools' en 'machinery' is geen gebrek; ook is er een 'yard', een 'fence' een 'gate', een 'orchard' een 'garden' en een 'wind-mill'. De 'road is dusty' en onze 'team' uit M's 'livery barn is slow'. Wij vragen een 'drink' en nemen een 'lunch'. Wij zeggen 'get up', eindelijk zijn we thuis, 'quite late! No place like home. Good night!'

De heer Keizer eindigt zijn betoog:

Ziedaar toch, stam- en taalgenooten, welk een taal! 't Is een 'shame.' Maar, schande of niet, de feitelijke spreektaal is zoo, en niet anders. En het komt me voor, dat deze opgemikste taal een voorspel en een voorzegging is van het algeheele verlies en de totale ondergang van de Ned. taal in N. Amerika. Men moge als weeldetaal het Hollandsch vasthouden; zeer goed. Men moge onze moedertaal zoolang mogelijk vasthouden. Hiernaar streve onze bond! Maar, God geeft elk volk zijn eigen taal en de taal der toekomst is de taal van dit land: de Amerikaansche taal! Ik heb gezegd.

Inderdaad, de achteruitgang van de Nederlandse taal was niet tegen te houden zoals Keizer voorspelde.
De verbastering van het Nederlands tot een mengtaal, het dialect *Yankee-Dutch*, is meesterlijk getekend in de schetsen van Dirk Nieland. Een mooi voorbeeld van het zeer typische *Yankee-Dutch* vinden we in de inleiding tot de tweede druk van zijn boek: *'n Fonnie Bisnis*:

Joeno, ik heb al de taim wel gegist dat er piepel in onze sjurtsen waren die de troet en notting as de troet wilden hooren. En nu heb ik dat met mijn raiterij ook weer uitgevonden. Joeno, latsoffen hebben mij bij de foon opgekold en gezegd: 'Loe, je hebt daar een nais jaap gemaakt van je boek en ons gesjood dat een kommen peenter, peeperhenger en dikkereeter (want dat ben ik zie, en een goed wan, als zeg ik 't mijzelf) juust zoo goed bekweented is met laif als latse gestudiede piepel die evverting uit de boeks halen.
Ja, ja, en dat is zoo troe as wat, hoor! Ik heb dat leetlie nog weer uitgevonden met mijn booi Henkie, die voor minnister studdied, joeno. Hij zegt: 'Deddie, wat voor doe joe want dat boek nog weer gepubblist. 't Is een sjeem toe poet al dat Duts getok bevoor de piepel. Poediesoen, efter 'n koppel jiers, ai bie een minnister en den de piepel see: 'Joeno, dat is dominee Verlak, de son van dat dom peenter, wat rait al dat foelies stof. 'En den dee lef mie out.'

Wat is hier aan de hand wat de taal betreft? Allereerst merken we dat de Nederlandse woordvolgorde wordt gehandhaafd:
Ik heb al de taim wel gegist dat er piepel in onze sjurtsen waren die de troet en notting as de troet wilden horen.

Engelse woorden worden veelvuldig overgenomen maar de de uitspraak, die de spelling heel juist weergeeft, is vernederlandst. Hier volgt een lijstje woorden met de Engelse en Nederlandse vertaling ter illustratie:

al de taim	all the time, all the while	*steeds, de hele tijd*
ik heb gegist	I guessed	*ik heb geraden, gedacht*
piepel	people	*mensen*
onze sjurtsen	our churches	*onze kerken*
de troet	the truth	*de waarheid*
mijn raiterij	my writing	*mijn schrijven, geschrijf*
ik heb uitgevonden	I found out	*ik ben er achter gekomen*
joeno	you know	*zoals je wel weet*
lotsoffen	lots of them	*veel van hen*
bij de foon	on the phone	*aan de telefoon*
hebben opgekold	called up	*hebben opgebeld*
een nais jaap	a nice job	*er iets goeds van maken*
je hebt gesjood	you showed	*je hebt laten zien*
een commen peenter	a common painter	*een gewone schilder*
peeperhenger en dikkereeter	paperhanger and decorator	*behanger en schilder*
een goed wan	a good one	*een goeie*
al zeg ik 't mijzelf	if I say so myself	*al zeg ik het zelf*
juust zo goed	just as good (well)	*net zo goed*
bekweented met laif	acquainted with life	*met het leven bekend*
latse gestudiedepiepel	lots of learned people	*heel wat mensen die gestudeerd hebben*
evverting	everything	*alles*
troe	true	*waar*
leetlie	lately	*onlangs*
mijn booi	my boy	*mijn zoon*

uit de boeks	out of the books	*uit de boeken*
zo troe as wat	as true as anything	*zo waar als wat*
die voor minnister studdied	who is studying for the ministry	*die voor dominee studeert*
deddie	daddy	*pa, paps*
wat voor doe je want	why do you want	*waarom wil je*
't Is een sjeem	It's a shame	*'t Is een schande*
toe poet al dat Duts getok	to put all that Dutch talking	*om al dat gepraat in het Nederlands de mensen*
bevoor de piepel	before the people	*voor te schotelen*
poediesoen	pretty soon	*strakjes, aanstonds*
efter een koppel jiers	after a couple of years	*na een paar jaar*
ai bie een minnister	I am a minister	*ben ik dominee*
den de piepel see	then the people say	*dan zeggen de mensen*
de son van dat dom peenter	the son of that dumb painter	*de zoon van die domme schilder*
wat rait al dat foelies stof	that wnites all that foolish stuff	*die al die domme dingen schrijft*
den dee lef mie out	then they ridicule (laugh at) me	*dan lachen ze me uit*

Er worden zo veel woorden uit het Engels overgenomen dat men eigenlijk niet meer van Nederlands kan spreken, maar eerder Engelse woorden vernederlandst in klank en spelling!

the church	de sjurts	*de kerk*
the truth	de troet	*de waarheid*
a minister	een minnister	*een dominee*
a nice job	een nais jaap	*een mooi werk*
that foolish stuff	dat foelies stof	*die gekke boel*
that dumb painter	dat dom peenter	*die domme schilder*

De Engelse grammatika wordt ook vernederlandst: de lidwoorden *een* en *de* blijven. Maar ook de werkwoordsvormen worden aan het Nederlands aangepast. Het Engelse onvoltooid verleden tijd wordt de voltooid tegenwoordige tijd:

I found out	*ik heb uitgevonden*
you showed	*je hebt gesjood*
(they) called up	*(ze) hebben opgekold*
published	*gepubblist*

Meervoudsvormen veranderen ook:

the books	*de boeks*
our churches	*onze sjurtsen*

Engelse uitdrukkingen worden overgenomen en aangepast:

on the phone	*bij de foon*
if I say so myself	*al zeg ik 't mijzelf*
they laugh at me	*dee lef mie out*
after a couple of years	*efter een koppel jiers*
all that Dutch talking	*al dat Duts getok*
a good one	*een goed wan*
acquainted with life	*bekweented met laif*

Men kan zich wellicht moeilijk voorstellen dat er zo gepraat werd onder de immigranten maar het is inderdaad zo. En deze rare mengtaal is bewaard gebleven in de humoristische schetsen van Dirk Nieland. Deze schetsen worden nog voorgedragen tot groot genoegen van hen die het Nederlands en het Engels kennen. En laten we er aan toevoegen, ook onder de Nederlanders die na de oorlog naar Amerika en Canada zijn geëmigreerd vindt men weer hetzelfde verschijnsel, deze vreemde mengeling van talen die optreedt bij het geleidelijk verliezen van de moedertaal en het overheersen van de tweede taal, het Engels.
Nog een schrijver van Yankee-Dutch gedichten is John Lieuwen, van wie twee boeken *Troebel en fon* en *Sweat en Tears* verschenen. Het laatste is pas in herdruk in Nederland uitgegeven. Dat wijst wel op belangstelling, ook in immigrantenkring, voor deze humoristische geschriften. Enkele gedichten, die reeds eerder in *Troebel en Fon* verschenen, zijn in *Sweat en Tears* herdrukt. Wat hierbij opvalt is het feit dat de oorspronkelijke tekst dichter bij het eigenlijke *Yankee-Dutch* van de immigranten staat dan de herdruk waarin de tekst aanzienlijk verengelst is. Men vergelijke een strofe uit het volgende gedicht in de twee versies:

De Limburger Tjies
Mijn zwager Jeek van Aiowee
Kwam visiting bij us.
Hie toek his waif along met him
Dat is mijn vrouw haar zus.

De Limburger Cheese
Mine cousin Nick van Iowa
Came visiting one day
His wife was ook along met hem
Want die kwam always mee.

Deze gedichten, die een humoristisch beeld van het immigrantenleven geven, zijn ook bijzonder geschikt om te worden voorgedragen, wat bij feestelijke gelegenheden nog gebeurt.

In het begin van deze eeuw werd er nog een verbasterd Nederlands gesproken in de staten New Jersey en New York dat de naam 'Jersey Dutch' heeft gekregen. In 1905 schreef Dr. Henry Beets hierover in een artikel 'De Nederlandsche Stam en Taal in Noord-Amerika':

Tegenwoordig zijn er onder de afstammelingen der oude nederzetters van Nieuw Nederland slechts zeer enkelen meer, die nog eenigszins zich weten uit te drukken in 't verbasterd oud Nederlandsch, dat men 'Jersey Dutch' noemt. Jammer, driewerf jammer voor de Taal der Vaderen dus weg te kwijnen en te sterven!

In een voetnoot vermeldt Beets ook nog:

Dit Jersey-Dutch wordt slechts nog gebruikt door enkelen op het platteland. Het goede erin is als dat der Staten vertaling des Bijbels van vóór 300 jaren. Overigens plat en onbeholpen, benevens incompleet.

Toen ik in 1975 een advertentie plaatste voor Nederlandse geschriften van emigranten, kreeg ik van Dr. L. G. van Loon een manuscript in New Jersey Dutch toegestuurd. In een begeleidende brief noemt de schrijver zich wellicht de laatste spreker van dit Nederlands dat hij in zijn jeugd had gehoord en geleerd. Jarenlang heeft Dr. Van Loon belangstelling gehad voor dit dialect waarvan hij met behulp van een collega een woordenlijst heeft opgesteld. Dr. Van Loon maakte ook een collectie verhalen, hem door oude sprekers van het dialect meegedeeld. Een copie van dit manuscript berust in de archieven van het Calvin College.

Een stervende Taal

Toespraak gehouden op de algemeene vergadering van het Algemeen Nederlandsch Verbond. Holland, Mich., 19 Juli 1900.

Waarde Vrienden! — Er ligt een Taal op 't sterven! Een Taal, doorstoken door hen die hare vrienden hoorden te zijn, evenals Cesar weleer door Brutus en consorten. Dat is zeker een leelijke, nutteloze Taal die den dood verdiende! Eene Taal, *gutteraal* als die der *Polen, rochelend* en *ruw* als die der *Boschjesmannen*, onontwikkeld als die der inboorlingen van *Nieuw Holland.* Een Taal met kikvorschachtig gekwaak, en ravengekras, en kraaiengekraai! Neen, mijne vrienden! Deze stervende Taal is eene der krachtigste en prachtigste ter wereld! Een Taal keurig en fleurig als de beste schier. Een Taal van respectabele afkomst, eerbiedwaardigen ouderdom, gezonde ontwikkeling en veerkrachtig en lenig! Eene Taal waarin groote dichters heerlijk zongen, wereldberoemde geleerden schreven, redenaars van naam oreerden. Eene Taal die de sleutel is tot eene letterkunde, rijk, veelomvattend en in meer dan één opzicht eenig in hare soort! Weet gij welke die heerlijke Taal is – heerlijk en nochtans stervende? Het *Nederlandsch* in *Noord Amerika*! Die Taal werd vroeger, naar omstandigheden, gelukkig beoefend in dit nieuwe Werelddeel *Henricus Selyn,* de eerste gevestigde predikant in Brooklyn schreef er schoone verzen in. En *Nicasius de Sille,* gouverneur Stuyvesant's raadsheer, evenzeer. En *Jacob Steendam,* de eerste dichter van den Staat New York, publiceerde reeds in 1659 zijn *'Klagt van Nieuw Amsterdam,'* en krachtig bezong hij: *''t Lof van Nieuw Nederland,'* en in zijne *'Prickel Vaerzen'* sloeg hij soms hoogen toon aan.
Helaas, Engeland's geest en aanbidding van Engeland's taal, wondde spoedig het Nederlandsch ten doode toe! Toen echter een nieuw geslacht van stoere Nederlanders eene halve eeuw geleden herwaarts kwam, verwachtte ieder dat die stervende Taal weêr zou herleven. Soms scheen het alsof dat zou gebeuren. En eere aan hen die die schoone spraak kweekten en verdedigden met ijver en liefde. Eere aan de enkelen onzer voormannen die ook heden nog in hunne geschriften en redevoeringen de eere van het Nederlandsch ophouden. Die meer dan éen lans braken voor de taal hunner vaderen. En het verknoeien ervan aan de kaak stellen! Maar och — tegenover die enkelingen wordt door de *meesten* onzes volks onze schoone Nederl. Taal *niet recht gewaardeerd.* Door *sommigen veracht!* Door ons *allen gewond!*
Weet gij, vrienden, welke *dolken* onze Holl. spraak zoo wonden ten doode toe? Dolken in de handen van hen die door deze Taal werden gekoesterd op moeders schoot en op vaders knie, gekweekt door haar evenals Brutus door Cesar weleer?

1. De *eerste dolk* in sommiger hand is eene valsche, door hoogmoed, ja door walgingwekkenden hoogmoed doorzuurde *zucht, om den Amerikaan uit te hangen, om Yankee te spelen.* Meer dan een parvenu, nog nauwelijks ontgroend, maar wat vulgair Engelsch opgeraapt hebbend, rekent het zich eene oneer (sic!) om Nederlandsch te spreken en begint, zoo spoedig als hij kan, in 't Engelsch(?) te koeterwalen en babbelen en brabbelen! Schande over zulke aterlingen die alreede door dit éene verraden dat zij ontaarde telgen zijn van den Nederlandschen stam.
2. Een *tweede dolk* die onze Taal wondt – een poujaard in de hand van schier ieder onzer, is *slordigheid in 't spreken.* In plaats van *Hollandsch* te spreken *wanneer* men die Taal heet te gebruiken – doorspekt jong en oud, ongeletterd en geletterd onder ons volk – zijne Taal met Engelsche woorden en uitdrukkingen. Men gaat niet naar den winkel, maar naar de 'store', 'up' of 'down town', niet naar de stad. Men steekt zijn 'stove' aan, en niet zijn kachel, met een 'match'. Lucifers kent men hier niet. Men leest de 'papers,' of nog mooier, de *papieren,* met 'specs' op den neus, terwijl men een 'pipe' 'tobacco' 'smookt,' in plaats van fatsoenlijk te 'rooken.' Men gaat 'to Church' en haalt zijn boeken uit de 'Library' en slaapt in zijn 'bedroom.' 's Morgens 'sweept' de 'hired girl' het 'room' met een 'broom,' in plaats van dat de meid met een bezem de kamer veegt. Dat is 'too Dutch!' Meer dan éen z.g.n. *Hollandsch* predikant zelfs kruisigt Sabbat op Sabbat de Nederlandsche Taal, en of wij het 'lijken' of niet 'lijken', hem een 'nice' prediker noemen of heel geen 'nice', hij houdt maar vol om onze 'brains' 'tired' te maken, en ons 'sleepy' met zijn koeterwalen. En welke ellendige *uitspraak* van het Hollandsch soms! Goed Hollandsch te spreken is te 'hard', en 'het wil niet doen' ook, want ziet, 'het betaalt niet.' Wij worden ja toch 'American!' Aanstootelijk, walgingwekkend voor den ontwikkelde met *taalgevoel* en *liefde* tot *der Vaderen sprake,* is soms 't misbruik van 't Hollandsch op den predikstoel zoowel als in den omgang!
3. En *slordig geschrijf* is een derde dolk! Eere aan enkele redacteuren die nobel waken tegen 't misbruiken van 't zuivere Nederlandsch in hunne bladen. En soms metterdaad er tegen *getuigen!* Maar – de meesten onzer courantiers zijn ontrouw. –Enkelen zelfs, helaas, – zij *verknoeien* en *martelen* onze Taal. Onlangs lazen we in een Hollandsch-Amerikaansch tijdschrift, dat overigens goed Nederlandsch gebruikt, een artikeltje van vier bladzijden. En op twee van die bladzijden alleen vonden we niet minder dan twintig Engelsche of half Engelsche uitdrukkingen en woorden! Een in Grand Rapids verschijnend blad dat aan het tegenovergestelde van 'watervrees' lijdt, verknoeit het Nederlandsch soms erg. Iedere week geeft het zijn 'Boernieuws', en adverteert *'Kool'* terwijl het *steenkool* bedoelt, enz. En heeft geslachtsregels en vierde naamvallen achter 't bedrijvend werkwoord eenvoudig over boord gezet. Een ander, te Kalamazoo uitgegeven courant knoeit nog veel meer met het Nederlandsch. Wij lazen er eens een stuk in dat

aldus luidde:
'Na eene lange periode als een tijdrekening opende deze week de handelsbeurs te Londen eenige teekenen van levendigheid voor de Kaffers. De waarheid is dat de uitwerking van Oom Paul op de Engelsche stroopers een sober effect heeft gemaakt. De Engelschen hebben reeds zoo lang in en uitgevaren onder de min ontwikkelde menschheid der wereld om hen om den tuin te leiden en het land met zijne rijke goudmijnen in zijn bezit te krijgen en de Zuid Afrikaansche Boeren en hunne regeering met spot verachtende, totdat zij in hun vaart gestuit werden en gedwongen werden van hun voornemen af te zien.'
Foei, foei, *driewerf foei* en *schande* over zulk een *geknoei!*
4. Een *vierde dolk* is: *onkunde aangaande het schoone, krachtige, kernachtige, heerlijke* onzer Nederlandsche Taal. Dit vooral is de *diepe oorzaak* van al de ellende. Ons volk – enkelen uitgezonderd – heeft *geen taalzin,* geen *besef* van wat *taal* is, en hoe 't *Hollandsch* bij geene spraak ter wereld, vooral niet bij 't *Engelsch,* heeft achter te staan wat aangaat alles wat een *Taal* tot *Taal* maakt. O, dat dit beter worde!
Beter worden? Geeft gij dan de hope niet op? Neen! Wij gelooven in ons Hollandsch volk in Noord Amerika is nog zooveel *latente liefde* tot der Vaderen taal en letterkunde, dat wij *haar kunnen* BLIJVEN *behouden* als we slechts WILLEN. Behouden als *weeldetaal.* Want natuurlijk – taal van ons *maatschappelijk leven,* als Amerikaansche burgers, zij en worde meer en meer het *Amerikaansch! Hoe* dan 't *Nederlandsch* te behouden als *weeldetaal,* tot in verre geslachten?
1. Men beschame de *parvenu's* die zich schamen voor 't Nederlandsch!
2. *Als* we *Hollandsch spreken* en *preeken,* mannen broeders, laat ons dan *onverbasterd* Hollandsch spreken!
3. Gij *redacteuren* en *schrijvers* in 't Nederlandsch, *waakt* trouw tegen 't taalverbasteren en verknoeien in onze pers!
4. Op *Middelbare* en *Hoogere* scholen in onze streken moeten we 't *Nederlandsch* laten onderwijzen, naast, of zelfs boven 't Duitsch, Fransch, enz.
5. En bovenal – laat ons *taalzin* en *liefde* tot het Hollandsch kweeken onder oud en jong, door *pen* en *tong.* Telkens en telkens er op *wijzen* hoe *keurig* en *fleurig, krachtig* en *prachtig* goed Nederlandsch is.
Dat vooral zij de *schoone taak* van ons ALGM. NEDERL. VERBOND hier te lande.
God zegene ons pogen, en stale onzen moed en vure onze liefde aan. Dat het Nederlandsch als weeldetaal nooit wijke van de lippen onzer kinderen, klein- en achter-achter-kleinkinderen!
Dat zij zoo!

Henry Beets

(Uit: *De Gereformeerde Amerikaan,* juli 1900, pp. 269-273)

Zwaantje spreekt geen Hollandsch meer

Het Hollandsch is door d'eeuwen henen,
Steeds als een schoone taal erkend.
Toch hebben veel van Neerlands kind'ren
Er zich met smaadheid afgewend.
Eén voorbeeld wil ik hier verhalen;
't Is dat van Zwaantje Vander Scheer:
Slechts in Amerika twee jaren
Spreekt Zwaantje reeds geen Hollandsch meer.

En daarom – wat is meer natuurlijk –
Heeft zij bij 't Engelsch hulp gezocht;
Ten minste zij betitelt gaarne
Met dezen naam haar taalgedrocht.
't Is echter vrees'lijk aan te hooren
Hoe zij het radbraakt, keer op keer;
Maar, 't is vergeeflijk, want sinds maanden
Spreekt Zwaantje reeds geen Hollandsch meer.

En of nu 't steenkoolschuit-matroosje
Ook veelal bet're taal verstaat,
Dat hindert Zwaantje niet in 't minste,
Zoolang men haar maar spreken laat.
'You bet your boots' en 'Quit your kiddin',
Gebruikt zij dan ook telkens weer;
En 'Sure, Mike,' is haar liefste stopwoord,
Want Zwaantje spreekt geen Hollandsch meer.

En moet zij met haar moeder spreken,
Die zelfs geen 'yes' of 'no' verstaat,
– 't Zij in de streetcar of in winkels –
Dan neemt zij 't fluisteren te baat;
Men mag van haar geen Hollandsch hooren,
Dat krenkt haar hoogmoed al te zeer.
Die taal mag voor een 'Dutchman' passen,
Maar Zwaantje spreekt geen Hollandsch meer.

Maar ook de beste kan soms feilen;
Dat bleek bij Zwaantje inderdaad.
Doch daarom is zij niet te laken;
Wie is volmaakt uit Adam's zaad?
Maar ach, zij heeft de kwaal van velen, –
En dat strekt weinig tot haar eer, –
Want schoon zij 't Engelsch moet verknoeien,
Spreekt Zwaantje toch geen Hollandsch meer.

't Gebeurde in de Kerstmisdagen
Dat Zwaantje's moeder haar eens vroeg,
Om toch wat roode baai te koopen,
Waar vader steeds een hemd van droeg. –
Zij ging en trad de winkel binnen,
Zett' dad'lijk op een stoel zich neer,
En babbeld' Engelsch met de dames,
Want Zwaantje spreekt geen Hollandsch meer.

Winkel in Noordeloos, Michigan.

'I vant to see red baai, for fader,'
Zoo spreekt zij stout de juffrouw aan.
'All right, I'll call him,' antwoordt deze,
En laat direct een jongen gaan.
Terwijl nu Zwaantje zit te wachten,
En moppert over 't koude weer,
Geeft zij haar Engelsch druk ten beste,
Want Zwaantje spreekt geen Hollandsch meer.

Weldra kwam weer de boodschapsjongen
Bij Zwaantje's zitplaats aangedraafd.
Een glimlach speelt hem om de lippen;
Hij is met humor rijk begaafd.
'Vesuvius is coming, lady,'
Is 't antwoord van den jongen heer.
Zij dankt hem met een 'T'ank you, mister,'
Want Zwaantje spreekt geen Hollandsch meer.

Onmidd'llijk daarop komt een heerschap
Met haar zoo rood als karmozijn,
Die, Zwaantje met beleefdheid nad'rend,
Haar vraagt of zij bij hem moet zijn.
'I vant to see red baai for fader;
Dat's all I vant today, meneer,'
Geeft zij in 't Engelsch hem ten antwoord,
Want Zwaantje spreekt geen Hollandsch meer.

'Then I must be the one you're seeking;
I am the only red-haired boy,
In all the years this firm existed,
Who ever was in their employ.'
Zoo spreekt de koopman. Doch ons Zwaantje
Zei nu: 'It is for onderweer;
I no vant boy, but 'baai' for fader.' –
Want Zwaantje spreekt geen Hollandsch meer.

Doch nu was ook de ernst ten einde
Waarvoor de koopman was befaamd;
Hij lachtte luide met de and'ren,
En maakte Zwaantje diep beschaamd, –
Zij kreeg haar baai, maar bleef geërgerd;
Toch was het wel een goede leer;
Dat blijkt thans uit haar conversatie,
Want Zwaantje spreekt het Hollandsch weer.

(Uit: Dirk Nieland, *Yankee-Dutch Humoristische Schetsen uit het Hollandsch-Amerikaansche Volksleven. Geschikt om voor te dragen, in rijm en onrijm,* Grand Rapids, Mich., Wm. B. Eerdmans, 1919)

'Dutchiness'

Is father going to eat onions again?' was de eerste vraag van Rosetta Stuiverling aan hare moeder toen zij van haar werk op het kantoor thuis kwam en welke vraag meteen als een begroeting moest gelden.
'Addunno, kiend, ik wait het nait, maybe ja, en maybe no,' gaf moeder ontwijkend ten antwoord.
'It smells awfully bad in here,' hernam Rosetta, met verontwaardigd gezicht, het wipneusje nog meer opgetrokken als gewoonlijk. 'And just now that I am going to have the meeting of our Circle of Mission Helpers at the house tonight. Those habits of father are a disgrace to our family, mother!'
'Joa, kiend, moar I no can do notting. I no like dat myself, en I no like onions, en I no like bad habits en notting like dat, moar I no can do notting.'
'Mother, we have to break father of his habits. It's our duty to the community and even more so to ourselves. I, for one, cannot stand it any longer.'
'No, kiend, I no like it, too; moar here komt vader, now we must Hollandsch talken, anders he git mad.'
'I don't care whether he does or not,' was het niet zeer eerbiedige antwoord van Rosetta.
Met een luidruchtig, 'Dag 'n kander!' kwam vader binnen en hij voegde er onmiddellijk aantoe: 'Is 't eten kloar, vrouw, 'k heb honger.'
'Joa, heur, 'k zel 't vot opscheppen,' antwoordde moeder, reeds toebereidselen makende.
'Mooi zoo, want siepels roeken mie zoo lekker tou; ik kon d'r wel 'n spient van op,' verklaarde vader.
'Father, I wish you would not indulge in those vile habits of yours any more than is necessary,' merkte Rosetta verontwaardigd op.
'Wat zegs doe, wicht?' vroeg vader, alsof hij het niet verstond.
'Oh, you know perfectly well what I say,' mopperde de dochter.
'Nee heur, as doe gain Hollandsch proatst, ken 'k die nait verstoan,' bracht vader er tegen in.
'I can't and I won't speak that horrible Dutch language,' protesteerde Rosetta in revolutionaire opwinding.
'Den most die moar stil hollen,' merkte vader droogjes op, en ging naar de keuken.
Het eten was nu gereed gezet, doch de jongste spruit der Stuiverling familie ontbrak nog. Het was Hildebrand, gewoonlijk Brandy genoemd, een dertien-jarige snuiter, die tegen zijn gewoonte in, zich nu bij den maaltijd liet wachten.
Vader ging reeds naar de deur om te onderzoeken wat toch wel de reden van dit oponthoud mocht zijn, toen Brandy buiten adem kwam aangedraafd.
'Hm,' was zijn verheugde uitroep, terwijl hij de lucht opsnoof, 'kriegen wie siepels?'
Brandy was, integenstelling met zijn zuster, er trotsch op dat hij Hollandsch spreken kon, zooals vader Stuiverling het dialect noemde dat steeds door hem gebruikt werd en hetwelk hij ook wenschte dat door zijne kinderen gesproken zou worden.
Allen zetten zich nu en vader was reeds achter zijn pet gedoken, toen Brandy zuchtte: 'O, voai, ik heb d'r zoon' zin aan, mag ik boas wezen van 't hannenvollen?'
Een welgemikte klap met de pet was het antwoord.
'Bist wel wies, jong; en nou stil wezen en eerbiedig, heur!'
Brandy vouwde zijne handen en sloot het eene oog, dat naar zijn vader gekeerd was, doch het andere, dat deze niet zien kon, hield hij op het bord met gestoofde uien gericht.
Het geduld van den jongeheer werd nog al een tijdlang op de proef gesteld, doch eindelijk kondigde vader door een luid 'smoakelk eten' aan dat men mocht beginnen.
Ook liet hij het niet bij dien wensch, maar gaf onmiddellijk een goed voorbeeld door een groote portie 'eeroppels mit siepels' op zijn bord te nemen, hetwelk zonder dralen door Brandy nagevolgd werd.
Moeder nam ook een weinig, doch keek tersluiks naar hare dochter alsof ze bang was dat deze het zag. Rosetta merkte het echter niet, want ze hield zich bezig met op sierlijke wijze een karbonade te ontleden en daarvan kleine stukjes in haar mond te steken, doch de 'piece de resistance' – als ik gestampte aardappels en uien ten minste met zoo'n deftigen titel mag bestempelen – raakte zij niet aan.
Hare gedachten verwijlden weliswaar steeds bij dat zoo zeer door haar verachte voedsel, doch alleen met het doel om iets te vinden waarmede zij haar vader van zijne 'slechte gewoonten' kon afbrengen.
Zij werd echter uit haar gepeins opgeschrikt door een kloppen op de keukendeur.
Moeder opende en een jongemannenstem vroeg: 'Is Miss Stuiverling at home?'
'Yes,' was het antwoord, 'maar wat feller ben joe?'
'I am Mr. Loeris, and belong to the Mission Circle, which meets here tonight.'
'Oh, da's arright, kom maar inside, heur!' en moeder opende wijd de deur om den bezoeker binnen te laten.
Rosetta was intusschen opgesprongen en verwelkomde haren gast met een: 'How do you do, Mr. Loeris. You are early. Won't you come into the parlor?'
'Nee, niks er van, heur,' riep vader met vollen mond, 'meester Loerais ken hier wel bie ons zitten; den ken 'e zien haart ook nog ais ophoalen aan onze eeroppels mit siepels. Schik bie en eet mit, meester Loerais!'
'Father,' merkte de dochter op, met verbeten toorn, 'Mr. Loeris cannot understand Dutch very well, so don't bother him.'
''t Ken niks schelen, wicht; loat hom hier moar blieven, want anders mout 'e doar allain zitten te kniezebieten.'
Mr. Loeris wist niet goed welke houding hij aan moest nemen, totdat vader op een stoel wees, met de woorden: 'Goa daar moar op zitten, jong; dei ken dien deugden wel droagen.'
'He say, sit doar moar down, mister Loery,' verduidelijkte moeder.
En Mr. Loeris ging zitten, ofschoon ik er vast van

overtuigd ben dat hij honderdmaal liever alleen met Rosetta in de 'parlor' ware geweest. Ook zij gevoelde het als een onaangename zaak en vreesde dat hare reputatie er onder zou lijden als Mr. Loeris te lang met haar vader in gezelschap verkeerde. Zij wist maar al te goed, dat er maar een paar woorden gefluisterd behoefden te worden om een lange reeks van kletspraatjes de wereld in te zenden die haar in belachelijk licht konden stellen, en ook wist ze zeer wel uit eigen ervaring dat de leden van hare zendingsvereeniging, alhoewel gewillig tot het goede, toch te zwak in het vleesch waren om niet met graagte haar en hare familie op de tong te nemen en bespottelijk voor te stellen, in plaats van in liefde de diverse gebreken over het hoofd te zien.
Ze zei daarom: 'Father, I am through; can't we finish now?'
'O, voai, dou 't noch nait,' protesteerde Brandy, 'ik mout nog meer eeroppels mit siepels hemmen.'
'Most doe zoo tegen dien voader proaten, jong. Wacht, ik zel die leeren,' en meteen kreeg de overtreder weer een vaderlijke vermaning met de vaderlijke pet.
'Yes, en dat nog wel nou mister Loery van de Mission Circle er bie zit,' voegde moeder er aan toe.
'Wat zegs doe, vrouw; wel is hier 'n misselke sukkel?' vroeg vader, zijn melk en brood slurpende.
'Oh, father,' antwoordde Rosetta, 'mother says 'Mission Circle.''
'O, ik docht dat ze zee van sukkel; moar wat is den 'n surkel,' vroeg hij weer.
'Da's 'n kring, voai,' riep Brandy, er trotsch op dat hij zijn taalkennis ten beste kon geven.
''n Kring,' zei vader, 'da's net zoon min as 'n sukkel. Of je nu al zeggen van 'n misselke sukkel of 'n misselke kring, da's ain pot nat.'
Rosetta stond op het punt om haar vader een scherpe terechtwijzing te geven, toen er opnieuw geklopt werd. Zij liet dus voorloopig hare plannen varen en opende de deur. Verschillende leden der Mission Circle waren gearriveerd en kwamen nu binnen.
Vlug werden de nieuwe gasten, Mr. Loeris incluis, naar de voorkamer getransporteerd, want vader had zijn mond te vol om het te kunnen verhinderen. Het was maar goed ook. Wie weet wat hij nog gezegd zou hebben. En Rosetta was al genoegd geërgerd door wat zij termde de 'Dutchiness' van vader.
Doch Rosetta, Rosetta, denk er aan dat de eigenaardigheden en gebreken onzer ouders in liefde over het hoofd gezien moeten worden, want, 'honni soit qui mal y pense.'

(Uit: Dirk Nieland, *Yankee-Dutch)*

't Is toch nais dat er zoo'n latse piepel zijn die mijn gerait lijken. De eerste ediesie is heelemaal uitgesoold en nu wordt er een tweede gestaart. Ja, ja, booi, ieven of ik ook nooit gelekt ben voor dieken of elder, heb ik toch een fielen dat ik nog wel wat joes ben in de komjoenetje.
Joeno, ik heb al de taim wel gegist dat er piepel in onze sjurtsen waren die de troet en notting as de troet wilden hooren. En nu heb ik dat met mijn raiterij ook weer uitgevonden. Joeno, latsoffen hebben mij bij de foon opgekold en gezegd: 'Loe, je hebt daar een nais jaap gemaakt van je boek en ons gesjood dat een kommen peenter, peeperhenger en dikkereeter (want dat ben ik zie, en een goed wan, als zeg ik 't mijzelf) juust zoo goed bekweented is met laif als latse gestuddiede piepel die evverting uit de boeks halen.
Ja, ja, en dat is zoo troe as wat, hoor! Ik hab dat leetlie nog weer uitgevonden met mijn booi Henkie, die voor minnister studdied, joeno. Hij zegt: 'Deddie, wat voor doe joe want dat boek nog weer gepubblist. 't Is een sjeem toe poet al dat Duts getok bevoor de piepel. Poediesoen, efter 'n koppel jiers, ai bie een minnister en den de piepel see: 'Joeno, dat is dominee Verlak, de son van dat dom peenter, wat rait al dat foelis stof'. En den dee lef mie out.'
Toen zeg ik: 'Booi, je weet niet waar je van tokt. In de veurste plees heb ik gepeent en gepeeperd en gedikkereet om genoeg monnie bij elkander te schrepen om joe voor minnister studdien te laten. Daar was mijn Duts getok en gestruggel plentie goed genoeg voor, he? Maar in de neks plees moet je ook niet uit je maind slippen laten dat poedienier alle piepel die later toe wat gemount hebben, eerst maar een smalle staart gehad hebben.'
'En', zeg ik, 'als je eerst grenpa bent en de kids van je eigen kids om je heen jompen en die dan vragen wat je eigen deddie gedaan heeft om een livven te maken en je sjood hun dan mijn gerait, dan bet ik je mijn laatste nikkel dat ze er proud van zijn zullen dat ik, als hun overgrendeddie, niet alleen de schin van mijn boons afgewerkt heb, maar aan top van dat ook nog een boek gepubblist heb waar ze in lezen kunnen hoe dat ik het gefikst heb, ieven of het dan ook in Duts is. No, no, hoor! Ik ben niks gesjeemd van mijn Duts getok.'
Wel, Henkie kon er geen woord tegen inpoeten. Ik had hem uitgebiet. Dat maakte mij goed voelen, want hij heeft toch plentie gestuddied en ik heb 't alleen maar van ekspierens. Dat sjood dat ekspierens toch maar de meenting is in de veurste plees. En dat is al wat er in mijn boek is. Ekspierens van laif. Ik hoop dat de rieders van deze tweede ediesie daar ook nog van bennefitten mogen.

Joer troelie,

LOE VERLAK,
Peenter, Peeperhenger en dikkereeter

(Uit: Inleiding van de schrijver tot de tweede druk van *'n Fonnie Bisnis,* Grand Rapids, Mich. Eerdmans)

Vijf-en-twintig Jaar Gemerried

Mijn wijf en ik zijn lest Toesdee vijf-en-twintig jaar gemerried geweest, en daar hebben wij 'n nais sellebreesje van gehad. De wiek bevoor had ik 'n ed in De Groundwet, daar zal ik hier 'n koppie van af laten printen. 't Was zoo:

SOLI DEO GLORIA

(Zoo staarten alle eds van ennevurseries, joeno; dat's Frens voor: 'Lang zullen ze leven in de gloria,' aigis.)

Hebt gij 't ook al wel geheurd
Wat poediesoen bij ons gebeurd,
Dan is 't vijf-en-twintig jaar geleen
Dat zij in 't huwelijk zijn getreen.
Ons vader, Loe Verlak, werd toen
De man van Lena Van der Koen,
En zij werd hem tot zijne vrouw,
En geen van hen heeft nog berouw.
Zij zullen vieren dat geval D.V.
Op den vier-en-twintigsten van Mee.
Wij hopen dat zij nog lang zullen leven.
Dit is de eenigste en alleenigste kennisgeven.
En ook dat vader, Loe Verlak, nog is goed present,
En dat hij aan goed peenten en peeperhengen is gewend.

Aanbevelend,
Hunne dankbare kinderen, behuwd- en kleinkinderen.

(Namens)
Loesie,
Len,
Hainie,
Jeekie,
Maik,
Henkie,

Nou, dat was 'n goeie staart, aigis. Ja, as ik paardies geef, lijk ik het ook swel te doen. En zoo'n fensie ed geeft de piepel 'n goed aidie van je. Ze voelen raidewee dat het geen evverdee bisnis is. Ik lijk die kommen eds niet. Maar, of kos, evver wan kan ook geen pootrie raiten.

Wel, de paardie was ook juust so swel als de ed. Wij hebben allemaal 'n riel nais taim gehad. Al onze

kids waren er, of kos. En Bik Nik, de boetser, was er, en Sikke Pit, de teeler en hun woemens en latse brodders en zusters en kozzens en siekozzens van mij en mijn wijf. Wij hadden dominee ook ge-eskt, but die moest naar som ander plees. Dat was wel toe bed, maar wij hebben toch meebie meer fon er door gehad, en ik en mijn wijf hebben latse nais pressens gekregen.
Nou, ik zal maar bij 't begin staarten. Wij kregen eerst allemaal 'n glas lemmeneedik, want 't was warm. Ik zei dat ik de menfooks wel surven zou. En toen deed ik kwiek 'n luddel sjat moensjain in iets glas. Ik ben heelemaal geen boezer, hoor! Maar op 'n sellebreesje moet je toch rielie niet zoo draai wezen. En ik had lest spring 'n luddel jaap peenten gedaan voor Jo Fladderakski, en toen had ik 'n koppel gellings in treed genomen. Wel, ze leken mijn lemmeneedik allemaal poediegoed, oonlie Sikke Pit zei, dat als hij niet wist dat dit kontrie draai was, zou hij sjoer denken dat hij kool pons dronk. Bik Nik wenkte met een aai naar mij en zei toe Sikke dat hij gehoord had dat de lemmens dis jier poedie raip geworden waren en dat ze meebie geveurment hadden aan de wee van Kallevornie toe Granraapis. Wel, Sikke zei dat het toch poediegoed teeste, en dat als ik nog meer had en hij mij niet bekortte, hij nog wel 'n ander glas lijken zou, want hij was poedie draai. Nou, toen hebben we allemaal nog 'n glas lemmeneedik gedronken.

Ik lijk die leplonsen niet,...'

Efter dat hebben de guls 'n lons rondgesurfd. Maar dat werd niet op de teebel gepoet, no, we kregen dat allemaal in de hand. Ik lijk die leplonsen niet, want je hebt een bons met hem in de rait hand en 'n piese paai met 'n kop koffie in de left hand en 'n benenne met 'n dis vol aiskrien op de knie, zoodat het poedienier onpassebel is om 'n bait in de mond te krijgen. Mijn koffie is tenminste voor 'n bik paard in mijn Sondee pents gekomen. En ik notisde dat Bik Nik en Sikke d'r ook troebel mee hadden, maar de woemens waren er allemaal poedie hendie mee. Wel, die zijn ook heel diffrent gebild.

Toen de lons over was, hadden onze kids een daaielok. 'n Riel fonnie wan. Spesjel gefikst voor 'n ennevurserie. Ze waren allemaal opgedrest als beebies en het spoosde zoo te wezen dat zij juust bij hun deddie en ma kwamen. En die brachten ze dan 'n pressent mee en ieder gaf een kjoet luddel spiets, terwijl ze 'n piese peeper aan mij of aan ma gaven, waar op stond wat present dat ze brachten. Dat moest wel, joeno, van de latse piepel die er waren, want er was geen roem om de teebeltjes en armsjeers en ander presents allemaal bevoor ons te poeten. Nou, dat was fonnie, aiteljoe, en wij hebben geleft laik evverting, spesjel om Henkie, die was 't leste pies van zijn spiets uit zijn maind geslipt en toen zei hij: 'O hek, ai no it so slik jesterdee en it's al gon nou, but hier is mijn pressent, dat's juust so goed mitout 'n spiets.'
Wel, toen hebben we weer 'n koppel glazen lemmeneedik gedronken en dit taim had ik het ook voor de woemens gefikst. Ze bregden allemaal dat ik het zoo hendie doen kon en dat het zoo nais teeste, maar geen een ketste aan wat er rielie inzat, als meebie oonlie Bik Nik en mijn brodder Kobbie, die kunnen niet zoo iezie gefoeld worden. Nou, efter dat hebben we 'n koppel hiems gezongen en toen heeft mijn jongste brodder Kobbie, hij is rielie Kobus gebeptaisd, maar ze kollen hem alletaim Kobbie, een rezzeteesje gegeven waar we bij gekraaid hebben van 't leffen. O, hij was fonnie. Wel, Kobbie is 'n kreezie nut. Hij heet lijk de does om te werken, maar hij kan sjoer 'n sellebreesje opbraiten. Alletaim jallie. Maar hij was ook al 'n koppel taims in de kietsje geweest en hij had mijn gellingsche juk in de botterie gevonden, aigis, want Kobbie lijkt graag een snits. En nog liever 'n koppel. Wel hij immeteete eerst een hokster die hallerde van: 'Eppee, sperregree petee, kerree, temee, strabee,' en hoe hij tokte met de woemens om ze rotten vedzetibbels te verkoopen. Toen spoosde hij een jiddische rekspeddeler te wezen en 'n Griek kendie stoor feller en 'n Deego benenne peddeler en toen ekte hij juust lijk 'n Polaksche gaai die om 'n jaap komt vragen op 'n funnesjes sjap. Och, och, wat hebben we onze bellies vast gehouden. Zoo'n kloun. Bik Nik moest van leffen zijn nektail losmaken. Hij was riel benauwd. En Sikke Pit heeft zich toe taims in zijn lemmeneedik verslikt, zoodat zijn wijf hem op de bek moest hitten om weer toe te komen. En de woemens, aideno! Wij hebben nevver in ons laif zoo'n fon gehad.

Nou, of kos, efter zoo'n eksaitenment waren we allemaal draai geworden en moesten we wel weer 'n koppel lemmeneediks hebben. Wel, dat was ook fon, spesjel met Bik Nik zijn wijf. Die lefte nog maar al troe en dan hallerde ze van: 'Eppee, strabee, naise benenn,' en dan leften wij allemaal ook weer. Nou, toen wij weer 'n luddel bit kwaait zaten, zou Sikke Pit 'n diesent woordje spreken, wat stichtelijk, joeno, want Sikke is eller, en wij nieden dat als joemen biens ook allemaal wel. But hij was nog maar 'n luddel wees, toen staarte Nik zijn wijf weer te leffen en hallerde: 'Reks, ool airen,' en alle piepel leften zoo, dat Sikke wel stoppen moest. Wel, ik zei toen: 'sst, sst,' want je kunt toch als vijf-en-twintig jaar gemerried man en deddie van zes kids niet elouwen dat een eller zoo maar in een sieries spiets gestopt word. Nou, poediesoen was het dan ook weer zoo ver dat Sikke verder spietsen kon. En hij deed dat ook heel nais. Maar 't leste niet lang of Nik's wijf hallerde weer: 'Rekstrabeesperregree.' En toen was er notting meer aan te stoppen. Ze leften en hallerden allemaal zoo troe elkaar dat Sikke hemzelf niet meer verstaan kon. Hij loekte eerst med, but poediesoen lefte hij juust zoo hard als de anderen, spesjel efter dat ik hem nog 'n glas lemmeneedik gegeven had.
Wel, 't was alles heel nais, but de taim stopte niet en 't werd twaalf klok. Toen zeiden een koppel dat het zoowat kwittentaim was en 't hielp niet of ik al zei dat 't nog urlie was en ook niet dat Kobbie en Bik Nik en zijn wijf zongen van: 'Wie wont go hoom til morning.' 't Hielp allemaal notting. Wel, toen hebben we nog 'n koppel hiems gezongen en toen zei Bik Nik: 'Ziezoo, nou hoom swiet hoom.' But zijn wijf werd med en zei dat ze zich niet insolten liet. 'Watsemetter,' zegt Nik, 'ik insolt jou niet.' 'Ja,' zei ze, 'joe zee, ho, zwienhond,' en dat laat ik mij niet zeggen.' Joeno, ze was meebie wat nurves geworden van Kobbie zijn rezzeteesjes, maar wij staarten allemaal zoo hard te leffen dat ze poediesoen begreep dat zij haar hoosband niet rait verstaan had. En toen hebben ze dan goebaai gezegd en dat ze zoo'n nais taim gehad hadden en dat wij ook eens over moesten komen en al zoo. Nou, toen hebben mijn wijf en ik nog in de hurrie 'n beetje rof housegekliend en toen kwiek naar bed, want ik moest neks dee weer aan 't peenten.

Dirk Nieland

(Uit: *'n Fonnie Bisnis*)

De Limburger Cheese	De Limburger Tjies
Mine cousin Nick van Iowa Came visiting one day His wife was ook along met hem Want die kwam always mee.	Mijn zwager Jeek van Aiowee Kwam visiting bij us. Hie toek his waif along met him Dat is mijn vrouw haar zus.
Dey always stayed about een week En we had lotsa fun Want Nick was always vol of jokes En troubles he had none.	Dee alwees steed about a wiek En wie hed lots of fun Jeek is een echte jollie baas En troebels, hie hed nun.
He came from Holland from Edam Dat land of famous cheese So on dat product cousin Nick Was mighty hard to please.	Hie keem uit Holland van Edam Dat toun of feemes tjies Zoo on dat product, onze Jeek Was maitie hard toe plies.
He always played some jokes on us En sometimes aardig slim So I was looken for een chance To play een joke aan him.	Hie alwees pleed sum djooks on us En soms wel aardig slim. Zoo, Ai was loeken voor een tjens Toe plee een trik aan him.
You know Limburger cheese I hope Dat stuff dat stinks so bar Well, I had been to town dat day En had some in mine car.	Joe no Limburger tjies, Ai spoos, Dat stof dat stinkt zoo bar Ik was die dag naar toun geweest En had wat in mijn kar.
I told de Mrs. 'Now look out Tonite we have some fun I want to treat Nick met die cheese I bet you he will run'.	Ai ses toe misses, 'Nou loek out, Toenait wie hef sum fun. Dan geef ik Jeek wat van die kaas, Ai bet joe hie wil run.'

Ai toek de pekkeets out de kar
En poet it in de hous
Dan Jeek en Ai went toe de barn;
Hie helpt mie milk de kous.

Dat ievening at supper taim
En wie was almoost troe
Ai ses toe Jeek, 'Oh Ai forgot,
Ai hef een triet for joe.'

Ai poet a littel on maai naif
En stak het onder his noos.
Jeek reesde heelemal van de siet
En stood upon his toos.

Ai ses, 'Did joe ever iet dis stoff?'
En Jeek ses kainda sloo,
'Ai'm purtie sjoer Ai diddent, but
Ai hef stept in it, Ai no.'

'Did joe evver iet dis stof...' (Uit: John Lieuwen, *Troebel en Fon*)

De Reedio

We hebben thuis een reedio
Dat ding is olwees bizzie
Moeder zegt soms: 'Sjut hem af,
Dat ding dat maakt me dizzie.'

Ze lijkt beslist geen jesmeziek
En vader lijkt geen zingen
De boois die lijken beesbal geems
En al dat soort van dingen.

Vader toent meest altijd in
Voor Emos en voor Endie
De kids die draaien dadelijk weer
Naar ressepies voor kendie.

Onlangs was Pa aan 't luisteren
En kreeg sinees te hooren
'Maai, maai,' hie sed, 'dat is ver weg
Houd open goed je ooren.'

Wij dachten allen dat is goed
Die reedio is de tjekker
Toen 't over was toen werd announst
Dat was een fonegraaf rekkert.

En Sundee nait de fooks toen in
Voor alle soort van kerken
En dat dee somtaims dont aggrie
Dat kan ik dan wel merken.

'Ik lijk die surmens,' ses Pa,
Van sommige van die steesjens
Je hoort dan nog eens hoe het gaat
In andere kongregeesjens.

En 't mooiste er van is, dat ik
Het rooken niet behoef te kwitten
En ik neem een groote rokkerstoel
Dan kan ik zoo makkelijk zitten.

En als de kids soms natie zijn
Dan trek ik ze aan de ooren
Dat kun je in de tjurts niet doen
Dan zou je de anderen storen.'

Als men dat ding maar loopen laat
Kost het heel wat om te runnen
En 't ergste er van is, dat wij
Het slecht affoorden kunnen.

De betterie is joeslie ded
En toebs kunnen ook niet duren
En als het daar niet aan mankeert
Dan heeft hij andere kuren.

Maar het is toch een lotta fon
Als 'k alles weer eens reken
En ook toch alles monkiesjain
Van de andere kant bekeken.

Behoef het rooken niet te kwitten...

Twie valle saome

Een jonge Indiaan van de Mohowkstam, die helemaal niet vechtlustig is en liever rustig in de natuur wandelt, heeft de taal van de vogels geleerd. De vogels, die in de toekomst kunnen zien, verheugen zich dat een mens hun taal heeft willen leren. Als de jonge Indiaan, die Twie-valle-saome heet, de vogels vraagt hoe de stam gered kan worden, geven zij het antwoord. Een boze geest, die alleen de vogels kunnen zien, zit de stam achterna. Twie-valle-saome krijgt van de vogels een speciale gave om Boze Geest te kunnen zien. De stam moet Boze Geest bij een rivier uitlokken, en als hij dan te voorschijn komt en de stam achterna zit, moet Twie-valle-saome Boze Geest aanvallen, hem naar het water sleuren en onder water houden. Dat lukt, maar terwijl de stam ontsnapt vindt Twie-valle-saome samen met Boze Geest de dood in het water. Ter herinnering aan deze heldendaad hebben de Indianen deze plaats genoemd Twie-valle-saome'. En zo is volgens het oude Indianenverhaal de naam ontstaan van een nederzetting aan de Mohawk rivier.

In de bloemlezing staat de inleiding van Dr. Van Loon en de spannende strijd van Twie-valle-saome met Boze Geest.

End dan genge de vogeties wägvliege en Twie valle saome geng terug tot hem voul end femmilie. Daar aongekom geng hy de heele schietenis verträkke van hem gespräk mette vogeties end toen de hooftwelde hoorde hem gaove hullie de beställinge, en hullie hebbe gedaon zäcktlie aols het waz beschreeve. Totdat hullie nen heel aofstont were, benede longes de rivier, end Twie valle saome hemzellef stong 'r achter nen boom te kijke nao de pad. End ja, strakkes hoord hy voetstappe, end daar kwom Boozegeest longes de pad loope. Nen groot lyf met long vies ziende häär tot aon de schoudez, end long taonde dat zage meer wet in hem mont dan aolledaogse taonde van geweunte zage. Nen reuze weld waz hy end van lyf twie maol zoo groot aols Twie valle saome, zie jou. Het waz endiedaod somdeng voor ongst en vreez by 't ziene op te wäkke. Toen hy deghterby kwom, sprong Twie valle saome uit op de pad, end schreevde 'Hee-e!

Vuile eeter van melsevlees! Gao jou somplaots denk jou?' End hy perbeerd (maor niet errie successvol!) de meest gressel gezecht te träkke dat hy kan. Boozegeest keek hem aon met ooge dat were roodrandig end nout genge blenke. Hem aodsem geng in end uit hem neusgatte glykt 't geruis van en stormwend. Hij stak hem tong uit voor hem bakkes aof te lekke end Twie valle saome zag neens dattie nen zwot tong had! Toen hoord Twie valle saome nen stäm dat scheen van aollerond hem overaol te kome, maor dattie toch west kwom van Boozegeest, zäggend: 'Oho! Nen smak'lik jonge hee? Waor kom joe vram? End hee joe goed end voldaon eete gehad in de laotste tyd? Hee jou nen stuk melse messchien gezien hier verby loope, hee?' end heel de tyd waz hy heel longzom aon 't naodere perbeerend met hem gruwelik gezecht plezierig end vrindlik te kijke. Maor Twie valle saome erenderd wat de twie vogeties hadde hem gezeid, ieven oftdat hy schroomd meer dan een beetse, end hy begon heel zoghies achterwaords te gaone stappe maoke nao de waoterkant van de rivier, end zoo tesluiks meuglik. End toe, west Twie valle saome dat hem laotste oomblekke op de weedelt were onvermydlik gekome en hy vongd maor aon hem doodsgezang te zenge. Toe Boozegeest hoord dat hy kroop 'r naoderen en schootje meer spoedig, end Twie valle saome geng hem stappe achteruit ook opspoedige, end kot waz het sprenge end gelle tegelykt juist op de oomblek dat Boozegeest hem greep kwom Twie valle saome in de waoter en bekosomdat Boozegeest hem vaosgegreep had end hem prooy niet lost liet, genge hullie aolletwie in de waoter plonke, end daar hebbe hullie aon 't väghte geweest nen gressel geworssel met schoppe, end klauwe end de waoter roakt 'r buitegewoon schuimig van dat twiestryd. Ondertusse, geng 't vouk van Twie valle saome wäg nao dander zijd ven de rivier in nander landdeel. End zonder dat hullie ooit wat meer van Boozegeest hebbe gezien. Maor, tot aon de tyd van onz grootvaodez ez de waoter in dat plaots in de rivier schuimig gebleeve, end ez niet verdween totdat de moddern kenadl gegraove en gebouwd ez, end dat het bevoorns aotyd de naom van Twie valle saome had by de welde

(Ongepubliceerde geschriften van emigranten in Jersey-Dutch, Colonial Origins Collection of Calvin College and Seminary Library)

5. Neen Nederland, 'k vergeet u niet

De veelzijdige verbondenheid van de Nederlandse immigranten met het vaderland spreekt duidelijk uit hun uitgegeven brieven, maar wellicht nog sterker en omvattender uit hun geschriften, hun poëzie en proza.
Het verlaten van het land waar je geboren bent en opgegroeid, waar je de taal hebt leren spreken en waar je op duizend wijzen aan verknocht en verbonden bent, om als emigrant naar een ver, onbekend land te trekken met een vreemde taal en vreemde gewoonten, vergt een zekere moed, wilskracht, doorzettingsvermogen, geloof en vertrouwen.
Hoe vaak zullen al die emigranten met heimwee hebben gedacht aan het vaderland zo ver, zo onbereikbaar ver over de oceaan? Hoe velen zullen, als mijn moeder, met verhalen aan de kinderen over 'the old country' steeds weer voor zich de herinnering aan het verleden in beelden doen herleven?
Daarom tot besluit nog enige gedichten waarin de nostalgie, het verlangen van de dichter naar het verre vaderland, land van oorsprong, wordt tot een lied van heimwee naar Holland.

Herinneringen aan en bij dierbare ouderlijke graven(*)

Aldaar hebben zij Abraham begraven, en Sara zijne huisvrouw; daar hebben zij Izak begraven, en Rebekka zijne huisvrouw. Gen. 49:31.

Bij de graven van de ouders mijner vrouw

Na dertig jaren in het vreemde
Doch aangenomen Vaderland,
Nog eens terug met blijde harten,
Naar 't *aangeboren* Vaderland.

De reis daarheen? – laat veel vertellen;
't Genot bij vrienden – het was groot;
Maar meerder, dieper 'voelde ons harte
Op d' akker Gods, bij graf en dood.

De plaatsen daar w', als kind'ren, speelden,
Die schijnen nog ons eigendom:
Het *'schoolpad'* hier, daar *'t houten huisje'* –
Ons harte liep er nog rondom. (2)

Doch dorp en huis, waar wij toen woonden,
Bekend wel – onze toch niet meer:
Als een verhypotheekte woning,
Gebruik – maar eigendom nooit weer.

De vrienden onzer jeugd, zij wezen,
Veroud, naar tijden lang verleen:
Herkenning wekte nieuwe vriendschap;
Soms diep gevoel – doch 't ging weer heen.

Het voor ons *nieuwe* wekte wonder,
Het *oude* dwong ons eerbied af:
Doch nieuw of oud, *'t greep niet aan 't harte*
Zoo als het ouderlijke graf.

't Is 't eenig plekje *nog ons eigen,*
Door tijd of afstand niet ontvreemd:
Geen wet, die 't kinderrecht der liefde,
Op onzer oud'ren graf ontneemt.

Hier waar 't stof der ouders
In den grafkuil ligt,
Komt het lang verleden
Weer in ons gezicht:

't Wordt weer alles levend',
Uit de vroege jeugd,
Voor onze oogen zwevend':
Arbeid, smarten, vreugd.

Straks keeren we ons af
Van dit land – van uw graf –
Van 't ons dierbare stof.
Voor die gunst, ons gedaan,
Om nog eenmaal te staan
Bij uw graf, zij God' lof!

Rust, dierbre ouders! in uw' graven:
In 't hart een zucht, in 't oog een traan,
Is onze erkenning uwer liefde:
'Gij, ouders! hebt ons welgedaan.'

Wel nooit weer zal ons oog aanschouwen
Die kerk, dat kerkhof, of uw graf:
Ons eigen graf wordt straks gedolven,
Veel duizend mijlen van u af.

Geen graven ooit zoo ver gelegen –
Verwijderd – die Gods oog niet ziet:
God kent ons graf, ons hart, onz' wegen,
Zijn eigen volk vergeet Hij niet.

(*) Toen wij, in 1879, in Nederland waren, zochten en vonden wij ook de graven onzer ouders, op de kerkhoven van beide

De familie Dresenga, East Holland, Michigan.

'Wij zullen slapen, doch niet eeuwig',
Al keert tot stof ons vleesch en been:
Hij komt! – Zijn' kracht Zijn' stem zal dringen
Door aard', en zee, en grafsteen heen.

Ons harte trilt bij die gedachte:
O! dat die *grootste* dag van all'
(God *weet* het – voor ons is het *hopen*)
Ons weer te zamen brengen zal.

Sept., 1879

(Uit: A. Zwemer, *Hartestemming en Leering*)

Nederland. nov. 18, 1914

O, Nederland; wat ooit op aard gebeure; nooit zal mijn ziel zich van u kunnen scheuren, van u, noch van uw eeuwen oude terpen, waarvan de Fries de Noordzee wilde werpen, terug in 't holle gat waaruit ze woedend vloog. Neen, Nederland; 'k vergeet u niet, eer breekt mijn oog, eer breekt mijn hart, en eer verstomd mijn jubelmond voor dat ik u vergeet, o luttel plekske grond.
O, luttel plekske grond; O groote bakermat van edel adelbloed dat God geschapen had, en dat de hand dat het oorlogzwaard omklampte de spierkracht gaf, om; wat zich tegen kampte, of boven vrijheid van de ziel zich zou verheffen, met heel de volle kracht van Godes wraak te treffen. Albion joegt ge weg, ge vaagdet schoon de zee, en Frankrijk dreeft ge voort uit velden, burg en stee. Ei, Nederland; gij; met het huis Oranje, gij braakt den nek van 't overmoedig Spanje, dat u vernielen zou door galg en moordschavot, maar dat gij krachtloos sloeg door onzer vad'ren God. O, Michiel: Piet Hein: O admiralen Tromp, De Witt; zou 't moog'lijk zijn dat d'oude leeuw thans nog dat bloed bezit? Toch vraag ik aan 't heelal, wat, wat natie kan mij tonen een dicht'renschaar als gij eens had? 't Zijn uwe zonen: 't Zijn uwe barden: uw Po-eeten. O, Bilderdijk: Beets, Cats, Da Costa; Dichters. – Wie? Wie is gelijk aan U? Wie kan alom U evenaren? Wie streeld de lier, en tokkelt van haar snaren een lied zoo teer, zoo hemelschoon als eenmaal gij verhieft, Gij: Neerland's goon: – Neen, Nederland: 'k vergeet u niet, al zet ik nimmermeer op klaverwei en dijk mijn voeten ooit weer neer. Ik wensch u, o mijn moederland, bij 't dreigend oorlogsleed, dat gij weer zoekt en mint den GOD met wien uw voorzaat streed.

(Uit: Jacob H. Hoekstra, *Hans Hansen*)

Mien Moudertoal

As 't haart mie vol is van 'n zwoare zoak,
En 'et gemoud nait roemer wordt deur zuchten,
Den tracht ik deur 'n riemke nog al voak
Dei dompe noarigheden op te luchten.

En den kom's doe, mien moudertoal m'ien 't zin:
Mien moudertoal, woar 'k eerst ien leerde sto-
amlen,

En woar 'k nog moar 'n stoameloar ien bin
As 't geld om lofsproak veur die te verzoamlen.

Toch, lofsproak hest doe van mie wel verdaind:
Want wat heb 'k deur dien klanken nait genoten;
– Wat stroef en boersch meschain, moar welge-
maind –
Dei zacht en goud de moudermond ontvloten.

En onder 't speulend leeren van de jeugd
Wast doe het voertuug van al onz' gedachten.
Ien jongessmart, of wel ien jongesvreugd,
Kon wie deur die voak sympathie verwachten.

Op rieper oller ook, schoon ver van hoes,
En ver van allemoal dei ains mie konnen,
Brocht 't Grönnegers mie altied ien 'n roes
Van vreugd, woar ik het heurd' oet gulle monnen.

Want hou 't ook gait, dei toal vergeet ik nooit;
Ik mag noar 't Oosten of noar 't Westen trekken:
Woar 'Uncle Sam' zien steerenvlag ontplooit,
Of woar de 'Union Jacks' heur börgers dekken.

Wat toal 'k ook heur van mensen dei 'k ontmuit,
Beschoafd of wild, van allerhande kleuren,
Gain van al dei toalen klinkt zoo zuit,
Of is as doe, geschikt mie op te beuren.

En doarom heb 'k dit dichtje aan die gewaid
Mien Moudertoal; aan die, zoo voak vertreden,
Zoo voak bespot, bemodderd en beklaid,
Moar altied weer as held oet 't sliek geschreden.

Dirk Nieland

(Uit: J. van Hinte, *Nederlanders in Amerika* II 551-552)

Amerika

't Was mij zoo vreemd aan stillen oeverkant,
Waar 'k mijm'rend zat op vreemden grond:
Die heete zon en verre gele zoomen.
Het was me, als zat ik weder aan den rand
Van 't Friesche meer, in stillen avondstond,
In eenzaamheid, als jongeling te droomen.

't Was mij zoo vreemd, in 't verre groote land.
Het greep mij aan. Nu eerst gevoelde ik pas:
Het heimwee sloeg mijn arme hart in banden;
Zoover van 't Friesche meer en 't Hollandsch
strand,
Zoover van 't land, dat mij zoo dierbaar was,
Zoover van 't frissche groen der lage landen.

't Werd mij zoo wee aan stillen oeverkant,
Bij 't denken aan mijn dierbaar vaderland.

(Uit: Wybe J. Van Der Meer, *Yn 'E Frjemdte,* Ljouwert, Friesland: W. A. Eisma, 1929)

Terugkeer in 't vaderland

Weer regent het, dagen en nachten,
Weer zie ik de karren op straat,
Weer moet ik voor fietsen mij wachten,
Weer snijdt mij de wind in 't gelaat.

En schijnt soms de zon weer eens even,
Matkleurig, door 't wolkenfloers heen,
Dan zie ik weer voor mij herleven
Mijn jeugd, nu zoo lang al geleên.

En giet over weide en akker
De zon haren avondgloed uit,
Dan droom ik, al blijf ik ook wakker,
Terwijl ik mijn oogen sluit.

In bitterzoete mijm'ringsvreugd,
Herrijst dan voor mij weer mijn jeugd.

(Uit: Wybe J. Van Der Meer, *Yn 'E Frjemdte,* Ljouwert, Friesland: W. A. Eisma, 1929)

Terugblik: toen ik heel jong was

Toen ik heel jong was
en in het polderland van Zeeland opgroeide
was ik vaak zó zat
van het gelijkmatige leven van iedere dag
dat ik kon hunkeren naar verandering
om die monotonie te verbreken
van niets dan rechthoeken veldgewassen
die even solide waren
als de gereformeerde leer
waarin ik
temidden van die velden
opgevoed werd
totdat op het laatst
aardappels en ouderlingen
en bieten en boeren
en dijken en dagen
samenvloeiden tot één degelijke
maar kleurloze wereld
waarin ik alleen nog maar verlangen kon
naar iets geheel anders.

Later heeft het wisselvallige leven
zoveel veranderingen gebracht
dat ik nu vaak terugdenk aan vroeger
en terugverlang naar de stilte en de vrede
van dat wijde polderland
met zijn boombelijnde dijken
die hun armen beschermend legden
om de grote roodgedakte schuren
en naar de rechthoeken koren
die als grote gele lappen
lagen te drogen op de bleek
van groene bieten
en bruine aardappels
en brons vlas

De familie Mouw uit Elspeet vertrok in 1869 naar Amerika en vestigde zich in Sioux Center, Iowa. Op de foto ziet men hen met 11 kinderen, 58 kleinkinderen en 1 achterkleinkind.

en ik denk aan de gereformeerde leer
zoals mijn ouders die in praktijk brachten
vooral Moeder
met haar sneeuwwitte muts
en gouden stukken
en bloedrode kralen,
of zwarte soms, als ze in de rouw was,
en haar zachte bruine ogen
en stille stem
die nooit schold
op de rijke boeren die zo slecht betaalden
zodat ze altijd rekenen moest om rond te komen
of op de ongeletterde ouderlingen
die zo slecht konden lezen
en zo lang konden bidden –
Moeder, die een open brief van Christus was
zonder dat ze dat zelf wist

maar ook Vader
met zijn strenge blauwe ogen
en grote handen
die echter nooit sloegen
en zijn manchester broek
met aangedroogde klei op de knieën –
Vader, die onversaagd getuigde
van het recht en de liefde Gods
tegen ons en tegen de buren
of ze rooms waren of protestant.

Als ik zo terugdenk aan vroeger
dan is het me steeds weer een wonder
dat God me zo lang gevangen hield
in die mij te enge polders
tot Hij me in een hoek tussen de dijken
vast liet lopen
en daar mijn ogen wijd opende
voor eigen lelijkheid
en Zijn schoonheid;
en dan zie ik dat polderland weer
als met nieuwe ogen

dan zie ik de bloeiende velden
van bloedrode papavers
en blikkerend geel koolzaad
en fluweelgroen vlas
bedekt met een waas
van hemelsblauwe of witte bloesem
en dan hoor ik de vroege koekoek roepen
en de nederige merel slaan
en de schaterende leeuweriken jubelen
en de voorjaarsregen neerruisen
in de baarmoeder van het pasgeploegde land

en dan dank ik met bevende lippen
de Onveranderlijke
die alles zolang eender liet
tot Hij mij eerst veranderd had.

Cornelius Lambregtse

WISCONSIN
Sheboygan
Lake Michigan
Muskegon
Grand Rapids
Holland
Kalamazoo
Detroit
Tecumseh
Albany
Patterson
New York
Princeton
Philadelphia
NEW JERSEY
Baltimore
Washington
Sioux Center
Orange City
IOWA
Pella
Burlington
Moline
Fox river
Chicago
Roseland
OHIO
Ohio
Cincinnati
Illinois
ILLINOIS
INDIANA
Missouri
St. Louis
Mississippi
New Orleans

Bronnenlijst

'Aan onzen geliefden en geachten leeraar J. Noordewier, opZEw's verjaardag, 27 december 1873.' Gedicht door catechisanten aangeboden. *De Wachter* 6 (1873-1874) december, 1873.

Barendregt, H. Brief van 14 december 1846 over emigratie naar Iowa, H. S. Lucas, *Dutch Immigrant Memoirs and Related Writings.* Assen: Van Gorcum, 1955. II, 32-39.

Beets, Henry. 'Bij de Herdenking van Calvijn's Geboortedag op 10 Juli. 1509, 10 juli 1909 gevierd.' *De Gereformeerde Amerikaan* 13 (1909): 325-326.

'De Nederlandsche Stam en Taal in Noord Amerika.' *De Gereformeerde Amerikaan* 9 (1905): 369-376; 409-414.

'Een Stervende Taal.' *De Gereformeerde Amerikaan* 4 (1900/1901) 269-273.

'Hollanders in de legers der Unie.' Aanhangsel: *Abraham Lincoln, Zijn Tijd En Leven.* Grand Rapids, Mich.: B. Hulst, B. Sevensma, 1909. pp. 215-217.

'Onze Theologische School Bij Haar Vijf- en Twintigjarig Bestaan A.D. 1876-1901.' *Jaarboekje Ten Dienste Der Christelijke Gereformeerde Kerk in Noord Amerika voor het Jaar 1901.* Grand Rapids, Mich.: J. B. Hulst [1901], 21 (1901): 117-121.

'Song of the Holland-Americans. Wien Neerlandsch Bloed.' *Herinneringen Holland-American Songs. Holland Songs with English Texts.* Series I. Chicago, III.: Paul H. Wezeman. [1906]. pp. 2-3.

Beuker, H.; Van Hoogen, H.; en Ten Hoor, F. M. (red.) ['De Gereformeerde Amerikaan.'] 'Een Woord Vooraf.' *De Gereformeerde Amerikaan* 1 (1897/1898):1-5.

Breman, John G. 'Abide With Me!' *De Bereer* 13 (1931/1932):195.

Bremer, A. *Hollandsch Leesboek voor Huisgezin en School.* Grand Rapids, Michigan. [A. Bremer, 77 Prince St., 1910].

[Broere, Bastiaan]. *Korte Beschrijving van het Leven en de Wonderbare Leidingen Gods met Bastiaan Broere in Nederland en in Amerika.* Met een inleiding van J. J. A. Ploos van Amstel, red. H. De Vries. Amsterdam: J. A. Wormser, [1887].

De Bode, C. 'Aan Den President Der Vereenigde Staten.' *De Volksvriend* 59 (16 maart, 1933).

[De Gereformeerde Waarheid voor Amerika.'] 'Een Woord Ter Inleiding Van Den Tweeden Jaargang.' *De Gereformeerde Amerikaan* 2 (1898/1899):1-8.

'De Hope Publishing Co.' *De Hope, Weekblad In Het Belang Van Maatschappij, School En Kerk* 40 (22 october 1907).

De Spelder, J. A. 'Op 't Zestig-jarig Feest.' in *Historical Souvenir of the Celebration of the Sixtieth Anniversary of the Colonization of the Hollanders in Western, Michigan, Held in Zeeland, Michigan August 21, 1907.* pp.16-17.

De Young, John. 'Een Schets van de Geschiedenis van Roseland, Illinois,' in H. S. Lucas, *Dutch Immigrant Memoirs and Related Writings.* Assen: Van Gorcum, 1955. II, 45-46.

Dijkstra, B. D. 'Aan den heer Agricola.' *De Volksvriend* 60 (11 januari, 1934).

'Amerika.' *Stichtelijke Liederen.* Orange City, Iowa: B. D. Dijkstra & Zoons, z.j., p. 8.

'Antithesis.' *Korte Gedichten.* Orange City, Iowa: B. D. Dijkstra & Zonen, 1935. p. 17.

'De Profundis.' *Korte Gedichten.* Orange City, Iowa: B. D. Dijkstra & Zonen, 1935. p.16.

'Des Pelgrims Gids. Guide me, Oh Thou great Jehovah.' *Stichtelijke Liederen.* Orange City, Iowa: B. D. Dijkstra & Zoons, z.j. p.20.

'Fairview.' *Korte Gedichten.* Orange City, Iowa: B. D. Dijkstra & Zonen, 1935. p.75.

'Fleurs de l'Hiver.' *Korte Gedichten.* Orange City, Iowa: B. D. Dijkstra & Zonen, 1935. p.74.

'Het Dwalend Schaap. I was a wandering sheep.' *Stichtelijke Liederen.* Orange City, Iowa: B. D. Dijkstra & Zoons, z.j. p.36.

'Het Schoone Amerika. America, the beautiful.' *Stichtelijke Liederen.* Orange City, Iowa: B. D. Dijkstra & Zoons, z.j. p.26.

'Lieflijk Stadje Bethlehem. Little Town of Bethlehem.' *Stichtelijke Liederen.* Orange City, Iowa: B. D. Dijkstra & Zoons, z.j. p.4.

Psalm Drie-En-Twintig, Wijze: He Leadeth Me.' *Stichtelijke Liederen.* Orange City, Iowa, B. D. Dijkstra & Zoons, z.j. p.10.

'Ter Inleiding.' *Stichtelijke Liederen.* Orange City, Iowa: B. D. Dijkstra & Zoons, z.j. p.2.

'Waffen Nieder. Armistice.' *De Volksvriend* 58 (17 november 1932).

Dosker, Henry E. 'Het Veertigjarig Gedenkfeest te Zeeland, 31, Aug., 1887.' *Historical Souvenir of the Celebration of the Sixtieth Anniversary of the Colonization of the Hollanders in Western, Michigan, Held in Zeeland, Michigan August 21, 1907.* red. C. Van Loo, A. La Huis, H. C. Keppel. Zeeland, Michigan, 1908. pp. 88-91.

'Een Geestelijke Barometer.' *Jaarboekje voor de Hollandsch Christelijk Gereformeerde Kerk in Noord Amerika voor het Jaar 1883.* Grand Rapids, Mich.: D. J. Doornink, 1882. 3:93.

'Een Goeden Raad.' *De Hollandsche Farmer.* juni 1915.

'Een Groot Werk.' *De Hope, Weekblad in het Belang van Maatschappij, School en Kerk* 40 (22 october, 1907).

Eerdmans, Wm. B. samensteller. *Mijn Recitatieboek: Ernst en Luim* Grand Rapids, Mich.: Eerdmans-Sevensma, z.j.

[Eijlander, Evert]. 'Eenige Dicht-Regels van Wijlen Everert Eijlander den Blinde.' *Jaarboekje voor de Hollandsche Christelijke Gereformeerde Kerk in Noord-Amerika voor het Jaar 1887.* Grand Rapids, Mich.: H. R. Toren, 1887. 7: 45-48.

Groen, J. *Onze Lagere School. Rede gehouden op de Vergadering van Voorstanders van Christelijk Onderwijs, te Muskegon, Michigan, nov. 1903 door Rev. J. Groen van Grand Rapids, Michigan.* Holland, Mich.: H. Holkeboer, z.j.

Grootemaat, H. 'Te Wapen voor de Unie.' *De Nieuwsbode* 12 (13 februari, 1861).

Grooters, F. H. ''t Is al te vergeefs. Dominie!' *De Nieuwsbode* 7 (7 october, 1856).

Guikema, A. 'Neerland en Amerika.' *De Volksvriend* 58 (10 november, 1932).

H., A. J. 'Een Uur In De Nieuwsbode Drukkerij.' *Sheboygan Nieuwsbode* 3 (2 maart, 1852).

H., G. K. 'Winst door Verlies.' *Calvin College Chimes* 1 (mei 1907) pp. 14-15.

Hemkes, G. K. 'De Heiland aan het Kruis.' *Jaarboekje Ten Dienste Der Christelijke Gereformeerde Kerk in Noord Amerika voor het Jaar 1897.* Grand Rapids, Mich.: J. B. Hulst, 1897. 17: in Mengelwerk 46-48.

'De Historie van Twee Proponenten.' *Mijn Recitatieboek, Ernst en Luim,* verzameld door W. B. Eerdmans. Deel I. Grand Rapids, Michigan: Eerdmans-Sevensma, z.j. pp. 73-75.

Hendriksen, Bernardus Antonie. 'De Oorlogsgruwel.' *Uit Het Hart Tot Het Hart. Een Bundel Gedichten.* Kalamazoo, Mich.: Gebr. Hendriksen, 1916. pp. 105-108.

['Over Leraars en Kerken.'] *Uit Het Hart Tot Het Hart. Een Bundel Gedichten.* Kalamazoo, Mich.: Gebr. Hendriksen, 1916. pp. 105-108.

'Troost Voor 't Ouderhart.' *De Volksvriend* 60: (2 augustus, 1934).

Hoeksema, Herman. *Dominee Kouwenaar of Zedelijk Dualisme.* Grand Rapids, Mich.: Eerdmans-Sevensma, 1919.

Hoekstra, Jacob H. [Hans Hansen] 'America No. 2.' *Hans Hansen.* Chicago, Ill.: [Uitgever niet bekend.] z.j. pp. 11-12.

'Amerikaanisme.' *Het Oosten* 30 (29 maart, 1934).

'De Christelijke Werklieden Vereeniging.' *Het Oosten* 30 (4 october, 1934).

'Decoration Day.' *Het Oosten* 30 (24 mei, 1934).

'Het Geven Aan De Kerk.' *Hans Hansen.* Chicago, Ill.: [Uitgever niet bekend] pp. 116-117.

'Nederland. Nov. 18, 1914.' *Hans Hansen.* Chicago, Ill.: [Uitgever niet bekend] pp. 69-70.

'Onze Vlag.' *Hans Hansen.* Chicago Ill.: [Uitgever niet bekend]. pp. 96-97.

'Studenten.' *Hans Hansen.* Chicago, Ill.: [Uitgever niet bekend] pp. 27-28.

'The Prayer Meeting (Het biduur).' *Het Oosten* 30 (17 mei, 1934).

Holland's Heritage. A series of sketches and narratives having to do with the founding of Holland, Michigan. Original drawings by Derk Gringhuis were commissioned by First National Bank of Holland. Holland, Mich.: First National Bank of Holland, z.j.

'Holland was en is niet.' in H. S. Lucas, *Dutch Immigrant Memoires and Related Writings.* Assen: Van Gorcum, 1955. II, 7-13.

Hospers, Henry. 'De Volksvriend.' *De Volksvriend* 1 (18 juni, 1874).

'Iets uit het Leven en Overlijden van Jan Gelock.' *Jaarboekje voor de Hollandsch Christelijk Gereformeerde Kerk in Noord Amerika voor het Jaar 1891.* Holland, Mich. De Grondwet Drukkerij, 1891. 11, 49-66.

Jonker, P. 'Oudejaarsavond.' *De Gereformeerde Amerikaan.* 13 (1909): 614-615.

Kampferbeek, Albert. 'De Oude Koloniale Dagen Vergeleken Bij De Dagen Die Wij Thans Beleven.' *De Grondwet* 65 (22 juli; 9 augustus, 1927).

Keizer, J. 'De Nederlandsche Taal in N. Amerika.' *De Gereformeerde Amerikaan* 4 (1900): 503-505.

Kuiper, R. T. 'Bij het Sluiten der Lessen aan de Christelijke Hollandsche School te Graafschap.' *Jaarboekje voor de Hollandsch Christelijk Gereformeerde Kerk voor het Jaar 1884.* 4 (1884) 70-72.

Lambregtse, Cornelius. 'Ichabod.' *Onderweg Opgetekend.* Kampen: J. H. Kok, [1978] p.22.

'Terugblik.' MS The Colonial Origins Collection van Calvin College and Seminary Library.

Lieuwen, John. 'De Limburger Tjies.' *Troebel en Fon. With 24 Pen Drawings By The Author.* South Dakota: The Corsica Globe Publishing Co., [1938]. pp. 60-63.

'De Limburger Cheese.' *Sweat en Tears.* 2e druk. Holland, Mich.: Schreur Printing Co., 1947. pp. 130-131.

'De Reedio.' *Troebel en Fon. With 24 Pen Drawings By The Author.* South Dakota: The Corsica Globe Publishing Co., [1938]. pp. 83-86.

'Een Wedding Speech.' *Sweat en Tears.* 2e druk. Holland, Mich.: Schreur Printing Co., 1947. pp. 53-55.

'Manners Teachen.' *Sweat en Tears.* 2e druk. Holland, Mich.: Schreur Printing Co., 1947. pp. 11-12.

Lydia. 'Wintermorgen.' *Christian Journal* 8: (15 maart, 1919).

Nieland, Dirk. 'Dutchiness.' *Yankee-Dutch: Humoristische Schetsen Uit Het Hollandsch-Amerikaansche Volksleven, Geschikt Om Voor Te Dragen, In Rijm En Onrijm.* Grand Rapids, Mich.: Wm. B. Eerdmans, 1919. pp. 85-91.

''t Is toch nais dat er zoo'n latse piepel zijn die mijn gerait lijken.' Voorwoord tot de tweede druk van *'n fonnie bisnis.* Pen Drawings by D. Lam. Grand Rapids, Mich.: William B. Eerdmans Publishing Co., z.j. pp. 7-8.

'Mien Moudertoal.' in J. van Hinte. *Nederlanders in Amerika; Een Studie Over Landverhuizers en Volksplanters In De 19E En 20Ste Eeuw In De Vereenigde Staten Van Amerika.* Groningen: P. Noordhoff, 1928. II, 551-552.

'Vijf-en-twintig jaar Gemerried.' *'n fonnie bisnis* Pen Drawings by D. Lam. Grand Rapids, Mich.: William B. Eerdmans Publishing Co., 2de druk. z.j. pp. 61-70.

'Zwaantje Spreekt Geen Hollandsch Meer.' *Yankee-Dutch: Humoristische Schetsen Uit Het Hollandsch-Amerikaansche Volksleven, Geschikt Om Voor Te Dragen, In Rijm En Onrijm.* Grand Rapids, Mich.: William B. Eerdmans Publishing Co., 1919. pp. 13-15.

'Paus Alexander voor de Hemelspoort.' *Jaarboekje voor de Hollandsche Christelijk Gereformeerde Kerk in Noord Amerika voor het Jaar 1888.* Grand Rapids, Mich.: D. J. Doornink, 1888. 8(1888): 102.

Quintus, J. 'Brief eens Nederlanders naar Nederland.' *Sheboygan Nieuwsbode* 1 (16 mei, 1850).

'Groet aan Amerika.' Uit het Engels vertaald gedicht. *Sheboygan Nieuwsbode* 1 (3 october, 1850).

'Slavernijuitbreiding of Slavernijbeperking.' *De Nieuwsbode* 7 (19 augustus, 1856).

S. 'Een kort gesprek tusschen twee 'Waarheid-beminnaars'. *De Wachter* 1 (1 januari, 1869).

Schut, P. 'Reisverhalen: Van Holland naar Grand Haven' [Dominé Van Raalte aan het Roer]. *Jaarboekje voor de Hollandsch Christelijk Gereformeerde Kerk in Noord Amerika voor het Jaar 1891.* Holland, Mich.: De Grondwet Drukkerij, 1890. 9 (1891): 73-76.

'Van Overisel naar Saugatuck en Terug.' *Jaarboekje voor de Hollandsch Christelijk Gereformeerde Kerk in Noord-Amerika voor het Jaar 1891.* 9 (1891):77-80.

Siesta. 'Kamerdroomen.' *Calvin College Chimes.* 1 (december 1907).

'Spreekwoorden.' *De Volksvriend* 13 (11 maart, 1886).

Ten Hoor, F. M. 'Boekaankondiging, Hollandsch Leesboek voor Huisgezin en School door A. Bremer.' *De Gereformeerde Amerikaan* 14(1910): 205-209.

'De Amerikanisatie onzer Kerk.' *De Gereformeerde Amerikaan* 4 (1898): 180-197.

Uiterwijk, H. 'Ons Eeuwfeest.' *De Hope* 10 (5 juli, 1876).

V.d. B, J. C. 'Vaarwel aan Nederland.' *Sheboygan Nieuwsbode* 6 (5 september, 1854).

Van Dellen, I. 'Bij de Opening van Bethesda.' *De Gereformeerde Amerikaan* 2 (1898/1899): 559-563.

Van Der Meer, Wybe, Jelles. 'Amerika.' *Yn 'E Frjemdte.* Ljouwert: W. A. Eisma, 1929. p. 67.

'Terugkeer in 't Vaderland.' *Yn 'E Frjemdte.* Ljouwert: W. A. Eisma, 1929. p. 64.

'Winternacht.' *Yn 'E Frjemdte.* Ljouwert: W. A. Eisma, 1929. p. 55.

'Zomeravond.' *Yn 'E Frjemdte.* Ljouwert: W. A. Eisma, 1929. p. 56.

Vander Ploeg, H. 'Rust.' *De Volksvriend* 76 (30 november 1950).

Van Der Werp, Henry, 'Aan mijn Stamgenooten in de Transvaal.' *De Gereformeerde Amerikaan* 3 (1899/1900) : 526-527.

'Avondbede.' in *De Kleine Samuel: Bede, Dank en Lof uit Kindermonden, Een Boekje voor het Christelijk Huisgezin.* 3e druk. Grand Rapids, Mich.: B. Sevensma, 1908. p. 12.

'Blijf Bij Ons.' *Lentebloemen voor de Huiskamer en het Reciteervertrek.* Kampen: G. Ph. Zalsman, 1896, p. 64.

'De Tien Plagen.' *De Kleine Samuel: Bede, Dank en Lof uit Kindermonden. Een Boekje voor het Christelijk Huisgezin.* 3e druk. Grand Rapids, Mich.: B. Sevensma, 1908. p. 20.

'Kom, Hemelduive, Heil'ge Geest.' *Lentebloemen voor de Huiskamer en het Reciteervertrek.* Kampen: G. Ph. Zalsman, 1896. p. 64.

'Miserere Domine. (Ontferm U, Heer) (Wijze Ev. Gez. 232).' *Cardiphonia: Geestelijke Liederen voor Christelijke Gezinnen en Vereenigingen.* Holland, Mich.: De Grondwet Drukkerij, 1894. p. 24.

'Morgenbede en Dank.' De Kleine Samuel: Bede, *Dank en Lof uit Kindermonden. Een Boekje voor het Christelijk Huisgezin.* 3e druk. Grand Rapids, Mich.: B. Sevensma, 1908. p. 24.

'Pinksterzang. Wijze, Ps. 138.' *Cardiphonia: Geestelijke Liederen voor Christelijke Gezinnen en Vereenigingen.* Holland, Mich.: De Grondwet Drukkerij, 1894. p. 95.

'Sabbatmorgen.' *Jaarboekje Ten Dienste Der Christelijk Gereformeerde Kerk in Noord Amerika Voor Het Jaar 1912.* 32 (1912) p. 159.

'Verlangen naar den Hemel.' in *De Kroon, Liederenbundel. Christelijke Liederen voor Zondagschool en Huisgezin verzameld door Wm. F. Peters met een Tiental Oorspronkelijke Liederen door Ds. H. Van der Werp.* Chicago, Ill.: Paul H. Wezeman, 1907.

Van Hoogen, H. 'Het Huislijk- en Familieleven der Hollanders in Amerika.' *De Gereformeerde Amerikaan* 2 (1898/1899) 145-151.

Nieuwjaars-Preek: Uitgesproken op Zondagavond 1 januari, 1905 in de Gemeente Prospect Park, New Jersey. Holland, Mich.: H. Holkeboer, 1905.

Van Horsen, G. 'Schets van de eerste jaren in Pella.' in H. S. Lucas, *Dutch Immigrant Memoirs and Related Writings.* Assen: Van Gorcum, 1955. II, 41-44.

Van Kol, Nellie. 'Aan U de Glorie.' *De Wachter* 59 (1926) 580.

'Het Lied.' *De Wachter* 59 (1926) 374.

'De Zwarte Plek.' *De Wachter* 59 (1926) 679.

Van Raalte, A. C. 'Na 25 jarigen Worstelstrijd.' *De Hope* 6 (25 september, 1872).

Van Raalte, D.B.K. Brief aan A. C. van Raalte, geschreven tijdens de Amerikaanse Burgeroorlog, geciteerd door Wynand Wichers in A Century of Hope. Grand Rapids, Mich.: Wm. B. Eerdmans, 1968. p. 59.

[Van Zwaluwenberg, Reijer]. 'De Levensschets van Reijer van Zwaluwenberg.' eerst gepubliceerd in *De Grondwet* van 30 mei, 1911 en geciteerd door H. S. Lucas, *Dutch Immigrant Memoirs and Related Writings.* Assen: Van Gorcum, 1955. I, 416-418.

Veltman, D. 'Lied voor de Chr. Labour Unions.' Wijze: America. *De Calvinist* 7 (1917/1918) 3 februari, 1917.

'Literarisch.' *De Calvinist* 7 (1917/1918) 20 januari, 1917.

'Met Mistel en Distel.' *De Calvinist* 7 (1917/1918) 24 februari, 1917.

Versteeg, Dingman. 'Stichting der Kolonie Pella in Iowa.' *De Pelgrim-Vaders Van Het Westen. Eene Geschiedenis Van De Worstelingen Der Hollandsche Nederzettingen in Michigan Benevens Eene Schets Van De Stichting Der Kolonie Pella* in Iowa. Grand Rapids, Mich.: C. M. Loomis en Co., 1886. pp. 15-21.

['Bomen Vellen.'] in 'Het Roeien der Bosschen.' *De Pelgrim-Vaders van het Westen. Eene Geschiedenis Van De Worstelingen Der Hollandsche Nederzettingen in Michigan, Benevens Eene Schets Van De Stichting Der Kolonie Pella In Iowa.* Grand Rapids, Mich.: C. M. Loomis en Co., 1886. pp. 94-95.

'De Indianen.' pp. 201-209.

'De Plaag van 1851.' pp. 136-139.

['De vierde juli.'] in 'Onder de Amerikanen.' pp. 106-107.

'Huisvlijt.' in 'Landbouw, Handel en Nijverheid.' pp. 150-151.

['Molasses.'] in 'Onder de Amerikanen.' pp. 105-106.

'O Heer, moeten we nu allen sterven?' in 'Ziekte en Dood.' pp. 74-75.

'Pelgrim-Vaders van het Westen.' in 'De Volksstemming.' p. 176.

'Van Nederland naar den Mond der Black Lake.' pp. 28-46.

'Ziekte en Dood.' pp. 73-78.

Vos, Geerhardus. 'Absentis Imago.' *Spiegel der Natuur.* Princeton, New Jersey: Geerhardus Vos, 1927. p. 83.

'Christus Mysticus.' *Spiegel der Genade.* Grand Rapids, Mich.: Eerdmans-Sevensma [1922]. p. 58.

'Doods-Verliefdheid' (Middeleeuwsch). *Spiegel der Natuur.* Princeton, New Jersey: Geerhardus Vos, 1927. p. 22.

'Dulcia Non Redeunt.' *Spiegel der Natuur.* Princeton, New Jersey: Geerhardus Vos, 1927. p. 96.

'Ontkleeding.' *Spiegel des Doods.'* Grand Rapids, Mich.: Wm. B. Eerdmans, [1932]. p. 67.

'Praeludium.' *Spiegel der Natuur.'* Princeton, New Jersey: Geerhardus Vos, 1927. p. 9.

'Sublimia Maris.' *Spiegel der Natuur.* Princeton, New Jersey: Geerhardus Vos, 1927. p. 16.

'Zelfverraad.' *Spiegel der Natuur.* Princeton, New Jersey: Geerhardus Vos, 1927. p. 97.

'Wat bracht u hier?' *De Grondwet* 46 (1908).

Youngsma, John T. 'De Zondagschool Picnic.' *De Bereer* XI (1929/1930): 223-224.

'De Wachter op Zion's Muren.' *De Bereer* XII (1930/1931): 107-109.

Zwemer, A. C. 'Afscheidsgroet.' *Hartestemming en Leering.* Grand Rapids, Michigan: Van Dort & Hugenholtz. 1887.

'De Eerste Vierde-Juli-Dag., 1776.' *De Hope* 10 (5 juli, 1876) pp. 62-65.

'De Vierde Juli, 1876.' *Hartestemming en Leering.* Grand Rapids, Michigan: Van Dort & Hugenholtz. 1887. pp. 66-68.

'Herinneringen Aan en Bij Dierbare Ouderlijke Graven.' *Hartestemming en Leering.* Grand Rapids, Michigan: Van Dort & Hugenholtz. 1887. pp. 205-211.

'Whittier's Centennial Hymn.' Uit het Engels vertaald. *Hartestemming en Leering.* Grand Rapids, Michigan: Van Dort & Hugenholtz. 1887. pp. 69-70.

Bronnenlijst: Niet gepubliceerde Werken

De hier volgende werken zijn te vinden in The Colonial Origins Collection of Calvin College and Seminary Library, Grand Rapids, Michigan 49506.

Louis Berkhof. 'In Memoriam.'

Jan Willem Schulte Nordholt. 'Graven in Overisel.'

L. G. Van Loon. 'Twie valle soame.' *Folktales in the Jersey-Dutch Dialect.*

T. Van Der Ark. 'De Schoolschuld Betaald.'

'Mijn Eerste Classisbeurt in 't Noordwesten.'

'Op een Feest van de Reciteerclub 'Advendo' te Manhattan.'

Dewey Westra. 'De Profeten.'

'Psalm 42 Een Lied Van Verlangen Naar God.'

'Psalm 65 Een Loflied Op Gods Wonderbaar Bestel.'

Algemene Werken

Boonstra, Harry. 'Dutch-American Newspapers and Periodicals, 1850-1925.' Master's thesis, University of Chicago, 1967. 109 p. Bibliog.

Bratt, James Donald. 'Dutch Calvinism in Modern America: the History of a Conservative Subculture.' Ph. D. dissertation, Yale University, 1978. 453 p.

Brinks, Herbert J. Schrijf Spoedig Terug: *Brieven Van Immigranten in Amerika 1847-1920.* Den Haag: Uitgeverij Boekencentrum, 1978. 176.

De Jong, Gerald F. *The Dutch in America, 1609-1974.* The Immigrant Heritage of America Series. Boston: Twayne Publishers, 1975. 326 p.

Doezema, Linda Pegman. *Dutch Americans. A Guide to Information Sources.* Volume 3 in the Ethnic Studies Information Guide Series. Detroit: Gale Research Co., 1979. 314 p.

Lagerwey, Walter. 'The Netherlandic Muse in the Forests, on the Plains, and in the Cities of America from 1850 to 1975.' in *Ethnic Literatures since 1776: The Many Voices of America* Part 2. Vol. 9 Proceedings Comparative Literature Symposium Texas Tech University edited by Wolodymyr T. Zyla and Wendell M. Aycock. Lubbock, Texas: Texas Tech Press. 1978.

Lucas, Henry S. *Netherlanders In America: Dutch Immigration To The United States And Canada, 1789-1950.* Ann Arbor: University of Michigan Press, 1955. 744 p.

Lucas, Henry S. *Dutch Immigrant Memoirs And Related Writings.* 2 delen. Van Gorcum's Historische Bibliotheek, 44. Assen, Nederland: Van Gorcum en Co. N.V., 1955.

Mulder, Arnold. *Americans From Holland.* Peoples of America Series, edited by Louis Adamic. Philadelphia: J. B. Lippincott Co., 1947. 320.

Murphy, Henry C. *Anthology of New Netherland or Translations of Early Dutch Poets of New York with Memoirs of Their Lives.* New York: Bradford Club Series, Nr. 4, 1865.

Stellingwerff, Johannes, comp. *Amsterdamse Emigranten: Onbekende Brieven Uit De Prairie Van Iowa, 1864-1873.* Amsterdam: Buijten en Schepperheijn, 1975. 395 p.

Swieringa, Robert P. 'Nederlanders in Amerika (Netherlanders in America): a Bicentennial Lecture.' *D.I.S. Magazine 7* (Maart 1977 (Verkorte versie van een lezing gehouden te Delftshaven op 20 april 1976).

Swieringa, Robert P., en Stout, Harry S. 'Dutch Immigration in the Nineteenth Century, 1820-1877: a Quantitative Overview.' Indiana Social Studies Quarterly 28 (Herfst 1975): 7-34.

Van Hinte, Jacob. *Nederlanders in Amerika: Een Studie Over Landverhuizers En Volksplanters In De 19e En 20ste Eeuw in De Vereenigde Staten van Amerika.* 2 delen. Groningen: P. Noordhoff, 1928.

Van Schelven, G. (red.) 'Historische Schetsen Uit Het Coloniale Leven,' *De Grondwet,* 1910-1913.

Versteeg, Dingman. *De Pelgrim Vaders Van Het Westen. Eene Geschiedenis Van De Worstelingen Der Hollandsche Neder-Zettingen in Michigan, Benevens Eene Schets Van De Stichting Der Kolonie Pella In Iowa.* Grand Rapids, Mich.; C. M. Loomis en Co., 1886. 209 p.